信阳师范学院“南湖学者奖励计划”青年项目
(Nanhu Scholars Program for Young Scholars of XYNU)

中国高等教育学会教育信息化分会2016年度重点课题
《我国高校学历教育对慕课的学分转换的实证研究》

兰州大学“双一流”建设资金人文社科类图书出版经费资助

高等教育慕课（MOOC）学分转换的理论和实证研究

方旭 著

人民出版社

责任编辑:忽晓萌
封面设计:汪　阳

图书在版编目(CIP)数据

高等教育慕课(MOOC)学分转换的理论和实证研究/方旭 著. —北京:
　人民出版社,2019.5
ISBN 978-7-01-020864-0

Ⅰ.①高…　Ⅱ.①方…　Ⅲ.①网络教学-教学研究-高等学校　Ⅳ.①G642

中国版本图书馆 CIP 数据核字(2019)第 095776 号

高等教育慕课(MOOC)学分转换的理论和实证研究

GAODENG JIAOYU MUKE XUEFEN ZHUANHUAN DE LILUN HE SHIZHENG YANJIU

方　旭　著

人民出版社 出版发行
(100706　北京市东城区隆福寺街 99 号)

环球东方(北京)印务有限公司印刷　新华书店经销

2019 年 5 月第 1 版　2019 年 5 月北京第 1 次印刷
开本:710 毫米×1000 毫米 1/16　印张:21.75
字数:345 千字

ISBN 978-7-01-020864-0　定价:58.00 元

邮购地址 100706　北京市东城区隆福寺街 99 号
人民东方图书销售中心　电话 (010)65250042　65289539

目　　录

前　言

第一节　慕课的发展

2012 年被称为慕课(Massive Open Online Courses,简称 MOOC,音译为“慕课”,即大规模在线开放课程)的中国元年。慕课一般以单门课程的形式出现。慕课实现了在线教育的变革,第一次可以将一门完整的课程放到网上,学习者可以通过互联网进行在线学习。正因为慕课可以以一门完整的课程出现的特性给高校学历教育进行慕课学分转换带来机会,所以学习者完成慕课的学习后,可以获得该门课程的认证,并将其转化成机构所需要的课程学分。一般,“大规模”与课程的容量有关,服务于大量的学习者。有的慕课只有几百个参与者,而一些课程注册参与者的数量超过了 15 万人。“开放”指的是给大量全球的学习者提供学习经验,不论年龄、位置、收入、受教育水平、有没有背景,不需要费用都可获得高质量的教育。“在线”与慕课路径有关,从世界的每个地方通过网络连接提供同步的或异步的交互,包括学习者之间、学习者与教师之间以及学习者与内容的交互几种。慕课的出现,给教育模式带来了深刻的变革,尤其在高等教育领域。

慕课有诸多突出的优点:第一,实现了优质资源的共享。名校可以把课程资源放到互联网上,任何人在任何地点、任何时间都可免费学习,完全突破了资源的时空等限制,使得很多人可以学习到以前无法学习到的优质资源,对国家资源共享的建设起到了很大的推动作用,进而对提升国家整体教育水平、推动公民文化素质的整体提升起到很大的作用。第二,学习灵活。这是慕课另外一个极其突出的优点。学习慕课需要的条件非常简单,只要能登录互联网即可。而学习端也非常灵活,手机、平板电脑、计算机等均可。学习者可以随时随地进行学习。第三,费用低廉。这是慕课的第三大优点。学习者可以在完全免费的情况下学习到世界上最优秀的课程资源,包括来自世界最知名大学的课程。无论是国外的慕课资源还是国内的慕课资源,学习者均可免费学习。第四,其他优点,例如交互范围非常广泛。慕课一般都含有讨论区部分,学习者可以和来自各个地方的学习者进行讨论,也可以和教师互动。由于慕课有上述诸多突出优点,国内外纷纷将其应用于教育中,实现教育模式的变革,取得了良好的效果。

一、世界的慕课发展现状

2011 年秋天,大型开放式网络课程有重大突破:超过 16 万人通过赛巴斯汀·索恩新成立的知识实验室(现称 Udacity)参与索恩和彼得·诺威格所开设的"人工智能导论"课程。2012 年,美国的顶尖大学陆续设立网络学习平台,在网上提供免费课程,Coursera、Udacity、edX 三大课程提供商的兴起,给更多学生提供了系统学习的可能。2013 年 5 月,清华大学与美国在线教育平台 edX 同时宣布,清华大学正式加盟 edX,成为 edX 的首批亚洲高校成员之一。2013 年 7 月,复旦大学、上海交通大学签约"MOOC"平台 Coursera。同年,果壳网旗下 MOOC 学院上线。MOOC 学院是最大的中文 MOOC 学习社区,收录了 1500 多门各大 MOOC 平台上的课程,有 50 万名学习者在这里点评课程、分享笔记、讨论交流。2013 年 10 月 10 日,清华大学正式推出"学堂在线"平台,面向全球提供在线课程。2014 年 4 月 29 日,"学堂在线"与 edX 签约,引进哈佛大学、MIT、加州大学伯克利分校、斯坦福大学等世界一流大学的优秀 MOOC 课程。2014 年 5 月,由网易云课堂承接教育部国家精品开放课程任务,与爱课程网合作推出的"中国大学 MOOC"项目正式上线。

慕课平台获得了前所未有的发展,世界各国慕课平台大量出现。建立慕课平台的有政府部门、高校或企业。目前,世界上较为知名的慕课平台有美国的 Coursera、Udacity、edX 三大平台、英国的 FutureLearn 平台、德国的 iversity 平台、澳大利亚的 Open2Study 平台、印度的 SWAYAM 平台、中国的中国大学 MOOC 以及清华学堂在线等平台。这其中有的是由国家出资建设,例如印度的 SWAYAM 平台;有的是由企业建设,例如美国知名慕课平台 Coursera,由美国斯坦福大学两名计算机科学教授创办,据《创投时报》报道,截至 2013 年 7 月,Coursera 已获得总额 6500 万美元的三轮融资;有的是由高校建设,例如清华学堂在线,由清华大学建立;还有 edX,由哈佛与 MIT 共同出资组建;或者由多方合作建设,如中国大学 MOOC,由中国教育部和网易合作建设。目前大多数慕课平台由高校建立。

而慕课平台上课程数量也在不断增长。截至 2016 年 7 月,中国大学 MOOC 上的课程已突破 1305 门;截至 2016 年 10 月,清华学堂在线上的课程已超过 1000 门;而国外 Coursera 平台上的课程已超过 2000 门,等等。

二、慕课与其他资源的对比

(一)其他形式的在线资源

首先,对慕课和以往的在线资源形式进行对比。先看一下其他形式的在线资源。

1. 可汗学院

可汗学院(Khan Academy),是由孟加拉裔美国人萨尔曼·可汗创立的一家教育性非营利组织,主旨在于利用网络影片进行免费授课,现有关于数学、历史、金融、物理、化学、生物、天文学等科目的内容,教学影片超过 2000 段,机构的使命是加快各年龄学生的学习速度。

可汗学院通过在线图书馆收藏了 3500 多部可汗老师的教学视频,向世界各地的人们提供免费的高品质教育。该项目由萨尔曼·可汗给亲戚的孩子讲授的在线视频课程开始,迅速向周围蔓延,并从家庭走进了学校。

2. 网易公开课

网易正式推出“全球名校视频公开课项目”,首批 1200 集课程上线,其中有 200 多集配有中文字幕。用户可以在线免费观看来自于哈佛大学等世界级名校的公开课课程,可汗学院、TED 等教育性组织的精彩视频,内容涵盖人文、社会、艺术、科学、金融等领域。网易公开课,力求为爱学习的网友创造一个公开的免费课程平台,借此向外界公开招聘兼职字幕翻译。网易公开课翻译平台的目的是秉承互联网精神:开放、平等、协作、分享,让知识无国界。

3. 麻省理工开放课件

最初的网站在2002年开通,包含50门课程的教材,名为“麻省理工开放课件”(MIT OpenCourseWare),OCW就成为开放课件的简称。第二年就有500门课程课件上网,并在原有西班牙语和葡萄牙语译文版的基础上增加了中文版,麻省理工OCW网站正式宣告成立①。

麻省理工OCW逐年增添课件,更新内容,增加语种和建设镜像网站,帮助和带动其他学校开设网上教育项目,并且发起建立了开放课件联盟。到2007年,麻省理工OCW达到了初创时的目标:把麻省理工的几乎全部本科和研究生课程都放到网上,提供1800门高水平课件给全美国和世界各国公众免费使用。也是在这一年,麻省理工OCW的浏览量创下了每月200万人次的纪录,并且将开放课件的教育方式推广到高中程度的课程。

到今天,麻省理工OCW涵盖了学校全部五个学院、33个学科,有超过2000门课程上网,流量总计超过1亿人次。麻省理工OCW在全球有200多个镜像网站,至少有10种语言版本,全世界215个国家和地区可以访问。它的很多课件利用YouTube和iTunes U以视频和音频方式授课,还把课程的图像通过flickr上传供大家使用。

麻省理工开放课件的理念是:IT时代,学校不能把自己看作商业组织,只看到学校知识的商业价值,总想着怎么去卖,否则会适得其反;对麻省理工学院而言,第一是领导力,第二是影响力,第三是优秀度,“开放课件”的创意无疑会给这三方面都带来加分;如果教师个人课件确实很好,慕名买书的人只会更多而不是相反。

后来的事实,印证了此建议的正确。第一,“开放课件”引来全球200多个国家数亿次的网站点击量,月点击量超过100万,全球数百所高校也参与进来。第二,由于做得出色,网上课件项目得到基金会的青睐,3500万美元的成本,学校付出约500万美元,只占全部成本的七分之一。而那些走“.Com”道路的高校,却没有一个成功。第三,开放课件,既增强了教师的自信,也形成了激励,教师们努力让自己的课件做得更出色,争相让全世界知道“我是最好

① MIT OpenCourseWare, https://ocw.mit.edu/index.htm.

的”。

麻省理工学院以一个惊人的创举,提升了自己的领导力、影响力和优秀度,把自己推向一个高峰。包括美国普林斯顿大学、约翰斯·霍普金斯大学和塔夫茨大学在内的全球100多所高校,而今都纷纷调头,借鉴麻省理工学院的“.Edu”路线。

4. 在线培训课程

以全国高校教师网络培训中心为例,其主要任务是:通过建立全国高校教师网络培训系统和运作体系,组织开展以国家精品课程为主要内容的高校教师培训,促进质量工程各项建设成果的广泛应用和共享;承担教育部高教司和人事司交办的其他高校教师培训任务;开展高校师资培训数字化内容资源建设。全国高校教师网络培训中心以服务教师为己任,“创新高校教师培训模式,传播质量工程建设成果,推动高校教师专业发展,服务高校教师终身学习,促进高等教育质量提高”是其工作目标。

5. 国家精品资源共享课

参与课程建设高校和课程团队为推进高等教育开放,促进优质教育资源共享,服务学习型社会建设做出了重要贡献。确定为“国家级精品资源共享课”的课程建设高校和建设团队,作为课程内容和教学活动的责任主体,要继续保证课程内容质量,按照有关规定及时维护、更新和完善课程基本资源,积极建设拓展资源,安排专人管理上网课程及其学习社区,提供丰富、安全、稳定的课程学习服务,更好地满足广大高校师生和社会学习者的学习需求。爱课程网要继续为课程维护更新提供技术支持和相关服务。

各省级教育行政部门和各高等学校,要因地制宜、因校制宜,采取多种方式充分利用“国家级精品资源共享课”等优质课程资源,扎实推进信息化教学改革工作,将线上优质课程资源作为课堂教学的重要补充,提升教育教学和人才培养质量。

6. 中国大学视频公开课

中国大学视频公开课用免费开放本校视频公开课的实际行动,实现大学服务社会和文化传承创新的使命和社会责任,积极发挥文化育人作用,推动学习型社会建设,促进优秀传统文化瑰宝和当代文化精品的网络传播,弘扬社会主义核心价值观,展示当代中国高等教育风采,增强我国文化软实力和中华文化国际影响力,为推动人类文明进步做出积极贡献。高水平大学把实现大学的使命和社会责任与学校的可持续发展结合起来,将充分体现学校先进教育理念、鲜明学科特色和精湛教学水平的名师名课放在公开的网络环境下,在实现社会责任的同时,为造就一批名师、名课创造机遇,为真正具有较高教育教学质量、注重人才培养的大学带来新的发展契机,为学校的可持续发展创造更为广阔的空间。在高水平大学的带动下,越来越多的高校将更加重视提高教学质量。鼓舞和激励教师积极投入教学和人才培养工作,以视频公开课为突破口,推进教育理念转变、教学内容更新和教学方法改革,鼓足勇气面对信息化时代带来的新的挑战和机遇,推出更多、更好的视频公开课,推动教育开放,服务学习型社会建设。

首批"中国大学视频公开课"推出以后,在全国高校的参与下,陆续向社会推出数量更多、质量更高、内容更加丰富的视频公开课。2011 年 11 月 9 日,由北大、清华等 18 所知名大学建设的首批 20 门"中国大学视频公开课"免费向社会公众开放。首批上线课程以讲授中华传统文化的课程为主,如南开大学《六大名著导读》、浙江大学《王阳明心学》、北京师范大学《古诗词鉴赏——千古明月》、四川大学《中国诗歌艺术》等。此外,还有传播人类文明优秀成果的课程,如武汉大学《古希腊文明的兴衰》;解读科技热点问题的课程也包含其中,如北京航空航天大学《航空航天概论》。

7. 国家精品在线开放课程

为进一步推动我国在线开放课程建设与应用共享,促进信息技术与教育教学深度融合,推动高等学校教育教学改革,提高高等教育教学质量,教育部决定开展 2017 年国家精品在线开放课程认定工作。2017 年认定课程的范围为:截至 2017 年 7 月 31 日,境内高校在全国性公开课程平台面向高校和社会学习者完成两期及以上教学活动的全日制本科和专科层次大规模在线开放课程(慕课),以受众面广量大的公共课、专业基础课、专业核心课程以及大学生文化素质教育课、创新创业教育课、教师教育课程等为重点。此外,境内高校在国际知名课程平台开设,对传播中华优秀传统文化具有积极促进作用的慕课也纳入本次认定范围。

不具备大规模在线开放课程特性的课程,如视频公开课和资源共享课,仅对本校或少数高校学生开放的小规模专有在线课程(SPOC)和应用于非全日制学生的网络教育课程,以及无完整教学过程和教学活动的在线课程等,不在认定范围。

2017年认定国家精品在线开放课程数量为500门左右。

精品在线开放课程具体的认定标准为:

(1)课程团队

①课程负责人应为高校正式聘用的教师,具有丰富教学经验和较高学术造诣。课程负责人与主讲教师师德好,教学能力强。

②课程团队积极投身信息技术与教育教学深度融合的教学改革,团队结构合理、人员稳定,除课程负责人和主讲教师外,还应配备必要的助理教师,保障线上线下教学的正常有序运行。

③课程团队能够按照规范的教学计划和要求,持续为学习者提供有效的教学服务,及时对课程内容进行更新和完善。

(2)课程教学设计

注重探索以学生为中心的课程教学组织新模式,构建教与学新型关系,积极开展课程内容重构,课程知识体系科学,资源配置合理,适合在线学习和混合式教学。

(3)课程内容

内容导向正确,弘扬社会主义核心价值观。遵循教育教学规律,体现现代教育思想。反映学科最新发展成果和教改教研成果,具有较高的科学性水平。无危害国家安全、涉密及其他不适宜网络公开传播的内容,无侵犯他人知识产权内容。

课程资源应包括课程介绍、负责人介绍、教学大纲、授课视频、演示文稿、教学课件、课程公告、测验和作业、考试等教学活动必需的资源,以及满足高校教学和学习者自主学习需求的参考资料。

(4)教学活动与教师指导

通过课程平台,教师为学习者提供测验、作业、考试、答疑、讨论等教学组织活动,及时开展在线指导与测评。各项教学活动完整、有效,按计划实施,学习者在线学习响应度高,师生互动充分,能有效促进师生之间、学生之间进行资源共享、互动交流和自主式与协作式学习。

(5)教学效果与影响

课程共享范围广泛,应用模式多样,有效选用的高校和社会学习者在线学习人数多,线上线下应用结合效果较好,能切实提高教学质量,在同类课程中具有一定的影响力,在推动大规模在线开放课程普及和发展中发挥示范引领作用。

(二)对比

通过对比几种不同的在线教育资源,发现上述各种在线资源存在以下不同。

第一,各种在线资源目的不尽相同。各种在线资源有着相同的目的,例如实现优质资源共享、学习方便等,但也不尽相同,例如国家精品资源网一个非常重要的目的是起到一定的示范作用,而其他一些在线课程并没有明确这个目的,例如可汗学院主要是以实现资源共享、促进中小学学生的学习为目的。再比如中国大学视频公开课一个明确的目的是实现中华优秀传统文化的传承,而其他类型的在线资源并没有明确这个功能。

第二,各种在线资源形式不尽相同。以往的在线课程一般不是以一门完整的在线课程的形式出现,而是以部分形式出现。一门完整的可用于学分转换的在线课程应包括课程相关视频、课程评价(包括学习过程评价和期末考试)、交互、平时作业和测验、其他学习支持服务(包括信息提醒、咨询以及辅助资源建设)等。例如可汗学院、中国大学视频公开课、网易公开课以及在线培训课程等都是以视频资源为主;国家精品课程资源网以及麻省理工学院课件都是以混合形式的资源为主,包括视频、课件等。

第三,各种在线资源功用不尽相同。不同资源形态建设的目的和用途不尽相同。中国大学视频公开课和国家精品资源共享课主要以建立示范课程为主要目的,同时实现优质资源共享等。而可汗学院则主要是以提供辅助学生学习的视频资源为目的,麻省理工学院开放课件则体现的是其在世界教育中的领先地位,而精品在线开放课程则是通过对精品资源的认定,带动和提升在线开放课程的质量。

慕课最为适合在学历教育中进行学分转换。在众多的在线资源形式中,目前仅有慕课参与了学分转换。现在很多慕课课程被高校所认可,并可以转换为高校正式认可的毕业所需的学分。这是由慕课为一门完整的课程的性质所决定的,而其他在线课程资源缺少进行学分转换的必要条件。

第二节　慕课学分转换

慕课学分转换属于学分互认的一种,指的是学分转换的载体是慕课这种在线课程形式,具体指高等教育机构在其学生学完某门慕课课程后,将慕课课程转换为高等教育机构正式认可的学分的现象。学生所学慕课课程可能来自于学生所在学校开设的慕课课程和校外慕课课程两种。校外慕课课程可能来自于联盟内的慕课课程或独立的慕课平台上的课程。本研究中的学分转换的慕课课程(也就是本研究的范围)一般指校外慕课课程。

慕课学分转换可以分为同等学历之间的学分转换和不同学历之间的学分转换。同等学历之间的慕课学分转换指的是相同学历之间的面授课程和慕课课程之间的学分转换,例如都是本科教育课程之间的学分转换或者都是专科教育课程之间的学分转换,目前我国慕课学分转换以本科教育课程之间的转换为主。而不同学历之间的学分转换指的是不同学历之间的面授课程和慕课课程学分之间的转换,例如由专科教育到本科教育的学分转换和累计。

慕课学分转换可以分为在线课程学分转换和非在线课程学分转换。在线课程学分转换指的是将在线课程转换为高等教育提供者正式承认的学分,例如慕课课程学分转换就是较为典型的一种在线课程学分转换类型,因为慕课是一种典型的在线教育形式;非在线课程学分转换指的是面授课程与面授课程之间的学分转换,例如某个大学联盟内的各个高校之间的面授课程的学分转换。

慕课学分转换可以分为本校的和非本校的学分转换,区别在于用于学分转换的课程是学生获得学历所在高校开设还是其他教育机构开设。目前,有很多高校将慕课用于翻转课堂,学生课下看慕课课程视频,课上和老师交流讨论,而这些课程线上线下的授课教师均是学生所在学校的老师,这种形式的慕课学分转换,我们称之为本校的慕课学分转换。而另外一种情况是学生学习的慕课课程是由校外的教师开设,这种形式下的慕课学分转换,我们称之为非本校的学分转换。非本校的慕课学分转换包括联盟内的慕课学分转换和非联盟内的慕课学分转换两种形式。联盟内的慕课学分转换指的是若干所高校之间形成一个联盟,共同开设慕课课程,而这些高校的学生可以选择联盟内任何高校的慕课课程进行学习,然后转换为本校的学分。联盟之间制定统一的课程学分转换规则。而非联盟内的慕课学分转换指的是学生选择某个慕课平台上的课程进行学习,然后将其转换为本校学分的形式。现在本校的学分转换、联盟内学分转换以及非联盟内学分转换的实例都存在。在其调查的 41 所高校中,不认定 MOOCs 证书学分的高校占 37.4%,而认定 MOOC 学分主要举措为指定 MOOC 平台、本校 MOOC 和 MOOC 联盟内的课程(殷丙山,2016)①,见表 1。

表 1 高校对 MOOCs 证书的学分认定

MOOCs 学分的证书认定	频次	百分比(%)
只认定本校 MOOC 平台的课程	10	16.9
认定指定 MOOC 平台的课程	13	22.0
认定不同平台的指定课程	4	6.8
认定加入相关 MOOC 联盟的课程	10	16.9
不认定	22	37.4
总计	59	100

而慕课学分转换可发生在多个学历层次阶段,目前我国慕课学分转换主要集中在本科教育阶段,而国外的很多慕课学分转换项目涵盖了认证、大专、本科、硕士研究生以及博士研究生等多个学历层次(这在后述章节将详细叙述)。

① 参见殷丙山、郑勤华、陈丽:《中国 MOOCs 证书授予及学分认定调查研究》,《开放教育研究》2016 年第 2 期。

第三节　研究内容

一、研究内容

本书的研究立足于经验研究基础之上的理论探讨与政策定位研究，以实践性问题导向指引研究的总体框架。对我国学分认定问题的研究，一方面需要从源头上追寻教育发达国家特别是西方国家学分认定体系得以构建的理论基础和实践做法，并在此基础上梳理和比较学分认定的不同模式，以便为我国学分认定的重塑提供有益参考；另一方面，对我国学分认定问题的思考不能脱离其社会政治和文化背景。

因此，对我国学分认定问题的思考和审视，既需要对教育发达国家学分认定的基本经验和模式做整体把握和细致考察，也要充分结合我国传统教育中的积极成分，达成国际视野和本土思考的契合，并为准确把握我国转型期学分认定的基本趋势提供了参考，也为当下和今后学分认定体系建设的总体发展和具体制度设计指明了方向。本书的研究框架如图 1 所示。

根据上述框架，本书的研究内容包括下述几个部分。

1. 我国高校慕课学分认定现状研究

开展对当前我国高校慕课学分认定基本状况的调查研究，主要是针对当前我国高校慕课学分认定的基本状况进行实证研究，既考察当前我国高校慕课学分认定的客观状况，也考察认定主体（例如学生、教师）对学分认定的主观认知和心理预期。基本设想是运用问卷调查考察我国高校慕课学分认定的整体状况，运用个案研究和深度访谈来考察高校慕课学分认定的典型状况和运作机制，运用文献资料和二手统计数据以考察学分认定的客观整体状况。本书将对我国高校慕课学分的现有各种认定模式、实施效果（例如认定课程的质量和传统课程的质量对比到底怎么样）、存在的问题等进行深入全面的研究。本书将对多种慕课认定模式展开深入研究，进行比较分析，包括各种认定模式（例如校内认定和校外认定模式）的优缺点、效果以及需要改善的地方等。本书将从对慕课学分转换的总体看法、课程、学

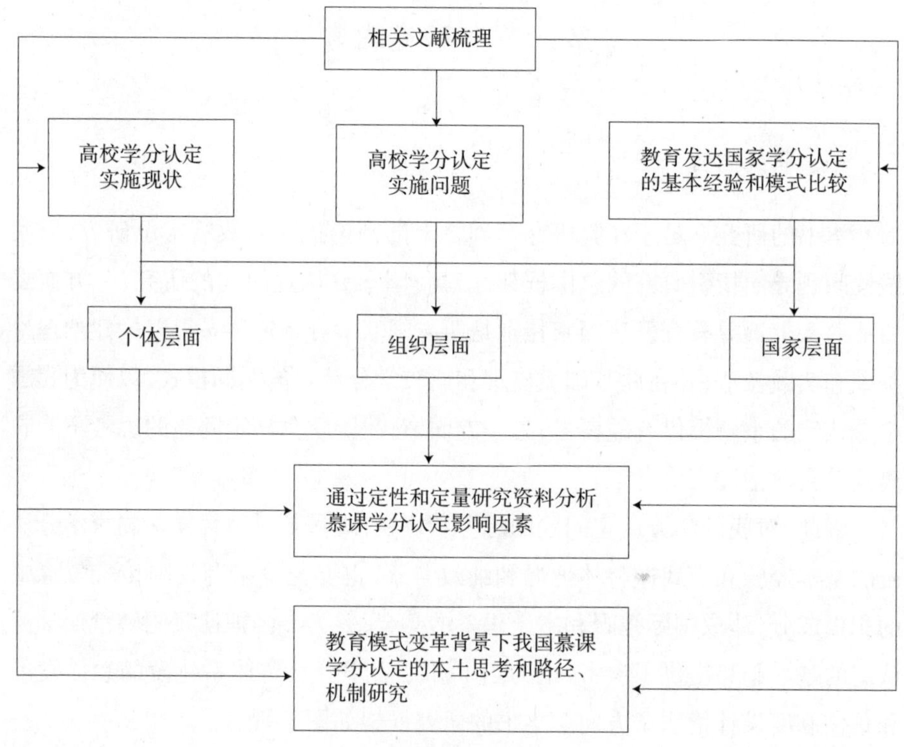

图1　研究框架

习过程和学习成绩、评价机制和学分转换机制等方面对慕课学分转换现状进行研究。

2. 国外高校慕课学分认定现状研究

开展教育发达国家学分认定的基本经验和模式的比较研究,重在借鉴国外(如美国、英国、德国、日本等)学分认定既有模式的优劣,对西方文化传统与学分认定和实践的相互衔接性作出分析。在研究对象方面,可以对一些在发达国家工作、学习或有生活经历的高校教师、华侨和其他海归人员进行深度访谈,了解他们感受到的各个国家学分认定的基本特色。此外,还应该展开国际交流,包括去特定国家的大学考察其学分认定的实践状况与研究前沿,了解其学分认定的成功经验与制度设计。本书将对当前国外典型的慕课学分转换项目进行研究,包括国家层面制定统一的慕课学分转换政策以及国家层面没有制定统一政策两种。国家层面制定了统一政策的有印度、马来西亚等国家,而没有制定统一政策的国家的典型代表为美国。本书将对上述不同类型的慕课学分转换政策进行深入对比分析，为我国慕课学分转换政策的制定提供一定的借鉴和参考。

3. 我国高校慕课学分认定的影响因素

在以上研究的基础上考察我国高校慕课学分认定形成和发展的影响因素，其中包括慕课学习效果的影响因素、论坛交互的影响因素等，包括各影响因素的大小、关键的影响因素以及影响机制等。

4. 我国高校慕课学分认定机制研究

在上述研究的基础上探讨当前我国学分认定体系构建的对策、机制和路径，尤其是对当前较为缺乏的学分认定的框架、标准等进行深入全面的探讨。该部分内容是本书研究的最终落脚点，也是本书研究最重要的部分。把开展对我国社会所蕴含的学分认定资源及当代我国政治社会变革对大学学分认定影响的研究，分别从传统和现代两方面来考察当代学分转换和累积生成的历史渊源和现实基础上进行研究。在研究过程中，在具体分析前述研究子课题成果的基础上，将展开对教育学、社会学、心理学、政治学、管理学等专业专家的深度访谈，并举办多学科的学术研讨会，集思广益，以对未来大学慕课学分认定的模式构建和制度设计做出更好的判断。

二、重点难点

（一）重点

1. 我国慕课与高校学分认定的问题

目前国内外在慕课学分认定方面虽然有一定的理论研究和进行了一定的探索实践，但对于慕课学分认定实施的效果、问题以及影响因素等问题的实证研究还很少见，本书拟对上述问题展开实证研究，为学分认定制度的发展提供一定的依据和参考。目前对于相关问题实证研究偏少，简单对策研究偏多，这样往往无法全面深入地把握问题，也不能有效地解决问题。本书通过对学分认定进行大规模的调查研究，可以为我国学分认定制度的发展提供坚实可靠的数据支撑和理论依据。

2. 国外慕课学分转换现状

对国外慕课学分转换现状的研究是本书的一个研究重点。目前有很多国家都制定了慕课学分转换政策,通过对这些政策的分析,可以为我国学分转换的发展提供一定的参考。目前制定了慕课学分转换政策的有马来西亚、美国、印度、欧盟等,本书将对这些国家的学分转换政策进行深入分析,包括学分转换政策的内容、效果、趋势等。

3. 我国慕课与高校学分认定的机制

本书力图在实证研究的基础上,提出我国高校慕课学分认定机制和路径。本书认为,我国学分认证体系的建设一方面不能离开我国传统社会政治结构和文化心理的习惯,这其中既要容纳和继承传统文化和既有制度中的积极成分,也要克服传统文化和既有制度中的消极成分,另一方面也必须借鉴国外发达国家在学分认证体系构建方面的经验。由于高校慕课学分认定机制的构建涉及社会经济制度、文化习俗、价值观念和个人心理等多方面的影响因素,因此在最终的制度设计上要厘清并处理好文化习惯、行政化与司法化、普遍性和特殊性这三对关系之间的矛盾。

本书将针对慕课学分认定中的难点、热点(例如学分认定中的慕课质量能否达到要求以及如何认定等)问题展开深入研究,提出有效解决方案和对策,为国家提供一定的建议和参考依据。

(二)难点

本书的难点之一是对我国慕课学分认定机制和路径的研究。虽然目前我国学术界对于学分认定进行了一定的讨论,但我国学分认定的理论仍然很缺乏,学术界大多集中在对国外学分认证模式的分析和借鉴,针对我国有效的学分认证机制和路径的相关对策研究仍然很缺乏;而我国学分认证的实践也进展得较为缓慢,目前与发达国家还有较大差距。学分认定问题已是我国开放教育发展中的一个难点问题。学分认定在我国的实施有着多方面的影响因素,符合我国发展的学分认证机制和路径的研究将是本书的难点之一。本书将在相关研究的基础上,从微观、中观和宏观三个层面,并从教育社会学、社会心理学等多学科视角对此问题进行深入全面的剖析。

第四节 研究方法

一、基本思路

笔者认为,学分认证是一个包含了不同类型和层次认证的现象,其中包括微观、中观和宏观三个层面。个体层面指的是个体(例如学生、教师)对学分认证的认知判断和心理期待,它构成了学分认证的微观基础;组织层面的学分认证主要是学分认证在组织层面(例如学院、大学等)实施的状况,它构成了学分认证的中观基础;国家层面主要是学分认证在国家层面(例如政府、社会等)实施的情况,这一层面超越了个体和组织的学分认证而转向了对整体的认识,因而构成了学分认证的宏观基础。在本书的研究中,无论是对学分认定资源的考察,还是对发达国家学分认定模式的比较,抑或对当前我国慕课学分认定状况的测定,都是基于上述三个层面的内容开展的(见图 2)。

二、研究方法

本书将采用定性和定量相结合、理论和实证相结合的研究方法对慕课学分转换问题进行深入研究,其中主要的研究方法有问卷调查法、数据分析法、结构方程模型法、文献研究法以及比较研究法等。

1. 文献研究法

主要是通过对国内外相关文献的检索、分类、研读以准确客观了解国内外相关研究与学分认定研究的进展,了解其他教育发达国家学分认定体系构建的历史逻辑、问题导向以及优缺点,考察我国社会、政治和文化传统中蕴含的学分认定的资源和实践。此外还可以运用内容分析和二手资料分析等方法对我国学分认定变迁的趋势和当前总体状况进行考察。

2. 深度访谈

通过对参与学分互换的学生教师以及其他管理人员进行深度访谈,包括国内和国外相关人员,以对学分互换的效果、实施中的问题和对策等进行分析。无论是对高校慕课学分认定的现状和问题,还是影响因素和认定机制,深

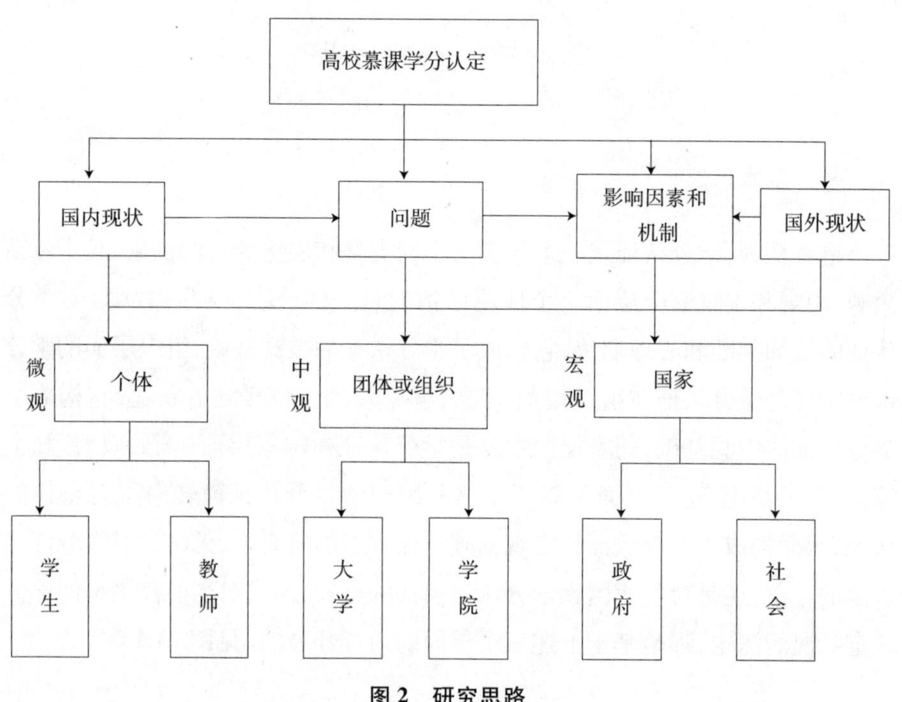

图 2　研究思路

度访谈都是有效的研究方法。主要采取半结构化访谈的方法。

3. 问卷调查法

本书将针对我国高校慕课学分认定现状进行较大规模的实证调查,采用随机化的原则、选取有代表性的不同类型的人员(如学生和教师)进行调查,以获得当前我国高校慕课学分认定的基本样态和差异性特征。本书将采用 SPSS 22.0 等统计分析软件对问卷调查结果进行深入全面的统计分析。

4. 个案研究法

对高校慕课学分认定的研究要做到研究对象普遍性和特殊性的结合,除了对具有代表性的大学的慕课学分认定情况进行问卷调查外,还需要选取几个典型的大学案例进行深入研究,了解这些大学慕课学分认定的现状、问题、影响因素和学分认定机制等,从而能够从综合的视角全面分析高校慕课学分认定的机制和内外动力,进而弥补定量研究,特别是问卷调查在高校慕课学分认定机制构建研究中的不足。

5. 理论演绎法

本书将在已有理论的基础上构建慕课学分认定影响因素模型。樊雅琴等(2016)构建了微课应用效果的影响因素模型,并得出了教师教学水平与微课资源水平正相关、微课资源水平与学生学习水平正相关以及微课资源水平与应用效果正相关①的结论。戴维斯(1986)提出了著名的TAM模型(Technology Acceptance Model,见图3)②。TAM模型提出了影响使用态度的两个变量,分别是感知有用性和感知易用性,而这两个变量又受到诸多外部变量的影响。TAM模型得到了后续很多实证研究的支持。

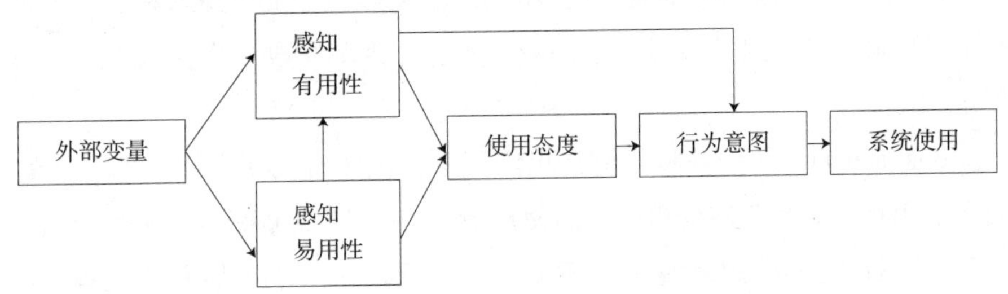

图3　TAM模型(Technology Acceptance Model)

创新扩散理论是传播效果研究的经典理论之一,是由美国学者埃弗雷特·罗杰斯(E.M.Rogers)于20世纪60年代提出的一个关于通过媒介劝服人们接受新观念、新事物、新产品的理论,侧重大众传播对社会和文化的影响③。

创新扩散理论提出影响创新扩散的因素有:

(1)相对优越性:认为某项创新优于它所取代的旧主意的程度。

(2)兼容性:认为某项创新与现有价值观、以往经验、预期采用者需求的共存程度。

(3)复杂性:认为某项创新理解和运用的难度。

---

① 樊雅琴、吴磊、孙东梅、王伟:《微课应用效果的影响因素分析》,《现代教育技术》2016年第2期。

② Davis,F.D.(1986),A technology acceptance model of empirically testing new end-user information systems:Theory and results[D],Sloan School of Management,Massachusetts Institute of Technology.

③ 参见E.M.Rogers,*Diffusion of Innovations*,Free Press,New York,1995。

(4)可试验性:某项创新在有限基础上可被试验的程度。

(5)可观察性:某项创新结果能为他人看见的程度。

(6)思维可变性:规定的思维模式不可能有创新的成果。

Bhattacherjee 突破传统信息系统或技术采纳理论研究的局限,在期望确认理论的基础上构建了新的信息系统持续使用模型①。ECM-ISC 模型在用户持续使用行为规律研究方面的主要理论贡献有:(1)关注用户使用后的行为研究,例如重点解释用户在初始采纳后而未能持续使用的前后不一致现象,扩展解释了 TAM 模型无法解释的问题;(2)为了丰富用户持续使用行为的研究,将期望确认理论的期望确认度、用户满意度等核心变量引入模型;(3)弥补了期望确认理论对用户期望在接受使用后会潜在改变事实关注不够的不足。

Bhattacherjee 认识到将研究终点定位于预测用户使用意图是不合适的,因为使用意向要真正转变为用户的使用行为,还需要足够的系统资源或使用技巧。随效和促成要素变量引入模型,由此得到扩展的持续使用理论模型②。之后,Bhattacherjee 对 ECM-ISC 进行修订和扩展,指出:"满意度是用户短期的先前使用经历对特定事物情感的反映;期望确认在技术采纳前与采纳后两个阶段均对用户行为具有影响;感知有用性对采纳后的满意度和持续使用意向都有正向影响;对于真正的技术使用行为来说,采纳使用意向是必要的,但不是充分的。"扩展后的 ECM-ISC 模型能更好地解释用户的持续使用意向和行为。

6. 结构方程模型法

本书将采用结构方程模型法对慕课学习影响因素进行实证研究,包括采用 SPSS 22.0、AMOS 21.0 等进行信度和效度检验、拟合度分析、标准化回归系数计算、变量间影响效应的计算以及调节效应的分析等。结构方程模型法是处理复杂回归关系的方法。结构方程模型具有可以同时多个因变量、允许

① 参见 BhattacherjeeA.,"Understanding information systems continuance:An expectation confirmation model",MIS Quarterly,2001,25(3):351-370。

② 参见 Bhattacherjee A.,Perols J.,Sanford C.,"Information technology continuance:A theoretic extension and empirical test",*Journal of Computer Informa-tion Systems*,2008,30(4):17-26。

自变量和因变量含测量误差、同时估计因子结构和因子关系以及允许更大弹性的测量模型等优点。

7. 数据分析法

本书将采用 Excel、SPSS 等工具软件对调查数据进行统计分析，其中包括均值、标准差的计算，相关性检验，描述统计分析以及相关性分析等。

8. 比较研究法

比较研究法是本书的一个较为主要的方法。本书将对我国学分转换现状和国外学分转换现状进行深入对比，充分学习国外在慕课学分转换方面的经验，弥补我国在慕课学分转换方面的不足。本书将参照贝雷迪的比较教育模型，该模型提出了进行比较教育研究的四个步骤，包括描述、解释、并置和共时比较。

9. 质性研究法

在访谈中采用质性研究的方法收集和分析资料。本书将采用扎根理论方法对访谈结果进行分析。扎根理论一般包括开放式编码、关联式编码和轴心编码三个步骤。

10. 大数据研究法

学生在慕课学习过程中产生了大量的学习数据，对这些数据进行分析，将实现以下功能：一是对学生的学习质量进行监控；二是对学习规律进行探索，例如学习过程与学习效果的关系等；三是进行学习结果的预测，并在此基础上提出相应的干预措施。

11. 社会网络分析法

本书将采用社会网络分析法对慕课虚拟社区中学习者的交互进行分析。本书将采用 SNAPP、UCINTE 等社会网络分析软件对慕课学习虚拟社区学习者社会性交互进行分析，包括交互者情况、网络密度、中心度、小团体以及核心—边缘结构分析等。

同时采用内容分析法对学习者交互内容进行分析。Bales 认为，首先，学习者通过网络讨论组进行教学交互，主要的交互内容分为两个部分：社会性情感和学习任务。Bales 据此分类提出了交互过程分析模型。Gunawardena（1997）改进了 Henri 模型，进而提出了一套基于建构主义学习理论的线索解析模型。这是非常著名的相关理论,被学术界广泛使用。该模型主要分为五个阶段:第一阶段,知识的分享和差异比较。团体成员交流观点、相互提问,描述讨论主题;第二阶段,主要涉及发现、分析观点的差异和分歧。团体成员试图找出观点中的分歧,提问并回答问题,进一步阐述主题;第三阶段,团体成员协商讨论,或者通过提出新的观点、整合各种观点,实现知识的共同建构;第四阶段,成员利用个人经验、收集的信息检验和修订新建构的观点;第五阶段,成员达成共识并适当运用新建构的意义和知识。

本书的研究具有较强的理论意义和现实意义。教育部高教司司长张大良表示要求教育行政部门组织专家加强研究和指导,发挥高校的自主性,探索建立高校内部或高校之间具备考核标准的在线学习认证和学分认定机制。在保证教学质量的前提下,开展在线学习、在线学习与课堂教学相结合等多种方式的学分认定、学分转换。教育部将在国内已运行平台中择优遴选几家公共服务平台,并鼓励平台之间实现课程资源和应用数据共享,以及正在指导部分高校探索建立高校内部或高校之间具备考核标准的“慕课”学分认定机制。以笔者所在的省份为例,甘肃省教育厅下发了《关于支持鼓励普通高等学校学生选修慕课的通知》,要求各高校合理引入慕课辅助教学,并鼓励高校探索创新慕课课程学分管理制度,推进相应课程学分认定。本书的研究进一步丰富和发展了慕课学分转换和积累体系相关研究的空缺,完善和发展了国内学分转换和积累理论研究体系,尤其是弥补了国内外关于学分转换和积累实证研究的不足,深化了对相关问题的认识和了解,可以作为国内外相关学者进一步研究的基础,为国内外相关研究者提供了有益的研究视角。

同时,本书具有重要的应用价值。第一,有利于慕课的发展。慕课总体来说还属于新生事物,实现对慕课学分的认定对于慕课的可持续发展有着重要的意义和价值。目前慕课的发展受到了争议,有些人提出慕课仅是一时热,慕课的发展面临着许多重要问题,例如慕课辍学率高的问题。研究表明,慕课的使用存在完成率低、持续参与度弱、互动性差等问题,用户初步使用后放弃的现象普遍(Yuan and Powell,2013;Adams and Williams,2013;秦鸿,2014;贾积有等,2014)。我国著名远程教育学家陈丽(2016)指出,目前慕课学分无法得到认可是慕课辍学率高的主要原因,因此能够实现慕课的学分认定对于慕课的发展将起到重要的作用。姚昕雨(2015)认为低通过率始终是困扰美国慕课发展的核心问题[①]。导致这一问题的原因很多,其中“没有学分认证”是一个主要原因。方旭(2015)在对慕课学习行为影响因素分析后指出,不论教育部还是各高校都应尽快建立“学分银行”制度,尤其是学分转换制度[②]。慕课学分认定问题包括高校认定慕课学分的现状、影响因素以及认定机制等,这都是未来重要的研究议题。慕课与传统教育的融合是慕课重要的应用模式之一,对于解决目前慕课发展中遇到的问题和慕课的可持续发展具有重要的意义。第二,有利于高等教育模式的变革。慕课学分的认定对于解决有限的大学资源与社会对高等教育的需求之间的矛盾以及学习者学习权的尊重等方面也有重要意义(姚昕雨,2015)。高校对慕课的学分认定问题是慕课与高等教育融合的核心问题之一。本书的研究即高校对慕课学分的认定问题的研究有利于慕课与高等教育的融合,对于高等教育教学模式的变革也具有重要的意义。目前混合式教学深入发展,慕课与高等教育的融合是实现高校混合式教学的重要途径之一。第三,有利于解决目前慕课学分转换面临的问题。当前在慕课学分认定的实践过程中也遇到了一些问题。在多方力量的作用下,慕课与获取学分认证之间的距离似乎正在一步步缩短,然而仍存在很多问题,例如数以千万计的慕课注册者目前追求的是大规模在线课程的体验,他们是否会因参加慕课而获取大学学分感兴趣?然而目前的数据并不乐观。截至2013年夏,向美国教育委员会申请业已完成的慕课成绩单的学生数目为零(Jonathan,2015)[③]。而在慕课学分认证的过程中,也出现了一些其他问题,例如一些人对慕课能否提供与大学相同教育质量提出了质疑,还有一些教师公开反对慕课学分认证等。本书将对上述问题展开深入研究,为我国学分制度的发展和实际问题的解决提供强有力的证据支撑和参考。总的来说,本书的研究对于国内外学分认证体系的发展以及慕课和混合式教学的发展均具有重要的理论意义和现实意义。第四,有利于远程教育的发展。学分认可是在线学习的难点,如果慕课学分得到认可,将会把我们带入真正的开放学习时代,

---

① 参见姚昕雨:《美国高校 MOOCs 学分认证现状研究》,《无线互联科技》2016 年第 5 期。

② 方旭:《MOOC 学习行为影响因素研究》,《开放教育研究》2015 年第 3 期。

③ 乔纳森·哈伯:《慕课》,刘春园译,中国人民大学出版社 2015 年版,第 1 页。

在线教育的黄金时代就会到来,本书的研究对于我国开放教育的发展具有重要的现实意义。

本书有着重要的创新价值。第一,在研究内容上,目前国内外对于学分认定制度(包括对于学分认定制度实施的效果、问题以及影响因素等)的实证研究还较少见,本书首次在国内展开大规模慕课学分认定的调查,从学生、教师等微观层面的学分认定状况,学校、学院等中观层面的学分认定状况,以及政府、社会等宏观层面的学分认定状况进行全方面的实证调查,并运用二手资料数据和文献资料科学全面地把握我国高校慕课学分认定的客观状况和社会影响,进而系统了解我国高校慕课学分认定全貌,这是一项系统工程,也是一项值得投入的研究课题,无论对于学分认定的理论研究还是应用研究都具有重要的意义和价值。第二,在研究视角上,本书既要对当前我国慕课学分认定的基本状况进行共时性的研究,也要对我国学分认定的历史脉络进行历时性的考察,既要考虑影响学分认定的现实因素和时代特征,更要关注学分认定生成和发展的传统根源,既立足于我国学分认定的实际状况,也总结和分析教育发达国家学分认定体系构建的经验和问题。因此,共时性和历时性、国内和国外等多种视角的结合是本书的一大特色,也体现了本书"国际视野、本土情怀和时代特征"的基本出发点和研究思路。第三,在研究方法上,综合运用定性研究和定量研究,有助于更有针对性地解决不同的问题。问卷调查法在较大范围内考察我国高校慕课学分认定的现状和具体特点方面有较大的优势,相关文献分析和内容分析有助于对当前学分互换的总体状况进行考察,个案研究法和深度访谈等定性研究方法的运用,在了解我国高校慕课学分认定的问题、机制的构建等方面有其独特优势,从而弥补定量研究特别是问卷调查法在高校慕课学分认定研究中的不足。因此,不同研究方法的综合应用并相互补充、取长补短是本书的另一大特色。

第一章　我国慕课学分转换现状

第一节　我国的慕课学分转换政策

我国在国家层面以及地方政府层面均出台了一些慕课学分转换的相关政策,这些政策可以作为我国慕课学分转换发展的依据之一。

一、国家层面的相关政策

我国在多个国家文件中提到了相关慕课学分转换政策。

《国家中长期教育改革和发展规划纲要(2010—2020年)》指出:"搭建终身学习'立交桥'。促进各级各类教育纵向衔接、横向沟通,提供多次选择机会,满足个人多样化的学习和发展需要。健全宽进严出的学习制度,办好开放大学,改革和完善高等教育自学考试制度。建立继续教育学分积累与转换制度,实现不同类型学习成果的互认和衔接。"

国务院《国家教育事业发展"十三五"规划》指出:"积极发展'互联网+教育'……积极鼓励高等学校和职业学校依托优势学科专业开发具有竞争力的在线开放课程,制定在线开放课程教学质量评价标准和学分认定管理办法,将在线课程纳入培养方案和教学计划。"

教育部《关于推进高等教育学分认定和转换工作的意见》(以下简称《意见》)在指导思想、基本原则、工作目标、畅通学分认定和转换通道以及完善配套措施方面进行了较为详细的规划和要求。《意见》指出:高等学校之间学分认定和转换以课程为基础。各类高校学生学习外校课程并达到一定要求,通过本校认定后,可转换为本校相应的课程学分。高等学校认定外校课程,要考察其教学目标、教学内容、教学时数、考核方式等教学要求和师资水平、教学条件等教学能力,评价与本校相关课程的要求是否基本一致,确保学生通过学习外校课程所掌握的知识、技能和水平与在本校学习基本相当。高等学校自主制定外校课程认定办法,规范细化认定流程,具体规定外校课程认定的种类、数量以及外校课程学分所占最高比例。及时汇总、更新、公布认定的外校课程清单,实行动态管理,为学生学习外校课程、获得相应学分创造便利条件。制定外校课程学分认定办法、高等教育自学考试学分认定办法、非学历学习成果转换为学分的办法,认定学生不同渠道获得的学分,确定相应的免修课程。

教育部《关于加强高等学校在线开放课程建设应用与管理的意见》(2015)指出:推进在线开放课程学分认定和学分管理制度创新。鼓励高校制订在线开放课程教学质量认定标准,将通过本校认定的在线课程纳入培养方案和教学计划,并制订在线课程的教学效果评价办法和学生修读在线课程的学分认定办法。在保证教学质量的前提下,鼓励高校开展在线学习、在线学习与课堂教学相结合等多种方式的学分认定、学分转换和学习过程认定。

修订后的《普通高等学校学生管理规定》指出:“学生根据学校有关规定,可以申请辅修校内其他专业或者选修其他专业课程;可以申请跨校辅修专业或者修读课程,参加学校认可的开放式网络课程学习。学生修读的课程成绩(学分),学校审核同意后,予以承认。”

二、地方政府的相关政策

除了国家层面出台了一些学分转换相关政策外,部分省级政府也出台了相关政策。下面以甘肃和广东为例。

1. 甘肃:鼓励普通高等学校推进慕课课程学分认定

甘肃省教育厅下发的《关于支持鼓励普通高等学校学生选修慕课的通知》(以下简称《通知》),要求各高校合理引入慕课辅助教学,并鼓励高校探索创新慕课课程学分管理制度,推进相应课程学分认定。

《通知》要求,各高校要引进适合网络传播和教学活动的内容质量高、教学效果好的慕课课程供学生学习。同时,鼓励各高校间通过协同创新和集成创新的方式,引进满足不同教学需要、不同学习需求的慕课课程或课程群。

《通知》提出，各高校要探索创新慕课课程学分管理制度，制定慕课课程教学质量认定标准，将通过本校认定的慕课课程纳入培养方案和教学计划中，并制定慕课课程的教学效果评价办法和学生修读课程的学分认定办法。学生通过慕课在线学习，其成绩、学分与修读常规公共选修课同等对待，修读合格后，学校根据课程实际认定学分。

2. 广东:《关于普通高等学校实施学分制管理的意见》

广东省教育厅下发的《关于普通高等学校实施学分制管理的意见》(以下简称《意见》)提出，将给予学生更多自主选择权，学生跨校修读必修课，科研、竞赛甚至网上学习都可以获得学分，修满学分可提前毕业。

《意见》鼓励学生通过互联网平台学习，并替代学校学分，提出要充分发挥信息技术在学分制改革中的作用，促进信息技术与教学的深度融合，加快对课程和专业的数字化改造，建设优质信息化教育教学资源，利用校外慕课平台、课程学习网站、微课等，创新信息化教学与学习。

第二节　慕课区域联盟的现状

一、广州大学城

2016 年 9 月 22 日，教育部《关于推进高等教育学分认定和转换工作的意见》出台，计划到 2020 年，高等教育学分认定和转换体系将更加完善，这无疑将加速中国慕课的发展。

广州大学城高校课程互选、学分互认是广东省委、省政府建设一流大学城的重要举措之一，在国内颇具典型性和代表性。广东省教育厅颁布的《关于在广州大学城高校开展课程互选、学分互认的通知》明确鼓励和支持各高校之间课程互选、学分互认、教师互聘、资源共享、优势互补，以促进形成高等学校教育教学资源共知共建共享新机制。

二、上海高校互认慕课学分

沪上 19 所高校将互认慕课学分。近日，上海交通大学成功自主研发的中文慕课平台“好大学在线”(www.cnmooc.org)正式上线,面向全球提供大规模中文在线课程。未来,上海西南片高校的学生有望通过这一中文慕课平台,获得不同高校间的学分互认,甚至获取其他学校的辅修专业学位。“好大学在线”首期发布了10门慕课课程,作为平台主导方的上海交通大学占了开课量的六成,港台大学一共占了三成。

1. 首批课程来自两岸三地

所谓“慕课”(MOOC),即大规模开放在线课程(Massive Openning Online Courses),这一大规模在线课程掀起的风暴始于2011年秋天,被誉为“印刷术发明以来教育最大的革新”。

如今,多家慕课平台纷纷竞争,来自美国的Coursera、edX和Udacity是其中最有影响力的“三巨头”,其中复旦、交大加入了Coursera,清华和北大加入了edX。此后,慕课在全球遍地开花,英国、德国、法国纷纷推出自己的慕课平台。澳大利亚、拉丁美洲也及时跟进。在中国,除了加盟美国的平台外,从全国高校联盟到地方院校,都在联合推出自己的慕课。仅在北京和上海两地,就有十多所大学开通慕课平台。

上海交通大学副校长黄震介绍,全新的“好大学在线”平台首期已有两岸三地4所一流大学10门高水平课程上线,其中上海交通大学开设6门课程,包括《粒子世界探秘》《数学之旅》《中医药与中华传统文化》《法与社会》《唐诗宋词人文解读》《媒介批评:理论与方法》。台湾新竹交通大学开设两门课程,包括《孙子兵法与企业经营》《微观化学世界——初阶基础课程》。北京大学开设了一门《艺术史》;香港科技大学开设了一门《计算机导论》。上海交通大学教务处处长江志斌表示,“好大学在线”平台作为筹备中的“中国高水平大学MOOCs联盟”的慕课学习平台,还将不断推出新的课程,上海交通大学年内将推出30门课程,其他高校的课程也在陆续开发并即将推出。

2. 突破高校间的学历瓶颈

“好大学在线”的最大突破,在于首次打通了上海西南片19所高校的慕课学分互认,学生可以不出校门修读其他高校的第二学位。

上海交通大学副校长黄震表示,慕课主要有三大因素支撑,一是课程,二是平台,三是共享机制。而无论是美国版、英国版还是全球其他版本,都没有能够解决三大因素合一的问题，除了获取知识，参与者也迫切希望获得学分和学位。果壳网曾经发起一项针对“慕课”中文用户的大规模问卷，调查发现，在国内用户中，有43%选择2门至3门慕课课程学习；29%选择1门课程；25%选择4门至10门课程。但可惜的是，67%的用户1门课程都没完成，16%的用户所选课程完成了不到一半，只有6%的用户完成了所选课程。在“阻挠完成慕课课程的原因”一项中，可以投入的时间有限、缺乏毅力、语言障碍分别列前三位。据悉，Coursera等平台的界面以英语为主，对于中文用户的“门槛”不低。为了增强学习的持续性和效果的有效性，“交大版”全自主研发的中国慕课首次让名校的学历流通。

19所高校的学生将能通过平台，选修来自两岸三地知名高校的优质课程，足不出户享受高水平教育资源，并有希望通过这种全新而自主的学习获得相应课程的学分，甚至通过系列课程的修读，获取其他学校的辅修专业学位，突破了其他慕课不能拿名校学位证书的瓶颈，属于全球首创。

三、西南片资源共享

1. 西南片19校建资源共享

上海西南片高校也在“好大学在线”平台启动仪式上共同签署了慕课共建共享合作协议。西南片高校联合办学自1994年创办至今，已走过21年。如今已有成员高校19所，包括上海交通大学、华东师范大学、华东理工大学、东华大学、华东政法大学、上海音乐学院、上海对外经贸大学等高校。19校联手打造了“没有围墙的大学”，已有12000余人获得了教育部门认可的辅修专业学位证书，2000多名研究生跨校修课，有效整合与促进了各类资源要素在校际间的流动和共享。此次关于慕课课程的共建共享合作，使各高校的优势课程共享，从有限的实体校园向网络拓展。

基于慕课高校人才培养的合作包括：高校利用各自学科优势，开设特色慕课；推进基于慕课的跨校选修课程，辅修专业学士学位；学习方式为学生在本校在线学习，到开设慕课学校参加“翻转课堂”学习，并参加考试，推进O2O混合教育。黄震表示，正是基于19所学校良好的合作，因此首批尝试在19所高校内试点慕课学分互认，这只是第一步，希望今后继续扩大规模。

2. 继续融入美国慕课平台

除了打造中国版的慕课之外,复旦、交大等高校参与美国版慕课之路还在继续。

3 月 15 日,国内混合式慕课《思想道德修养与法律基础》第一讲“大学·人生”在复旦大学、北京大学同步开讲。这一课程由上海高校课程共享中心组织,复旦大学牵头,包括北京大学在内的近 10 所高校、23 名教师参与了共建。据该共享课程负责人、复旦大学马克思主义研究院副院长高国希教授介绍,这是全国首个可以选课、测验、即时跟踪学习进度、班级管理、师生互动的混合式思想政治理论类共享课平台。

目前,全国共有 24 个高校近 5000 名学生通过共享课程平台选修了这门“思修课”,其中上海各高校的选课人数就有近 2600 人。复旦大学上线慕课平台的课程《大数据与信息传播》,全球选课人数已突破 12000 人。这门课程由复旦大学新闻学院程士安教授执鞭,探讨人、媒介、信息在社会化媒体环境下的新规律。

《大数据与信息传播》是复旦大学首次尝试与 Coursera 合作的课程。据该校副校长陆昉介绍,一批文理医科的课程也已进入了实质性的建设过程。上海交通大学目前已有 6 门课程在美国 Courseras 平台上开课,包括《数学之旅》《中医药与中华传统文化》《唐诗宋词人文解读》等。其中《中医药与中华传统文化》有全球 45 个国家的人参与,一位墨西哥的学生虽然听不懂中文也看不懂英文字幕,但是仍然用翻译软件翻译成西班牙语学习。同济大学副校长江波认为,慕课的核心,是回应了大众对于优质教育的期待,由于中国的优质教育资源并没有随着高等教育大众化而同步增长,因此慕课对于促进教育公平有很大的推动作用。

第三节　高校层面的慕课学分转换

本书中慕课学分转换主要指的是校外慕课学分转换以及联盟内慕课学分转换两种情况。目前我国很多高校开始试行这种新的教学模式。下面是一些有代表性的案例,覆盖了“985”、“211”以及省属院校。

一、具有代表性高校的现状

（一）兰州大学（“985”、“211”院校）

以2017年为例。2017年春季学期开设40门东西部联盟共享课程（即“智慧树”网络平台课程）作为全校任选课。

1. 考核方式

“智慧树”所有慕课均由主讲教师及助教团队全程指导学习，整个学习过程包括观看课程视频、完成课后作业、参与讨论区互动、期中期末考试。考试方式包括计时考试等，具体考试形式由慕课主讲教师团队决定。学生必须严格按照选修课程主讲教师团队的要求，按时完成各环节学习任务。

最终成绩核定：“智慧树”整个学习过程结束后，学校教务处与“智慧树”平台核对有效选课学生选修课的最终成绩，并给予成绩合格学生相应的学分，如发现学生有违纪、作弊行为，一律按校规校纪处分。如果学生对最终成绩有疑义，可以拨打相关电话咨询。

学习终端：“智慧树”课程的学习过程可以在PC端以及手机端完成。

2. 课程介绍

《创新工程实践》和《公共关系与人际交往能力》两门课程属于混合式课程，既需要网上学习又需要现场课堂交流，分别为北京大学张海霞老师、同济大学李占才老师主讲，兰州大学配备校内老师课堂辅导交流。其余课程均为在线式课程。

（二）哈尔滨工业大学（“985”、“211”院校）

慕课作为近几年来“互联网+教育”的应用已经席卷全球。为了能给本科生提供更为丰富的优质课程资源，与“学堂在线”合作开展“学堂选修课项目”，引入清华大学等高校的优质慕课课程。本科生在2015年秋季学期可选修“学堂在线”（http://www.xuetangx.com）平台上的慕课作为全校任选课或人文与社会科学限选课。具体事项说明如下：

1. 学分认定、考核方式与最终成绩构成

学分认定：哈尔滨工业大学本校学生在“学堂在线”平台所修慕课，完成所有学习环节、最终成绩合格后，可认定为本校“全校任选课”或“人文与社会科学限选课”学分。学生可根据自己的爱好选修自己感兴趣的课程,获取各门课程的电子版结课证书。

考核方式:“学堂在线”所有慕课均由主讲教师及助教团队全程指导学习,整个学习过程包括观看课程视频、完成课后作业、参与讨论区互动、期中期末考试。考试方式可包括计时考试、主观题互评等,具体考试形式由慕课主讲教师团队决定。学生必须严格按照选修课程主讲教师团队的要求,按时完成各环节学习任务。

课程最终成绩构成:由于本校学生所选课程可认定为本校学分,所以本校学生选修课程的最终成绩构成与“学堂在线”平台各门慕课面向其他互联网学习者的成绩构成有所不同,本校学生选修“学堂在线”课程的最终成绩构成统一为:

每门课程满分为100分,60分为及格线。

平时成绩占40%(包含观看视频20%、课后作业20%,没有课后作业的课程只计算观看视频成绩)。

讨论区互动占20%(各门课程每一章都应有有效发帖或回帖)。

期中期末考试共占40%(如选修课程含有期中、期末考试,则期中、期末考试成绩各占20%;如选修课程只含有期末考试,则期末考试成绩占40%)。

最终成绩核定:“学堂选修课”整个学习过程结束后,“学堂在线”为选修课程最终成绩合格的学生发送电子版结课证书。学期末,学校教务处与“学堂在线”核对有效选课学生选修课的最终成绩,并给予成绩合格学生相应的学分,如发现学生有违纪、作弊行为,一律按校规校纪处分。如果学生对最终成绩有疑义,可以联系学校教务处。

学习终端:“学堂选修课”全部学习过程必须在PC端完成,如学生使用手机端APP、Pad、电视等终端观看课程视频,学习结果将无法计入选修课程最终成绩。“学堂在线”网页浏览器要求:IE10.0及以上版本,Chrome、Firefox、Safari,以及基于以上浏览器核心的360、猎豹、QQ等浏览器。

2. 学堂选修课清单

表1-1是哈尔滨工业大学的部分慕课选修课程。

表 1-1　哈尔滨工业大学可选修慕课课程举例

序号	课程名称	课程来源	主讲人	开课日期	学校认定学分
1	不朽的艺术:走进大师与经典(2015 年秋)(随堂模式)	清华大学	肖鹰	2015/9/9	2.0
2	文物精品与文化中国(2015 年秋)(随堂模式)	清华大学	彭林	2015/9/14	2.0
3	中国建筑史(2015 年秋)	清华大学	王贵祥	2015/9/14	2.0
4	《资治通鉴》导读(2015 年秋)(随堂模式)	清华大学	张国刚	2015/9/14	2.0
5	生活英语听说(宇宙中心的英语听说课)(2015 年秋)(随堂模式)	清华大学	张文霞 杨芳	2015/9/21	2.0
6	逻辑学概论(2015 年秋)	清华大学	陈为蓬	2015/9/22	2.0
7	创业启程(2015 年秋)	清华大学	陈劲	2015/9/28	2.0
8	财务分析与决策(2015 年秋)	清华大学	肖星	2015/10/9	3.0
9	大学历史与文化(2015 年秋)	清华大学	白峰杉	2015/10/12	1.0
10	足球运动与科学(2015 年秋)(随堂模式)	清华大学	孙葆洁	2015/10/13	1.0
11	决胜移动互联网:创业者的商业模式课	“学堂在线”	沈拓	2015/9/8	1.0

(三)华侨大学(中央部署院校)

为适应互联网时代教学的需求,华侨大学上线数字课程中心(http://kczx.hqu.edu.cn),目前共引进 30 门慕课课程,供感兴趣的同学学习,例如《法与社会》《唐诗宋词人文解读》《数学之旅》等通识类教育课程作为校选修课,学生修完课程,即可获得学分。据称,慕课选修课非常火爆。学校正在积极筹备建设自己的慕课课程,同时也将逐步推进国内外名校慕课课程选修的学分认定。华侨大学副校长徐西鹏主持会议并强调,大家要认清形势,加强数字化教学改革,尤其是面对大数据时代,要积极利用新手段、新形式等来提高教学效率和质量。

(四)中南财经政法大学(“211”院校)

新学期,中南财经政法大学正式将 8 门慕课课程列入本科选修课名单,学生结业后可获得相应的通识选修学分。此政策一出迅速受到学生欢迎,全校

5000多名本科生,已有1400人次选修了慕课课程。中南财经政法大学工商管理学院副教授梅丽霞是该校第一个“吃螃蟹”的。她的《经济地理与企业兴衰》慕课课程上线9个小时,就有2000多人报名学习。梅老师说,这门课程以前在课堂上讲过无数遍,但作为慕课课程,内容就要动大手术。“就像编剧一样,我要考虑哪里放讲解视频,哪里放PPT和动画,怎么让课程不枯燥。还要确保按5分钟一个知识点来切分视频。”她说,学员反映,上课就像看网络剧,坐等每周更新。看似简短的视频背后,也凝结着助教的辛劳。

(五)武昌工学院(省属院校)

根据教育部《关于加强高等学校在线开放课程建设应用与管理的意见》(教高〔2015〕3号)的文件精神——“推进在线开放课程学分认定和学分管理制度创新。鼓励高校制订在线开放课程教学质量认定标准,将通过本校认定的在线课程纳入培养方案和教学计划,并制订在线课程的教学效果评价办法和学生修读在线课程的学分认定办法。在保证教学质量的前提下,鼓励高校开展在线学习、在线学习与课堂教学相结合等多种方式的学分认定、学分转换和学习过程认定。”为适应创新型国家建设和我国经济与社会发展对高等教育的要求,拓展多元化人才培养途径,推进信息技术与教育教学的深度融合,提升武昌工学院学生的自主学习能力,结合学校实际情况,武昌工学院制定了以下办法。

第一条　关于慕课:慕课是指大规模的网络开放课程。“中国大学MOOC”平台目前有300多门课程在授,均为“985”高校名师授课。大众能免费注册学习,若学习合格,还能获得专业认证证书。

第二条　学分认定对象:全校本科生。

第三条　学分认定原则:对在中国大学MOOC平台上获得证书的课程,学校将以公选课性质给予成绩和学分的认定。

第四条　学分认定标准:慕课课程都是以小时数来计算学时,总学时30个小时及以下对应1学分,31个至50个小时对应2学分,50个小时以上对应3学分;每生MOOC平台课程获取学分数上限为5,超过的学分均按5学分记录。

第五条　学分认定流程:学生在爱课程网——中国大学MOOC平台选

课;进入中国大学 MOOC 平台学习 MOOC 课程;参加中国大学 MOOC 平台考试(成绩认定课程评分标准:课程 60 分及以上可获得合格证书,85—100 分可获得优秀证书);获得了中国大学 MOOC 证书的学生持证,并填写《武昌工学院 MOOC 证书认定表》到学生所在学院进行成绩认定。

第六条　本办法也适合国外 MOOC 课程学分的认定。

第七条　本办法由教务处负责解释,自 2015—2016 学年第一学期起执行。

(六)天津医科大学("211"院校)

为了充分利用全球优质的教学资源,满足学生个性化培养的需求,建立学生基于网络自主学习为主体的混合式教学模式,学校在 2014—2015 学年第一学期,允许学生利用网络跨校修读大学通识类教育课程,鼓励学生通过慕课平台选修高水平大学知名教授的课程,并认定学分。现就慕课课程学分认定做出如下说明。

1. 凡在校本科生均可自主选修慕课通识类课程,不受年级和专业限制。

2. 认定选修慕课的课程限于 Coursera 网络课程和爱课程网"985"院校开设的课程。

3. 凡完成慕课课程学习的学生可持考核成绩、证书及相关证明材料到教务处进行学分认定,1 门慕课课程认定为 1 学分。

4. 获得的慕课通识类课程学分仅计入公共选修学分,且最多不超过 2 学分。

(七)杭州师范大学(省属院校)

杭州师范大学从 2014 年年初开始在该校本科生通识课教学中推出上海交通大学开放在线课程(MOOC)——慕课,并实现学分互认。该校已为慕课的运行建构了一套完整的教学模式,包括选课听课、互动讨论、课后作业、评价考核等。该课程模式既有教师线上讲解、学生在线参与,学生也可根据具体课程安排,参加见面课程答疑、助教答疑或小组讨论等形式完成学习。另据介绍,学生通过考核后,其慕课成绩将转换为通识核心课程成绩,并获得对应模块通识课程学分。杭州师范大学此举,不仅为该校学生提供了更加开放、共享的学习空间和学习资源,有利于打破学校围墙,共享院校间的优势资源,更将为在我国尚处于探索期的慕课建设提供相关的实践经验。

(八)总结

1. 理念

目前我国高校慕课学分转换理念基本上可以总结为以下几种(见表1-2)。

(1)实现优质资源共享;(2)实现混合式教学模式以及线上线下结合的教学模式的变革;(3)其他。包括提升学生的学习兴趣以及提升自主学习能力等。

表1-2 代表性高校的理念

学校	理念
兰州大学	提供优质资源,开阔视野,培养创新精神
哈尔滨工业大学	给本科生提供更为丰富的优质课程资源
华侨大学	为适应互联网时代教学的需求; 供感兴趣的同学学习; 积极利用新手段、新形式等来提高教学效率和质量
武昌工学院	为适应创新型国家建设和我国经济与社会发展对高等教育的要求,拓展多元化人才培养途径,推进我校信息技术与教育教学的深度融合,提升我校学生的自主学习能力
天津医科大学	为了充分利用全球优质的教学资源,满足学生个性化培养的需求,建立学生基于网络自主学习为主体的混合式教学模式

2. 课程

目前高校均指定一定的慕课课程供学生进行选修,然后可以转换为本校的学分。主要出现了三类(见表1-3),一类是选取国内外知名大学平台上的慕课作为学习选修的课程,例如清华"学堂在线"、中国大学MOOC、东西部课程共享联盟以及Coursera等;另一类是使用自己学校的慕课平台,例如华侨大学;还有一类是使用本校平台和校外平台相结合的方式,例如中南财经大学、兰州大学等,这一类可能是今后的发展趋势。本校平台和校外平台各有优势和利弊,结合起来使用可能起到最好的效果。

而在可选修的慕课课程方面,目前一般以学校指定的课程为准,选修非学校指定的课程将不能进行学分转换。而在课程内容方面,现在各学校一般以通识类选修课为主,另外还有创业类课程,总体来说各校指定的可供选择的慕课课程数量还较少(见表1-4)。

表1-3　课程开设平台

学校	平台
兰州大学	东西部课程共享联盟,清华“学堂在线”
哈尔滨工业大学	清华“学堂在线”
华侨大学	华侨大学数字课程中心
武昌工学院	中国大学 MOOC
天津医科大学	Coursera 网络课程和爱课程网“985”院校开设的课程

表1-4　通识类选修课

学校	课程
兰州大学	中国建筑史;《资治通鉴》导读;移动互联网时代的商业模式创新;创业企业战略与机会选择
哈尔滨工业大学	不朽的艺术:走进大师与经典(2015年秋) 文物精品与文化中国(2015年秋) 中国建筑史(2015年秋) 生活英语听说(宇宙中心的英语听说课) 逻辑学概论 创业启程 大学历史与文化
华侨大学	《法与社会》《唐诗宋词人文解读》《数学之旅》

3. 学习过程

一般各学校要求学生的学习过程即为按照慕课课程教师的要求完成慕课学习即可,各学校本身基本没有额外的要求,具体包括本校没有见面课辅导教师,学生学习过程无法保证等。

4. 课程评价和学分转换

目前课程评价面临着没有有效的总结性评价机制以及学分转换的依据和标准简单等突出问题。几乎所有的慕课考试均没有采取监考措施,而进行学分转换的课程也没有一个明确的依据,学分转换数量也往往简单进行规定(见表1-5)。

表 1-5　评价和学分换算简单

学校	评价和学分换算
兰州大学	"智慧树"所有慕课均由主讲教师及助教团队全程指导学习,整个学习过程包括观看课程视频、完成课后作业、参与讨论区互动、期中期末考试。考试方式包括计时考试等,具体考试形式由慕课主讲教师团队决定。学生必须严格按照选修课程主讲教师团队的要求,按时完成各环节学习任务。 最终成绩核定:"智慧树"整个学习过程结束后,学校教务处与"智慧树"平台核对有效选课学生选修课的最终成绩,并给予成绩合格学生相应的学分,如发现学生有违纪、作弊行为,一律按校规校纪处分
哈尔滨工业大学	最终成绩核定:"学堂选修课"整个学习过程结束后,"学堂在线"为选修课程最终成绩合格的学生发送电子版结课证书。学期末,学校教务处与"学堂在线"核对有效选课学生选修课的最终成绩,并给予成绩合格学生相应的学分,如发现学生有违纪、作弊行为,一律按校规校纪处分。 由于本校学生所选课程可认定为本校学分,所以本校学生选修课程的最终成绩构成与"学堂在线"平台各门慕课面向其他互联网学习者的成绩构成有所不同,本校学生选修"学堂在线"课程的最终成绩构成统一为: 每门课程满分为 100 分,60 分为及格线。 平时成绩占 40%(包含观看视频 20%、课后作业 20%,没有课后作业的课程只计算观看视频成绩)。 讨论区互动占 20%(各门课程每一章都应有有效发帖或回帖)。 期中期末考试共占 40%(如选修课程含有期中、期末考试,则期中、期末考试成绩各占 20%;如选修课程只含有期末考试,则期末考试成绩占 40%)
华侨大学	学生修完课程,即可获得学分
武昌工学院	(一)慕课课程都是以小时数来计算学时,总学时 30 个小时及以下对应 1 学分,31 个至 50 个小时对应 2 学分,50 个小时以上对应 3 学分。 (二)每生 MOOC 平台课程获取学分数上限为 5,超过的学分均按 5 学分记录。 (三)参加中国大学 MOOC 平台考试(成绩认定课程评分标准:课程 60 分及以上可获得合格证书,85—100 分可获得优秀证书)
天津医科大学	凡完成慕课课程学习的学生可持考核成绩、证书及相关证明材料到教务处进行学分认定,1 门慕课课程认定为 1 学分。 获得的慕课通识类课程学分仅计入公共选修学分,且最多不超过 2 学分

总体来说,课程的评价一般结合学习过程和最后的期末考核进行。平时学习过程的考核由平时的作业、测验以及论坛交互状况等考核,而期末考核的形式有论文、期末考试等,并且学习过程考核和期末考核各占一定的比例。

二、存在的问题

通过分析,我国慕课学分转换还处于起步阶段,还存在很多的问题。

1. 没有统一的国家层面的慕课学分转换标准,各个学校自行制定具体政策

现在无论是国家层面还是高校层面,都缺乏明晰的具体的慕课学分转换办法,包括课程遴选机制、课程的考核、学分的换算等。目前高校并没有明确的流程说明谁负责慕课课程的遴选、课程遴选的标准等。在学分转换过程中,也没有明确的文件说明课程的考核方式以及如何换算学分等。在国家层面也没有明确具体的课程质量以及学分转换质量等标准。

2. 覆盖面窄

从课程的覆盖范围来看,各高校将可选修的慕课课程均集中在通识类选修课的范畴,还未覆盖专业必修课和专业选修课的范围,且可选修的课程数量也较少。而在平台方面,基本上以国内知名慕课平台为主,并未过多涉及国外慕课平台以及国内其他慕课平台,例如慕课网等。

3. 没有较为有效的质量保证措施

目前学生整个慕课学习过程和社会学习者慕课的学习过程差别不大,并没有有效的质量保证措施。很多慕课课程平时的考核包括对观看视频的考核,平时成绩与观看视频的多少直接挂钩,但这就能保证学生观看视频的质量了吗?据笔者对部分参与慕课学习的学生的访谈和调研来看,一些学生仅是将视频打开,但同时在干别的事情或者并未认真去听视频里的内容,而且很多同学并未看完课程的全部视频。同时,学生在看视频的过程中,容易受到外界的干扰,有同学表示,“有时候在看视频的过程中,突然有其他事情(例如有电话打进),就会去忙其他事情”,这些都极大地影响了视频观看的效果。

另外,由于是远距离学习,学生和主讲讲师见面的次数很少或者没有,学

生与教师缺乏互动也是一个重要的问题,这在笔者的访谈和问卷调查中也印证了这一点,并且根据学生的访谈可以看出这是慕课学习中一个很大的问题。另外平时测验、期末考试可能产生作弊的行为。由于没有监考,学生在平时测验和期末考试可能会有随意查阅相关资料、与别人合作等为了提升个人分数的作弊行为。上述问题还有待今后进行深入的实证研究。

4. 学分转换简单

目前,我国高校大部分还是以学习的时长来认定学分的数量,这无疑过于简单。不同学校之间的课程难度、内容、目标等都存在着区别,简单地以学习的时长认定学分的数量未免显得不足。况且,目前仅以课程时长来认定学分数量也存在很多问题,例如兰州大学对30个学时以上的课程均认定为2学分,这其中包括学分分别为48、36和30的三门课程(见表1-6),这可能不够合理。

表1-6 2016年春夏学期选课清单(7门)

序号	课程名称	开课学校	负责人	学分	学时	课程类别
1	创新工程实践	北京大学	张海霞	2	48	混合式课程
2	创业企业战略与机会选择	复旦大学	孙金云	2	36	混合式课程
3	职场沟通	联盟推荐	胡刚	2	30	混合式课程
4	大学生创业基础	上海理工大学	吴满琳	1	20	在线课程
5	职业素质养成	联盟推荐	林正刚	1	28	在线课程
6	创造性思维与创新方法	大连理工大学	冯林	1	24	在线课程
7	社会调查与研究方法	北京大学	邱泽奇	1	24	在线课程

三、趋势分析

1. 提升覆盖面

可以进一步提升可选修的慕课课程的覆盖面,包括课程类别、课程数量等。现在可进行学分转换的课程主要集中于通识类选修课,今后可以尝试将专业必修课、专业选修课等以慕课的形式开设,在这方面,国外给我们提供了一定的参考。

2. 制定有效质量保证措施

有效的质量保证包括慕课课程质量的保证、学生学习过程和学习评价的保证以及学分转换过程的质量保证等几个方面。我国还缺少对慕课课程质量评价的有效机制和标准,今后应注意慕课课程质量的评估。而学生学习过程和学习效果如何以及是否真实等都缺乏有效的评估机制,对学分转换的数量等也缺乏科学的依据。今后应从上述几个方面着手,制定有效的应对对策,以有效保证慕课的课程质量。

3. 出台国家和组织层面的政策

未来出台国家层面的相关政策,包括慕课课程建设标准、慕课学分转换框架等较为具体的政策体系是保证慕课学分转换深入发展的举措之一。而各高校也应出台相应的较为具体的政策文件,保证慕课学分转换的顺利进行。在这方面,国外相关国家给我们提供了一定的借鉴经验。

第二章　慕课学分转换的实证研究

第一节　高校慕课学分转换的实证研究

一、引言

目前，慕课快速发展。慕课具有学习方式灵活、费用低廉等突出优点，国内外纷纷将慕课应用于高等教育中，实现高等教育模式的变革。而国家也出台了相关文件，鼓励实现慕课学分转换。慕课学分转换指的是学生选修慕课平台上的课程，学习合格后被授予本校毕业所需学分的制度。目前，我国很多高校在这方面有了一定的尝试。慕课属于新生事物，国内外对慕课教学还处在初步实践阶段，慕课学分转换究竟效果如何以及还存在哪些问题，国内外还缺乏对这方面的实证研究。本书采用问卷调查法、深度访谈法、质性研究法、查阅文献法、内容分析以及数据分析法等对高校慕课学分转换现状进行了实证分析。

二、研究设计

本书设计了高校慕课学分转换的调查问卷，包括学生卷和教师卷。问卷采用李克特五级量表，选项设置为非常不同意、不同意、一般、同意和非常同意，分别赋值 1 分、2 分、3 分、4 分和 5 分。本研究选取部分学生、教师以及管理人员进行了访谈，并对学生慕课学习成绩、相关政策文件等资料进行了分析。对访谈结果以及政策文件等进行了质性分析和内容分析。问卷内容包括人口学变量、对慕课教学的总体看法、课程主观认识/教学过程、学习过程、评价机制、学分转换和建议等部分。学分转换包括什么样的慕课课程可以进行学分转换、学分转换的数量是多少等。本书针对已进行慕课学分转换的一些高校的学生和教师发放问卷并进行访谈，同时也对教务人员进行访谈。这些高校教务处均有相关政策，学生选修相应慕课平台上的课程并完成学习后可转换为其毕业所需的学分。还选取相关高校进行问卷发放。这些高校均指定了一定数量的慕课，学生可以选修这些慕课并可转换为其毕业所需的学分，指定的慕课为清华大学"学堂在线"、中国大学 MOOC 等慕课平台上的课程。问卷发放对象中的学生每人都至少完成过一门慕课的学习。教师则为教授可以进行学分转换的慕课的教师。

首先进行了约 20 名学生以及 10 名教师的问卷的预发放，然后根据学生和教师的反馈，修改（包括删除重复的题目以及修改模糊的表达等）并经过多名专家审阅之后形成了最终的问卷。学生卷全部通过问卷星填写，教师卷通过问卷星和当面发放相结合的方式进行。共回收有效学生问卷 1312 份以及有效教师问卷 92 份，有效率分别为 85.2%和 100%。问卷的人口学变量分布见表 2-1 和表 2-2。本研究采用 EXCEL 2003、SPSS 17.0 等工具软件对数据进行了分析。首先，对问卷进行了信度检验。采用 Cronbach α 一致性系数计算信度，结果显示所有变量 Cronbach α 一致性系数均大于 0.7，这表明问卷具有良好的信度（见表 2-3）。而问卷在设计过程中经过了专家的修改，这表明问卷具有良好的内容效度。而本研究也采用 AMOS 17.0 对问卷进行了效度分析，发现各因子载荷均大于 0.5，可以说明问卷具有良好的聚合效度。

表 2-1　学生人口学变量

性别		年级				专业		
男	女	大一	大二	大三	大四	理科	文科	工科
48.7%	51.3%	25.1%	40.2%	23.6%	11.1%	24.1%	58.3%	17.6%

表 2-2　教师人口学变量

性别		职称			专业		
男	女	教授	副教授	讲师	理科	文科	工科
58.1%	41.9%	67.7%	25.8%	6.5%	12.9%	54.8%	32.3%

表 2-3　问卷的信度检验(Cronbach α 一致性系数)

	总体看法	课程/教学	学习过程	评价机制	学分转换
学生	0.834	0.814	0.725	0.821	0.776
教师	0.900	0.734	0.774	0.814	0.781

三、研究结论

(一)多样的动机

本书将学生选修慕课的动机以开放式填空题的形式予以呈现,并对学生和教师进行了访谈。通过问卷调查和访谈(见表 2-4),使用扎根理论对结果进行了编码。扎根理论包括开放式编码、主轴编码和选择性编码。结果显示学生选修慕课的动机有以下几类。一是课程因素具体包括课程内容、课程形式和课程难度。其中课程形式即慕课学习时间地点灵活占的比例最大,为47.3%;而课程内容又包括内容丰富、质量好、可反复听以及可以做笔记几个方面;课程难度包括节省时间、比较简单以及分数易得等几个方面。二是通过对教师问卷调查结果显示,教师的动机分为课程因素、个人因素以及环境因素等(见表 2-5)。三是通过对教务人员的访谈,发现学校在引进慕课方面的目的有引进优质资源、扩大学生知识面以及培养学生创新精神等。调研发现一部分学生的学习动机是慕课分数容易获得或者学分好混,这显然有失进行慕课教学的初衷。

表 2-4　学生动机编码表

<table>
<tr><th>一级编码</th><th>二级编码</th><th>三级编码</th><th>案例</th><th>比例</th></tr>
<tr><td rowspan="7">课程因素</td><td rowspan="4">课程内容</td><td>内容丰富</td><td>选择更广泛,知识面更广泛</td><td>12.0%</td></tr>
<tr><td>质量好</td><td>质量好;
学校老师讲解枯燥,询问较麻烦;
学校课程听不懂;是名师;
支持系统差</td><td>8.3%</td></tr>
<tr><td>反复听</td><td>课程内容可以反复地听;
遇到不懂的可以反复观看视频</td><td>5.8%</td></tr>
<tr><td>可以做笔记</td><td>方便做笔记,有些课程因为没有相应的教材,任课老师讲得又很快,根本没时间做笔记</td><td>3.8%</td></tr>
<tr><td>课程形式</td><td>时间地点灵活</td><td>时间地点灵活,时间比较随意,方便在宿舍学习;
方便,有时候不想听课,但是视频什么时候看都行;
方便快捷;
选修的课程因为时间的问题,有时候会冲突,自己也有事情要去忙;
形式新颖</td><td>47.3%</td></tr>
<tr><td rowspan="2">课程难度</td><td>节省时间
比较简单</td><td rowspan="2">节省时间,分数易得,学习更加轻松;
难度低,比较简单</td><td rowspan="2">5.8%</td></tr>
<tr><td>分数易得</td></tr>
<tr><td rowspan="2">个人因素</td><td>个人兴趣</td><td>个人兴趣</td><td>顺便看看其他学校的课程,增加一下对慕课的了解;
好奇</td><td rowspan="2">6.4%</td></tr>
<tr><td>个人发展</td><td>个人发展</td><td>了解一下经济知识;
课程对未来发展有好处</td></tr>
<tr><td rowspan="4">环境因素</td><td rowspan="2">学校</td><td>教师规定</td><td rowspan="2">教师规定;
校方安排;
学校强制</td><td rowspan="2">8.3%</td></tr>
<tr><td>校方安排</td></tr>
<tr><td rowspan="2">其他</td><td>冲突</td><td rowspan="2">冲突,学校热门课程选修的人数较多,确定入选的概率小;
学分不够,大三学生没有多余的选修课;面授课与专业课程有冲突;
我们学校没有这个课,学校没有面授</td><td rowspan="2">8.3%</td></tr>
<tr><td>无课可选</td></tr>
</table>

表 2-5　教师动机编码表

一级编码	二级编码	案例
课程因素	资源共享,扩大受益面	希望优秀的教学资源能够让更多的学生及其他的学习者共享,希望优秀的教学方法能够在教师中互相交流、学习; 希望更多的人学到相关知识; 可以把好的教育资源共享给更多学校学生,扩大范围; 推进教育资源的再分配,想让更多的学生成为课程内容的受益者,想让医学卫生保健常识在大学生中更广泛地普及,提高人们预防疾病的认识和重视程度; 拥有这方面的资源,推广我校的优势学科与专业,选课容量大,传统课程模式只有二三百学生,慕课每学期可惠及成千上万人,慕课能够大范围地普及课程
	课程适合慕课教学形式	可以对课堂专题教学进行互补,公共课,适合采用慕课方式,课程有很多实验演示、生活实例,所以特别适合慕课,而完全不适合课堂讲授
	学习灵活	不受面授的限制,便于学生高效学习;这种教学模式更灵活;能够启发学生主动思维
	课程趣味性	教学视频趣味性更强
个人因素	探索新模式	探索互联网背景下的教学创新,现代教学手段,不可或缺
	其他	愿意和更广大的学生群体接触
环境因素	环境影响	"互联网+"是教育在新世纪的大势所趋 受学校委托,学校安排,学校鼓励而已

(二)总体效果良好,但改善空间较大

总的来说,慕课学分转换的教学模式获得了一定的肯定,但总体效果还有待提升。喜欢和非常喜欢慕课这种教学模式的学生比例为 39. 70%,对满意慕课这种教学模式表示非常同意和同意的比例为 44. 72%,对赞同慕课这种教学模式表示非常同意和同意的比例为 61. 81%,对学习效果好的慕课教学模式表示非常同意和同意的比例为 29. 65%,对希望继续选修慕课的表示非常同意和同意的比例为 35. 17%(见图 2-1)。总的来说,表示非常同意和同意的比例还是较低,这说明慕课这种新型的教学模式虽取得了一定的效果,但提升的空间还很大。

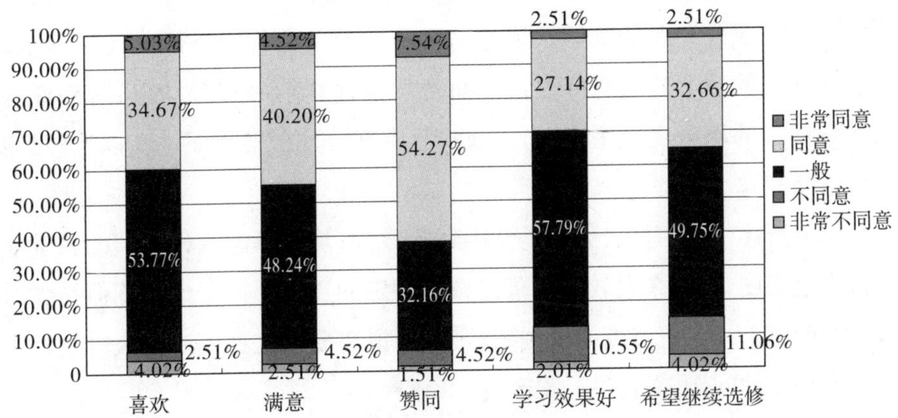

图 2-1　学生对慕课教学模式的看法

而在教师方面，对慕课这种教学模式表示肯定的比例较高一些。对赞同慕课这种教学模式表示非常同意和同意的比例为 93. 59%，对继续开设慕课这种教学模式表示非常同意和同意的比例为 93. 82%，对慕课这种模式比传统的教学模式好表示非常同意和同意的比例为 67. 71%，对慕课这种模式满意表示非常同意和同意的比例为 71. 02%，对慕课教学效果好表示非常同意和同意的比例为 64. 54%（见图 2-2）。而有 90. 6%的教师表示非常喜欢或喜欢慕课这种教学模式。有 67. 7%的教师表示慕课教学非常符合或符合教学

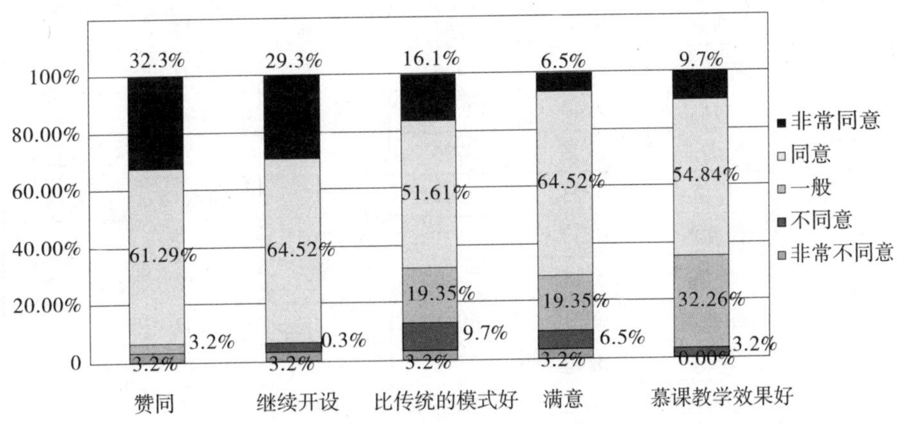

图 2-2　教师对慕课教学模式的看法

预期。从上述数据可以看出,教师对慕课这种教学模式还是持肯定态度的,但在比传统模式好以及教学效果好这两个问题上持肯定态度的比例偏低,这说明慕课的教学效果有待改进。而从均值计算结果来看,教师对慕课这种教学模式的认可度要比学生高一些,其中部分均值达到了4.0以上(见表2-6、表2-7)。

综上所述,可以看出,无论是学生还是教师,均对慕课这种新型的教学模式持肯定态度,总体来说教师对慕课教学肯定的比例要高于学生。但在学习效果等问题上持肯定态度的比例还较低,这说明慕课这种模式在执行过程中还存在一定的问题,有待进一步改善。

表2-6　学生对慕课的看法均值与标准差

维度	变量	Q1	Q2	Q3	Q4	Q5
男	均值	3.35	3.45	3.57	3.23	3.26
	标准差	.913	.878	.853	.823	.950
女	均值	3.33	3.34	3.67	3.13	3.12
	标准差	.650	.621	.650	.624	.664
大一	均值	3.30	3.46	3.54	3.16	3.28
	标准差	.886	.838	.706	.817	.784
大二	均值	3.36	3.41	3.66	3.25	3.21
	标准差	.733	.758	.745	.703	.807
大三	均值	3.40	3.28	3.57	3.04	3.04
	标准差	.798	.713	.853	.721	.932
大四	均值	3.23	3.45	3.73	3.23	3.18
	标准差	.752	.671	.703	.612	.664
理科	均值	3.18	3.20	3.58	3.10	3.10
	标准差	.931	.911	.813	.744	.871
文科	均值	3.42	3.42	3.64	3.19	3.16
	标准差	.653	.666	.696	.742	.800
工科	均值	3.44	3.59	3.81	3.25	3.47
	标准差	.759	.665	.693	.718	.718

续表

维度	变量	Q1	Q2	Q3	Q4	Q5
总计	均值	3. 34	3. 40	3. 62	3. 18	3. 19
	标准差	. 787	. 758	. 755	. 728	. 817

注：Q1＝您喜欢慕课这种教学模式吗？Q2＝您对慕课学习这种教学模式满意吗？Q3＝您赞同这种慕课教学新的教学方式吗？Q4＝慕课学习模式下您的学习效果怎么样？Q5＝您希望以后的授课模式还是慕课教学吗？

表 2-7　教师对慕课的看法均值与标准差

维度	变量	Q1	Q2	Q3	Q4	Q5	Q6	Q7
男	均值	3. 89	4. 11	3. 61	3. 50	3. 61	3. 56	3. 39
	标准差	1. 231	. 963	1. 092	. 985	. 778	. 784	. 850
女	均值	4. 15	4. 31	3. 77	3. 85	3. 85	3. 85	3. 85
	标准差	. 689	. 480	. 832	. 555	. 555	. 555	. 376
教授	均值	4. 10	4. 33	3. 95	3. 95	3. 81	3. 81	3. 81
	标准差	. 944	. 483	. 740	. 498	. 602	. 512	. 512
副教授	均值	3. 75	3. 88	3. 00	3. 13	3. 50	3. 38	3. 38
	标准差	1. 389	1. 356	1. 309	1. 126	. 926	1. 061	. 744
讲师	均值	4. 00	4. 00	3. 50	2. 50	3. 50	3. 50	2. 00
	标准差	. 000	. 000	. 707	. 707	. 707	. 707	. 000
总计	均值	4. 00	4. 19	3. 68	3. 65	3. 71	3. 68	3. 58
	标准差	1. 033	. 792	. 979	. 839	. 693	. 702	. 720

注：Q1＝您喜欢慕课这种教学模式吗？Q2＝您赞同这种慕课教学新的教学方式吗？Q3＝您认为慕课这种教学模式比传统的以面授为主的模式好在哪里？Q4＝您对慕课这种教学模式满意吗？Q5＝您认为慕课教学效果怎么样？Q6＝您认为慕课这种教学模式的效果符合您的预期吗？Q7＝您对选修您教授慕课的学生的表现满意吗？

在性别维度，进行独立样本 t 检验，发现除了希望以后的授课模式还是慕课教学这种形式外均存在显著差异（见表 2-8）。

表 2-8　独立样本 t 检验

		方差方程的 Levene 检验		均值方程的 t 检验						
									差分的 95% 置信区间	
		F	Sig.	t	df	Sig.（双侧）	均值差值	标准误差值	下限	上限
Q1	假设方差相等	6. 950	. 009	. 153	197	. 878	. 017	. 112	-. 204	. 238
	假设方差不相等			. 152	172. 666	. 879	. 017	. 113	-. 206	. 240
Q2	假设方差相等	7. 821	. 006	1. 028	197	. 305	. 110	. 107	-. 101	. 322
	假设方差不相等			1. 020	172. 083	. 309	. 110	. 108	-. 103	. 324
Q3	假设方差相等	5. 246	. 023	-. 930	197	. 354	-. 100	. 107	-. 311	. 112
	假设方差不相等			-. 924	179. 341	. 357	-. 100	. 108	-. 313	. 113
Q4	假设方差相等	6. 668	. 011	. 963	197	. 337	. 099	. 103	-. 104	. 303
	假设方差不相等			. 956	178. 879	. 340	. 099	. 104	-. 106	. 304
Q5	假设方差相等	. 014	. 905	-. 901	197	. 369	-. 172	. 191	-. 549	. 205
	假设方差不相等			-. 902	196. 711	. 368	-. 172	. 191	-. 549	. 204

注：Q1=您喜欢慕课这种教学模式吗？Q2=您赞同这种慕课教学新的教学方式吗？Q3=您认为慕课这种教学模式比传统的以面授为主的模式好在哪里？Q4=您对慕课这种教学模式满意吗？Q5=您认为慕课教学效果怎么样？

（三）慕课优点突出，但也存在问题

慕课教学这种新型教学模式最突出的优点为学习时间地点灵活，学生选择的为 84. 92%，教师选择的为 96. 77%，在各项优点中均排名第一。其次是视频可以反复观看、可以学习到名校的课程、交互范围广泛以及视频比较有吸引力等（见图 2-3）。这与学生的学习动机相互印证。学生的学习动机中，占

比最大的为慕课学习时间地点灵活，还有其他方面，例如质量好、可以反复观看等。而慕课教学这种新型教学模式最突出的缺点为学生和教师的交互不够，学生选择的为65.33%，教师选择的为77.42%。其次是缺乏学习氛围、缺乏面授以及评价不够科学等（见图2-4）。

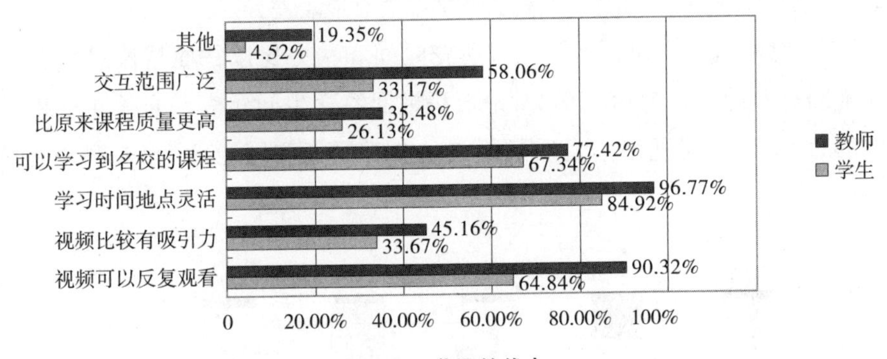

图2-3　慕课的优点

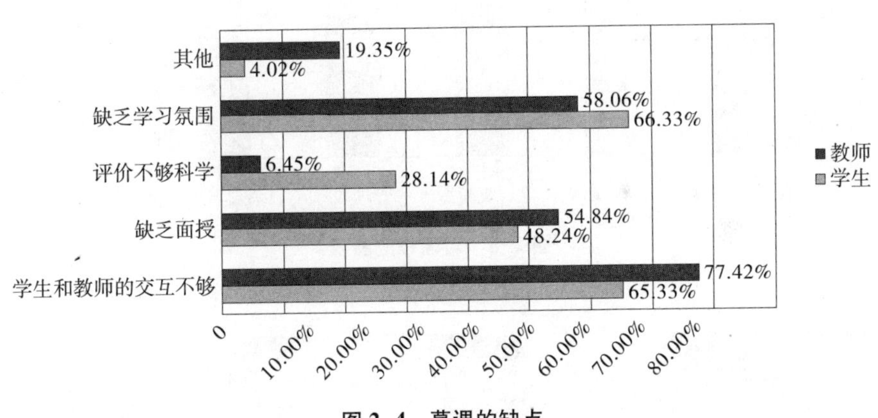

图2-4　慕课的缺点

（四）名师教学认可度高，但学习支持服务存在较大问题

1. 现状

从本次调查的结果可以看出，学生对教师的授课表示了肯定，对教师授课和教师导学表示非常同意和同意的比例分别为65.8%和53.8%。一般来说，慕课均由相关知名专家开设，这也得到了学生的肯定。而在其他方面，包括对在线视频质量、学习支持服务、管理服务表示非常同意和同意的比例分别为

49.7%、38.7%和29.6%(见图2-5)。这说明慕课建设质量以及学习支持服务等方面还需改善。

进一步通过均值进行计算,发现除了教师讲得好均值高于4.0外,其余均值都还较低,而各个方面在性别、年级以及专业各维度的均值和标准差见表2-9。通过独立样本t检验,发现在性别维度有显著差异。

在教师方面,对慕课教学模式所花时间和精力比以往面授模式多表示非常同意和同意的为48.3%,对论坛积极回答学生问题表示非常同意和同意的为55.4%,对网络平台质量好表示非常同意和同意的为54.8%(见图2-6)。

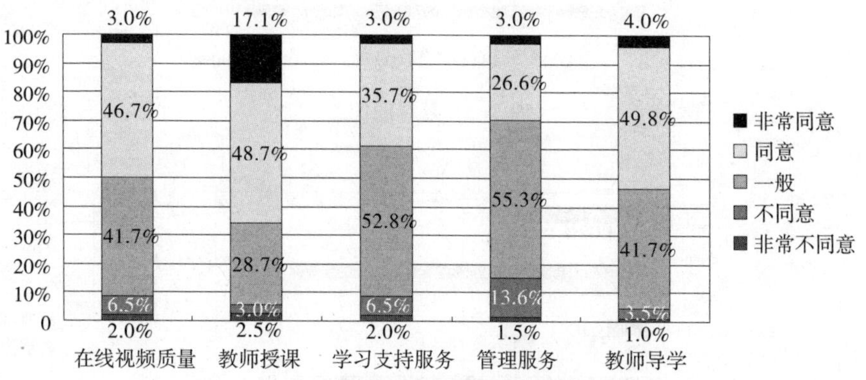

图2-5 对课程的看法

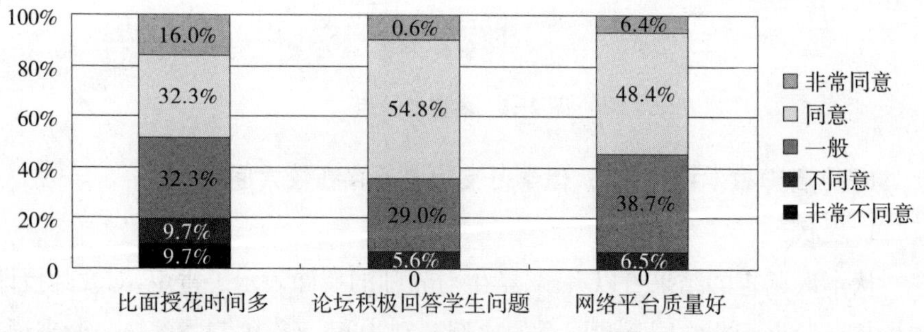

图2-6 教师教学

表 2-9　模型各变量在各个维度上的统计量均值和标准差

维度	变量	Q1	Q2	Q3	Q4	Q5	Q6	Q7	Q8
男	均值	3. 42	4. 04	3. 27	3. 18	3. 58	3. 35	3. 27	3. 33
	标准差	. 827	1. 145	. 836	. 866	. 762	. 737	. 974	. 760
女	均值	3. 42	4. 20	3. 35	3. 15	3. 47	3. 21	3. 44	3. 32
	标准差	. 667	1. 015	. 608	. 620	. 592	. 722	. 638	. 706
大一	均值	3. 46	4. 34	3. 32	3. 22	3. 54	3. 46	3. 38	3. 46
	标准差	. 762	1. 022	. 683	. 708	. 706	. 613	. 878	. 676
大二	均值	3. 36	4. 07	3. 56	3. 30	3. 55	3. 35	3. 55	3. 43
	标准差	. 783	1. 053	. 653	. 770	. 727	. 781	. 692	. 759
大三	均值	3. 40	4. 00	2. 94	2. 87	3. 55	3. 00	3. 04	2. 98
	标准差	. 742	1. 123	. 763	. 679	. 619	. 722	. 833	. 675
大四	均值	3. 59	4. 05	3. 18	3. 14	3. 32	3. 18	3. 27	3. 41
	标准差	. 590	1. 214	. 664	. 774	. 568	. 664	. 935	. 666
理科	均值	3. 48	4. 30	3. 33	3. 13	3. 53	3. 38	3. 30	3. 40
	标准差	. 679	1. 018	. 730	. 723	. 751	. 628	. 883	. 632
文科	均值	3. 44	4. 02	3. 38	3. 16	3. 52	3. 24	3. 38	3. 37
	标准差	. 745	1. 090	. 701	. 730	. 644	. 726	. 761	. 697
工科	均值	3. 44	4. 31	3. 22	3. 34	3. 53	3. 37	3. 53	3. 25
	标准差	. 759	1. 030	. 832	. 745	. 621	. 660	. 761	. 803
总计	均值	3. 42	4. 12	3. 31	3. 16	3. 52	3. 28	3. 36	3. 33
	标准差	. 747	1. 080	. 727	. 748	. 680	. 731	. 822	. 731

注:Q1=您认为慕课教学中提供的教学微视频质量怎么样? Q2=您认为慕课授课教师讲得怎么样? Q3=您认为慕课学习支持服务怎么样? Q4=您认为慕课管理服务怎么样? Q5=您认为慕课教师导学怎么样? Q6=您认为慕课咨询服务怎么样? Q7=您认为慕课网络学习平台环境怎么样? Q8=您认为慕课信息服务如何?

目前,我国还没有较为有效的慕课建设和授课质量保证措施。从本次调研来看,慕课课程在在线视频质量、学习支持服务、管理服务等方面还需要进行改善。视频观看的完成度、按时完成学习任务以及参与论坛讨论等方面均需要进行改善。第一,我国还没有统一的慕课课程质量标准。第二,在慕课建设中缺乏支持。教师对国家或学校给教师的支持较好表示非常同意和同意的仅为 16. 1%。第三,慕课建设后缺少后期评审。第四,目前很多慕课属于远距离教学,学生与主讲教师无法见面,而很多课程也没有在本校给学生配备相应的辅导老师,致使学生与教师缺乏面对面的交互。这在笔者的访谈中也印证了这一问题,并且根据学生的访谈可以看出这是慕课学习中一个很大的问题。而在管理方面,也缺乏对学生学习的有效监督和管理,例如在督促学生按时完成视频的观看以及按时完成作业等方面,缺乏有效的管理机制。第五,可选修慕课课程的覆盖面还较低。从课程的覆盖范围来看,各高校可选修的慕课课程均集中在通识选修课的范畴,还未覆盖专业必修课和专业选修课的范畴,且可选修的课程数量也较少。而在平台方面,基本上以国内知名慕课平台为主,并未过多涉及国外慕课平台以及国内其他慕课平台,例如慕课网等。

2. 相关性检验

通过相关性检验,发现课程质量各维度与学生对慕课这种教学模式的看法均正相关(见表 2-10)。

表 2-10 课程质量各维度与学生对慕课看法的相关性检验

		Q9	Q10	Q11	Q12	Q13
Q1	Pearson 相关性	.209**	.291**	.350**	.327**	.301**
	显著性(双侧)	.003	.000	.000	.000	.000
Q2	Pearson 相关性	.123	.207**	.348**	.320**	.221**
	显著性(双侧)	.082	.003	.000	.000	.002
Q3	Pearson 相关性	.342**	.407**	.365**	.402**	.268**
	显著性(双侧)	.000	.000	.000	.000	.000
Q4	Pearson 相关性	.352**	.475**	.315**	.449**	.405**
	显著性(双侧)	.000	.000	.000	.000	.000
Q5	Pearson 相关性	.365**	.420**	.359**	.410**	.360**
	显著性(双侧)	.000	.000	.000	.000	.000
Q6	Pearson 相关性	.231**	.301**	.272**	.395**	.279**
	显著性(双侧)	.001	.000	.000	.000	.000
Q7	Pearson 相关性	.107	.293**	.302**	.354**	.193**
	显著性(双侧)	.132	.000	.000	.000	.006

续表

		Q9	Q10	Q11	Q12	Q13
Q8	Pearson 相关性	.147*	.294**	.255**	.290**	.185**
	显著性(双侧)	.038	.000	.000	.000	.009

注:Q1=您认为慕课教学中提供的教学微视频质量怎么样? Q2=您认为慕课授课教师讲得怎么样? Q3=您认为慕课学习支持服务怎么样? Q4=您认为慕课管理服务怎么样? Q5=您认为慕课教师导学怎么样? Q6=您认为慕课咨询服务怎么样? Q7=您认为慕课网络学习平台环境怎么样? Q8=您认为慕课信息服务如何? Q9=您喜欢慕课这种学习模式吗? Q10=您对慕课学习这种教学模式满意吗? Q11=您赞同这种慕课教学的新的学习方式吗? Q12=您认为慕课学习模式下的学习效果怎么样? Q13=您希望以后的授课模式还是慕课教学这种形式吗?

(五)学习过程存在学习投入度低等问题

在是否看完学习视频的问题上,仅有 29.2%的学生表示看完了全部在线视频,37.2%的学生表示看完了一半多,而 21.6%的学生表示看完了不到一半,有 12.1%的学生表示完全没看在线视频。这说明学生在视频观看的完成度方面还存在较大问题。而在参与论坛交互方面,仅有 16.1%的学生表示非常同意和同意,对按时完成视频观看表示非常同意和同意的为 46.3%,对按时完成作业表示同意和非常同意的为 52.7%,对经常学习教师提供的资料表示同意和非常同意的仅为 11.1%。而慕课这种模式的学习时间比以往面授模式学习时间多的方面,有 19.6%的学生表示非常同意和同意,有 43.2%的表示一般,有 37.2%的表示非常不同意和不同意(见图 2-7)。

而在教师方面,对学生学习过程满意表示非常同意和同意的为 51.6%,对学生学习积极表示非常同意和同意的占 45.2%,对学习成绩比以往好表示同意和非常同意的为 54.8%,对讨论区学生交互多表示非常同意和同意的为 29.0%,对学生学习时间比以往多表示非常同意和同意的为 19.3%(见图 2-8)。

学习过程的均值和标准差见表 2-11,我们可以看出,均值还偏低,很多低于 3.0。而教师对学生学习的看法见表 2-12。经过差异性分析,发现教师在对学生学习过程的看法方面不存在显著性差异(见表 2-13)。从学生平时学习的成绩可以看出,学生讨论课的成绩非常低,这说明学生参加教师的讨论很少。另外一个问题是在慕课模式下学生学习的时间要比以往面授模式下的学习花的时间少,这也不符合当初教学模式变革的初衷(见表 2-14 至表 2-

16)。以上分析说明学生在论坛交互、在线视频的观看以及经常学习教师提供的资料等方面还存在较大的问题,学生的学习过程还需改善。

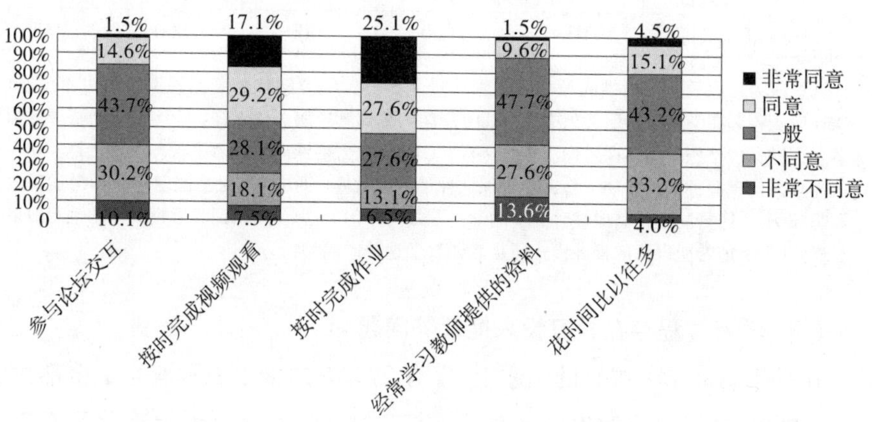

图 2-7 学生学习过程

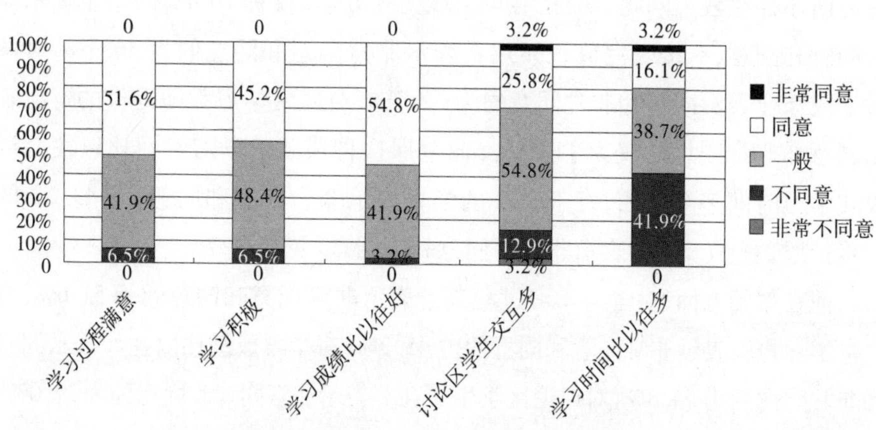

图 2-8 教师对学生学习过程的看法

表 2-11 学习过程的均值和标准差表

维度	变量	Q1	Q2	Q3	Q4	Q5
男	均值	2. 91	2. 82	2. 74	2. 54	2. 71
	标准差	. 936	. 902	1. 227	1. 182	. 912

续表

维度	变量	Q1	Q2	Q3	Q4	Q5
女	均值	2. 76	2. 53	2. 66	2. 43	2. 45
	标准差	1. 026	. 875	1. 121	1. 198	. 863
大一	均值	2. 94	2. 70	2. 66	2. 66	2. 62
	标准差	. 913	. 886	1. 171	1. 206	. 780
大二	均值	2. 93	2. 84	2. 68	2. 40	2. 60
	标准差	1. 016	. 974	1. 188	1. 186	. 963
大三	均值	2. 81	2. 45	2. 74	2. 23	2. 40
	标准差	. 900	. 775	1. 206	1. 108	. 876
大四	均值	2. 32	2. 50	2. 77	2. 91	2. 77
	标准差	1. 086	. 802	1. 110	1. 231	. 922
理科	均值	2. 75	2. 83	2. 63	2. 65	2. 70
	标准差	1. 032	. 931	1. 079	1. 167	. 823
文科	均值	2. 81	2. 62	2. 68	2. 46	2. 60
	标准差	1. 036	. 862	1. 156	1. 177	. 905
工科	均值	3. 00	2. 66	2. 81	2. 47	2. 44
	标准差	. 880	1. 004	1. 401	1. 295	. 982
总计	均值	2. 83	2. 67	2. 70	2. 48	2. 58
	标准差	. 984	. 898	1. 172	1. 189	. 895

注：Q1＝您观看了慕课课程所有的在线教学视频吗？Q2＝您积极参与慕课课程论坛的交互吗？Q3＝您能按时完成慕课课程学习视频的观看吗？Q4＝您能按时完成慕课课程平时作业吗？Q5＝您经常学习慕课教师提供的学习资料吗？

表 2-12　教师对学生学习的看法

变量	Q1	Q2	Q3	Q4
均值	3. 45	3. 39	3. 52	3. 13
标准差	. 624	. 615	. 570	. 806

表 2-13　教师对学生学习过程的看法差异性分析,即独立样本 t 检验

		方差方程的 Levene 检验		均值方程的 t 检验						
									差分的 95% 置信区间	
		F	Sig.	t	df	Sig.(双侧)	均值差值	标准误差值	下限	上限
Q1	假设方差相等	2. 871	. 092	1. 022	197	. 308	. 143	. 139	-. 133	. 418
	假设方差不相等			1. 024	196. 669	. 307	. 143	. 139	-. 132	. 417
Q2	假设方差相等	. 501	. 480	2. 344	197	. 020	. 295	. 126	. 047	. 544
	假设方差不相等			2. 343	195. 754	. 020	. 295	. 126	. 047	. 544
Q3	假设方差相等	. 199	. 656	. 513	197	. 609	. 085	. 167	-. 243	. 414
	假设方差不相等			. 512	193. 202	. 609	. 085	. 167	-. 244	. 415
Q4	假设方差相等	. 300	. 585	. 620	197	. 536	. 105	. 169	-. 228	. 438
	假设方差不相等			. 620	196. 733	. 536	. 105	. 169	-. 228	. 438
Q5	假设方差相等	. 178	. 674	2. 069	197	. 040	. 260	. 126	. 012	. 509
	假设方差不相等			2. 066	194. 819	. 040	. 260	. 126	. 012	. 509

注:Q1=您对学生的学习过程满意吗?Q2=您认为学生在学习过程中积极吗?Q3=学生的学习成绩比平时要好吗?Q4=学生在讨论区的交互多吗?Q5=学生学习时间比以往多吗?

表 2-14　学生学习慕课的讨论课成绩　　(单位:分)

课程名称	20 世纪西方音乐	艾滋病	创新性思维和创新性方法	创意学经济	设计创意学
总成绩	0	0. 2	0. 27	0	0. 48
满分	10	5	10	5	5

表 2-15　学生学习慕课的测试成绩　（单位:分）

课程名称	20 世纪西方音乐	艾滋病	创新性思维和创新性方法	创意学经济	设计创意学
总成绩	55. 0	35. 5	55. 1	31. 9	47. 1
满分	60	45	60	40	50

表 2-16　学生学习慕课的见面课成绩　（单位:分）

课程名称	20 世纪西方音乐	艾滋病	创新性思维和创新性方法	创意学经济	设计创意学
总成绩	0	11. 8	0	30	14. 9
满分	0	20	0	30	20

经过相关性检验,发现学生的正面学习过程与学生的看法正相关,负面学习行为与学生的看法负相关(见表 2-17)。

表 2-17　相关性检验

		Q6	Q7	Q8	Q9	Q10
Q1	Pearson 相关性	. 204**	. 184**	. 200**	. 260**	. 196**
	显著性(双侧)	. 004	. 009	. 005	. 000	. 006
Q2	Pearson 相关性	. 187**	. 184**	-. 006	. 274**	. 166*
	显著性(双侧)	. 008	. 009	. 931	. 000	. 019
Q3	Pearson 相关性	-. 140*	-. 194**	-. 182*	-. 163*	-. 210**
	显著性(双侧)	. 049	. 006	. 010	. 022	. 003
Q4	Pearson 相关性	-. 155*	-. 158*	-. 120	-. 134	-. 166*
	显著性(双侧)	. 028	. 026	. 091	. 060	. 019
Q5	Pearson 相关性	. 270**	. 189**	. 029	. 316**	. 274**
	显著性(双侧)	. 000	. 008	. 681	. 000	. 000

注:Q1=您观看了慕课课程所有的在线教学视频吗? Q2=您积极参与慕课课程论坛的交互吗? Q3=您能按时完成慕课课程学习视频的观看吗? Q4=您能按时完成慕课课程平时作业吗? Q5=您经常学习慕课教师提供的学习资料吗? Q6=您喜欢慕课这种学习模式吗? Q7=您对慕课学习这种教学模式满意吗? Q8=您赞同这种慕课教学的新的学习方式吗? Q9=您慕课学习模式下的学习效果怎么样? Q10=您希望以后的授课模式还是慕课教学这种形式吗?

(六)评价体系和学分转换

1. 评价体系

从本次调查可以看出,慕课评价机制还存在一定的问题。在成绩的真实性方面,对期末考试能真实反映学习者的学习水平,仅有24.6%的同学表示非常同意或同意。而表示偶尔或经常在平时作业和考试中作弊的占47.2%。教师对学生学习过程和考试成绩真实表示非常同意和同意的为64.52%。

表示慕课考核和以往的考核难度差不多的同学比例为54.3%,而表示慕课考核和以往的考核难度比非常容易或容易得多的为32.6%,表示慕课考核和以往的考核难度比更难的为13.07%。在教师方面,表示慕课考核和以往的考核难度差不多的比例为32.3%,而表示慕课考核和以往的考核难度非常容易或容易得多的为51.6%,表示慕课考核和以往的考核难度比更难的为16.1%。

对期末考试的试题存在着题型单一、题目难度较低等问题,表示非常不同意或不同意的同学仅为27.6%。而表示非常不同意或不同意的教师为29.0%。

2. 学分转换

在学生方面,认为目前学分转换非常合理或合理的为57.3%,对学分转换过于简单表示非常不同意或不同意的仅为11.5%。

在教师方面,认为目前学分转换非常合理或合理的为29.0%,对学分转换过于简单表示非常不同意或不同意的仅为19.4%(见图2-9)。

而均值和标准差的计算见表2-18和表2-19。

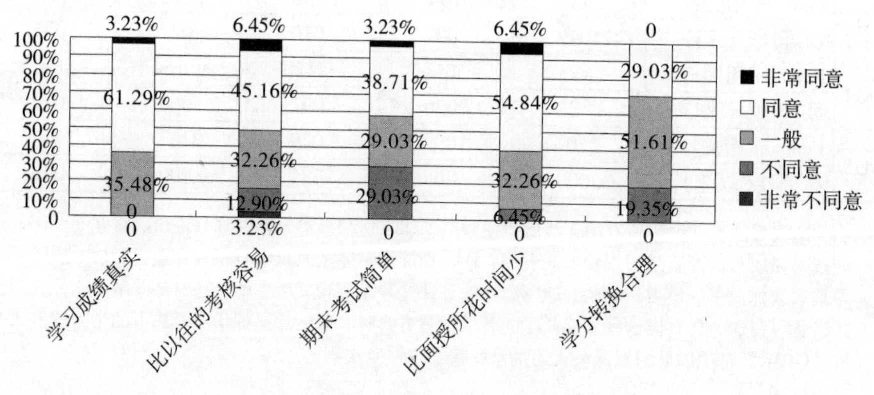

图2-9 教师对评价体系与学分转换的看法

表 2-18　学生学习过程各维度统计量

		Q1	Q2	Q3	Q4	Q5
男	均值	2.91	1.68	3.23	2.74	2.92
	标准差	1.021	.715	.930	.768	.898
女	均值	2.65	1.46	3.36	2.76	2.95
	标准差	.961	.592	.626	.720	.813
大一	均值	2.90	1.48	3.30	2.68	3.14
	标准差	1.015	.614	.863	.713	.857
大二	均值	2.93	1.56	3.31	2.84	2.84
	标准差	1.053	.691	.773	.702	.863
大三	均值	2.43	1.55	3.21	2.64	2.91
	标准差	.853	.583	.778	.819	.855
大四	均值	2.68	1.82	3.41	2.86	2.86
	标准差	.894	.795	.734	.774	.774
理科	均值	3.00	1.63	3.30	2.93	3.13
	标准差	1.013	.740	.791	.859	.911
文科	均值	2.65	1.54	3.30	2.69	2.88
	标准差	.984	.642	.781	.685	.867
工科	均值	2.97	1.47	3.25	2.84	2.91
	标准差	.933	.621	.803	.574	.641
总计	均值	2.77	1.57	3.30	2.75	2.93
	标准差	.997	.662	.790	.742	.853

注：Q1＝您认为期末考试能真实反映学习者的学习水平吗？Q2＝您在做作业和考试的过程中存在作弊情况吗？Q3＝您认为目前学分转换存在着认定过于简单的问题吗？Q4＝您认为慕课课程的考核（包括平时考核和期末考核）比学校面授课程的考核容易吗？Q5＝您认为期末考试的试题存在着题型单一、题目难度较低等问题吗？

表 2-19　教师对学分转换看法的统计

		Q1	Q2	Q3	Q4
男	均值	3.33	3.44	3.06	3.67
	标准差	.767	.705	.725	.485
女	均值	2.92	3.85	3.15	3.69
	标准差	1.038	.689	.689	.630

续表

		Q1	Q2	Q3	Q4
教授	均值	3.00	3.67	2.95	3.67
	标准差	.949	.658	.669	.483
副教授	均值	3.38	3.63	3.50	3.63
	标准差	.744	.744	.535	.744
讲师	均值	4.00	3.00	3.00	4.00
	标准差	.000	1.414	1.414	.000
总计	均值	3.16	3.61	3.10	3.68
	标准差	.898	.715	.700	.541

注:Q1=您认为期末考试的试题存在着题型单一、题目难度较低等问题吗? Q2=您认为当前学分转换合理吗? Q3=您认为目前学分转换存在着认定过于简单的问题吗? Q4=您认为学生反映的学习过程和学习成绩真实吗?

3. 存在的问题

第一,缺乏有效的评价机制。目前,我国慕课学分转换还缺乏对课程学习效果的有效评价机制,这无疑大大降低了慕课学分转换的质量和慕课这种教学模式的学习效果。首先,缺乏监考制度。从对相关学校学分转换文件的分析可以看出,目前我国用于学分转换的慕课课程成绩的计算主要还是和慕课原来的评价方式基本相同,大多数是由学生平时的学习成绩和期末成绩组成,而平时测验以及期末考试均未采取有效的监督措施,致使成绩的真实性无法保证。由于没有监考,学生在平时测验和期末考试时可能会有随意查阅相关资料、与别人合作等为了提升个人分数导致的作弊行为。其次,在线考试的形式往往不利于对主观题的考查。目前在线考试很多采取的都是以客观题考查为主的考试方式。由于慕课学习者众多等原因,在线考试的形式往往较为适合客观题的考试;由于评阅等原因,在线考试的形式往往不利于对主观题的考查。而很多课程则对学生主观题的考查非常重要,反映着本学科的学习成果。最后,虽然可以通过大数据技术看出学生观看视频的多少,但据一些同学反映,一些学生实际上并没有看视频,仅是为了获得平时成绩将视频播放了一遍。目前,学生整个慕课学习过程和社会学习者慕课的学习过程差别不大。很多慕课课程平时的考核包括对观看视频的考核,平时成绩与观看视频的多少直接挂钩,但这就能保证学生观看视频的质量了吗?同时,学生在观看视频的过程中,容易受到外界的干扰,这些都极大影响了视频观看的效果。而通过对学生成绩的查阅,发现部分课程绝大多数学生课程成绩在85分以上,分数偏高(见表2-20至表2-22)。

表2-20 学生学习慕课的平时成绩 (单位:分)

课程名称	20世纪西方音乐	艾滋病	创新性思维和创新性方法	创意学经济	设计创意学
总成绩	33.1	34.6	34.8	19.3	25.1
满分	40	30	40	30	30

表2-21 学生学习慕课期末考试成绩 (单位:分)

课程名称	20世纪西方音乐	艾滋病	创新性思维和创新性方法	创意学经济	设计创意学
总成绩	87.8	68.9	90	81.4	87.5
满分	100	100	100	100	100

表2-22 学生学习慕课最终成绩占比

课程名称	20世纪西方音乐	艾滋病	创新性思维和创新性方法	创意学经济	设计创意学
85分以上	90.4%	82.1%	88.8%	59.5%	75%
75—85分	0	2.5%	3.4%	15.2%	20.8%
60—75分	4.8%	2.4%	2.2%	15.2%	41.7%
60分以下	4.8%	13.0%	5.6%	10.1%	

第二,缺乏有效的学分转换标准。目前我国还缺乏学分转换的有效机制,其中包括缺乏学分转换的计算方式以及什么样的课程可以进行学分转换的标准体系。在学生方面,对学校有较为完善的学分转换政策表示非常同意和同意的仅为24.1%。国家还缺乏较为统一的慕课学分转换政策,基本上是以各

高校自行制定政策为主。笔者以部分高校为例,对高校慕课学分转换政策进行了分析。目前,我国高校大部分还是以学习的时长来认定学分的数量,这无疑过于简单。不同学校之间的课程难度、内容、目标等都存在着区别,简单地以学习的时长认定学分的数量未免显得不足。况且,仅以课程时长来认定学分数量也存在很多问题,例如兰州大学对 30 学时以上的课程均认定为 2 学分,这其中包括学分分别为 48 学时、36 学时和 30 学时的三门课程,这显然不合理。再例如某省属院校,将所有慕课课程统一授予 1 学分,这种制度显然过于简单,很不合理(见表 2-23)。

第三,缺乏国家统一政策。目前我国出台了学分转换的相关政策,例如 2016 年 9 月,教育部印发的《关于推进高等教育学分认定和转换工作的意见》指出:"普通本科院校、高职院校与成人高校等各类高等学校学生,除学习本校课程获得学分外,还可通过学习外校课程、参加高等教育自学考试、转换非学历学习成果等方式获得学分。"2017 年 1 月,国务院也印发《国家教育事业发展"十三五"规划》,指出积极鼓励高等学校和职业学校依托优势学科专业开发具有竞争力的在线开放课程,制订在线开放课程教学质量评价标准和学分认定管理办法,将在线课程纳入培养方案和教学计划。虽然国家出台了这些政策,但仍然缺乏课程建设、课程评价机制以及学分转换标准等国家层面相对具体的慕课学分转换政策。我国仍然以各个高校自行制定慕课学分转换相关政策为主。慕课学分转换过程中涉及多个角色,还缺乏对各个角色的职能进行清晰的划分,相关的资助政策也不明确。同时我国也缺乏专门的慕课学分转换管理机构。

表 2-23　学分转换政策

学校	评价和学分换算
学校 1("985"和"211"院校)	考试方式包括计时考试等,具体考试形式由慕课主讲教师团队决定。学生必须严格按照选修课程主讲教师团队的要求,按时完成各环节学习任务; 最终成绩核定:整个学习过程结束后,学校教务处与"智慧树"平台核对有效选课学生选修课的最终成绩,并给予成绩合格学生相应的学分,如发现学生有违纪、作弊行为,一律按校规校纪处分

续表

学校	评价和学分换算
学校 2(“985”和“211”院校)	最终成绩核定:学期末,学校教务处与“学堂在线”核对有效选课学生选修课的最终成绩,并给予成绩合格学生相应的学分,如发现学生有违纪、作弊行为,一律按校规校纪处分; 由于本校学生所选课程可认定为本校学分,所以本校学生选修课程的最终成绩构成与“学堂在线”各门慕课面向其他互联网学习者的成绩构成有所不同,本校学生选修“学堂在线”课程的最终成绩构成统一为:每门课程满分为 100 分,60 分为及格线;平时成绩占 40%(包含观看视频 20%、课后作业 20%,没有课后作业的课程只计算观看视频成绩);讨论区互动占 20%(各门课程每一章都应有有效发帖或回帖)。期中期末考试共占 40%(如选修课程含有期中、期末考试,则期中、期末考试成绩各占 20%;如选修课程只含有期末考试,则期末考试成绩占 40%)
学校 3(“211”院校)	凡完成慕课课程学习的学生可持考核成绩、证书及相关证明材料到教务处进行学分认定,1 门慕课课程认定为 1 学分; 获得的慕课通识类课程学分仅计入公共选修学分,且最多不超过 2 学分
学校 4(省属院校)	1. 慕课课程都是以小时数来计算学时,总学时 30 小时及以下对应 1 学分,31 小时至 50 小时对应 2 学分,50 小时以上均对应 3 学分; 2. 每位学生在 MOOC 平台课程获取学分数上限为 5,超过的学分均按 5 学分记录; 3. 参加中国大学 MOOC 平台考试(成绩认定课程评分标准:课程 60 分以上可获得合格证书,85—100 分可获得优秀证书)
学校 5(国务院其他部委院校)	学生修完课程,即可获得学分

第二节　慕课学习效果影响因素研究

一、引言

为了进一步验证课程建设、学习过程、政策以及学习效果之间的关系,本书首先建立了慕课学习效果影响因素模型,然后采用结构方程模型的方法进行了验证。课程建设包括课程视频建设、学习支持服务建设等,其中学习支持服务包括教师导学、管理服务、信息服务、咨询服务、学习设施服务等。学习过程指的是学生学习慕课课程的过程,包括观看课程视频的情况、完成作业和测验的情况、论坛交互情况等。政策指的是国家、地方以及组织层面慕课学分转换政策的建立情况,包括慕课建设政策、学分转换政策等。学习效果指的是学生经过慕课的学习后所达到的效果,包括对知识的理解、视野的开拓等。

二、模型建立

假设 H1:课程建设与学习效果正相关。

让学生学到了校外的优质课程、学习灵活等特性是学生选修慕课的最主要动机之一,而课程建设的好坏,包括视频质量的高低、学习支持服务的水平等对学生慕课学习效果有着很大的影响,课程建设质量越高,学生的学习效果也会越好,这和以往的研究一致(Webster,1997;王昭君,2007;张家华,2009),因此,提出假设 H1。

假设 H2:学习过程与学习效果正相关。

当学生学习越努力,包括看视频越积极、论坛交互越积极等,其学习效果也会越好,这也和以往的研究一致(王昭君,2007)。因此,提出假设 H2。

假设 H3:政策与学习效果正相关。

相关政策越完善,例如学校关于学分转换的政策等越完善,越能激发学生的慕课学习动机,进而学习效果也会越好。当政策越完善,学生会由于担心不学习慕课而受到惩罚,进而学习更加积极,学习效果也越好。因此,提出假设 H3。

假设 H4:课程建设与学习过程正相关。

课程建设的好坏直接影响了学生的学习过程,当课程建设质量越高,例如课程视频质量更高、学习支持服务更好的时候,学生学习更为积极,因此,学习效果也更好。反之,当课程建设质量较差时,学生的学习兴趣下降,学习效果也就越差。此研究和以往的研究一致(樊雅琴,2016),综上所述,提出假设 H4。

假设 H5:政策与学习过程正相关。

当相关政策越完善,可能会提升学生对慕课学习有用性的感知,进而学生的学习也越积极,这也和以往的研究一致(张新贤,2009),因此,提出假设 H5。

假设 H6:政策与课程建设正相关。

相关政策越完善,教师开放慕课的动机也就越强烈,同时学生学习慕课的积极性也会得到激发，进而课程建设的质量也就越高。因此，提出假设 H6。

最终，本研究提出慕课学习效果影响因素模型，如图 2-10 所示。

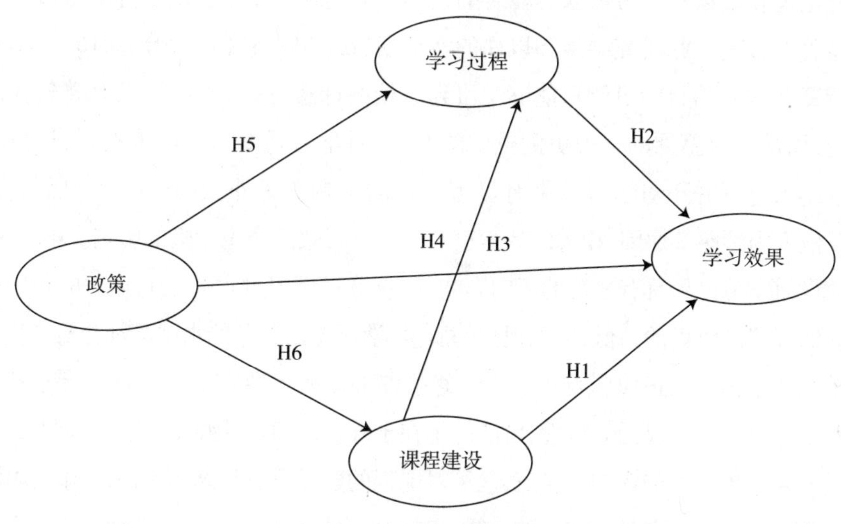

图 2-10 影响因素模型

三、研究结果

对问卷进行信度和效度的检验。根据计算结果可知，各个潜变量的 Cronbach α 一致性系数均大于 0.7，这说明问卷具有良好的信度。通过 AMOS 21.0 对各因子载荷、组合信度以及平均萃取方差进行计算，发现除了 Q34 的因子载荷小于 0.5 之外（后面计算时将 Q34 剔除），其余观察变量的因子载荷均大于 0.5，各个变量的组合信度大于 0.7 以及平均萃取方差大于 0.5，这说明问卷具有良好的效度（见表 2-24）。

表 2-24 对所构建模型的拟合度检验

变量	X^2/df	GFI	RMR	RMSEA	AGFI	NFI	CFI	IFI	AIC	ECVI
标准	<3.0	>0.9	<0.5	<0.1	>0.9	>0.9	>0.9	>0.9	越小越好	越小越好
实际值	2.132	0.987	0.043	0.076	0.943	0.979	0.955	0.982	284.939	1.439
是否通过	是	是	是	是	是	是	是	是	是	是

使用 AMOS 21.0 进行计算,结果如图 2-11 所示。其中假设 H1、H3、H4、H6 通过了检验,而 H2、H5 未通过检验(见表 2-25)。从检验结果可以看出:第一,课程建设和政策对学习效果有显著的正向影响,而学习过程并不对学习效果产生显著的影响。此研究结果和以往的实证研究结果一致(樊雅琴,2016)。学生进行慕课学习的目的更侧重能够学习到名校的课程,这对学习效果有着较大的影响,而学生对慕课的学习更侧重质的方面,对学习量则可能不太在意,这可能导致学习过程并不对学习效果有显著的正向影响。另外,由于担心受到惩罚以及以他人为参照等原因,相关的政策也对学生学习效果产生积极的影响。第二,课程建设对学习过程具有显著的正向影响,而政策对学习过程并没有显著的正向影响。课程建设质量的高低,例如视频的质量、学习支持服务的水平等都会对学生学习效果产生积极的正向影响。学生选修慕课的动机主要在于学习优质课程资源以及慕课具有学习灵活等特性,可能并不在于外在的政策,因此相关的政策并未对学习效果产生较大的影响。第三,政策对课程的建设具有显著的正向影响。国家、学校等层面关于慕课教学方面的政策,包括对慕课的投入政策及激励政策等对课程的建设质量有着显著的正向影响。相关的政策对教师的投入以及慕课的制作等都会产生较大的影响。教师的投入对课程的建设质量起着很大的作用。当教师用心投入时,慕课课程的质量可能会得到提升。而对慕课课程建设的资金投入也很重要。制作一门质量较高的慕课,并且保证其顺利运行,没有相应的资金保障是不行的。当相关政策越完善,慕课课程的质量就可能进一步提升。

表 2-25 慕课学习效果影响因素模型路径标准化系数和显著性

路径			估计值	显著性	假设	是否通过
学习效果	<——	课程建设	.55	***	H1	通过
学习效果	<——	学习过程	.10	不显著	H2	未通过
学习效果	<——	政策	.20	*	H3	通过
学习过程	<——	政策	-.20	不显著	H5	未通过
课程建设	<——	政策	.55	***	H6	通过
学习过程	<——	课程建设	.68	**	H4	通过

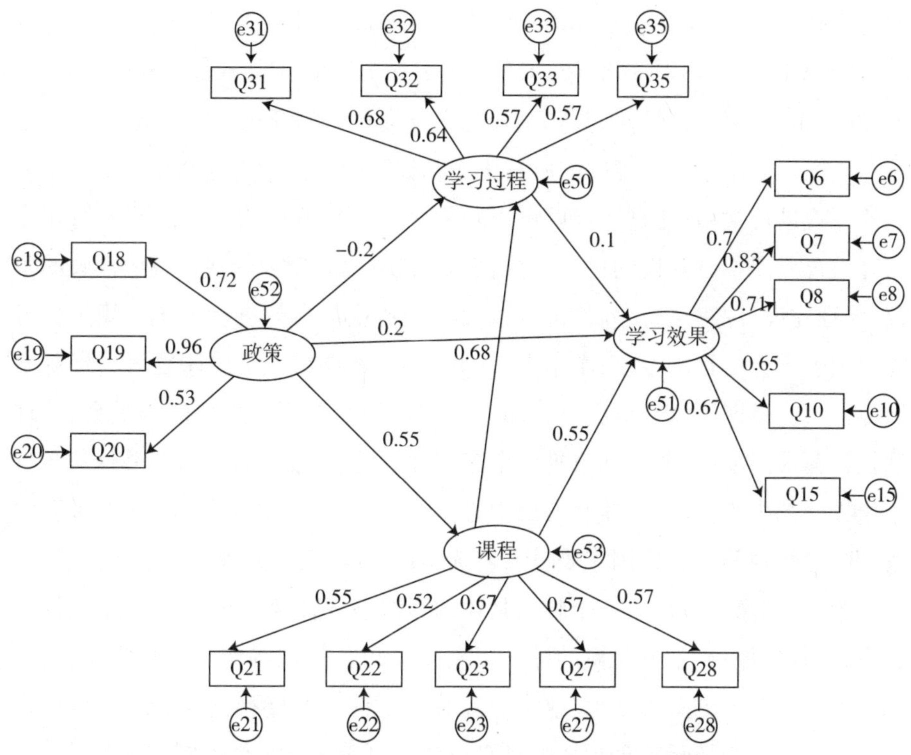

图 2-11　慕课学习效果影响因素模型路径分析结果

注:Q 为问题,例如 Q31 即问卷中第 31 题;e 为误差项,如 e21 为第 21 项误差。

经过复相关系数的计算,发现本模型对学习效果的解释力度为 53.5%,可见模型具有良好的解释力。

四、对策建议

(一)国家层面出台更为具体的政策

国外在这方面给了我们一定的参考和借鉴。2016 年 9 月,马来西亚质量局(Malaysian Qualifications Agency,MQA)和多所马来西亚高校共同制定了慕课学分转换指南(Guidelines on credit transfer for MOOC)(MQA,2016),从国家层面对马来西亚高等教育慕课学分转换机制进行了规定。该指南是一个承认学习者通过慕课学习的机制,指南对马来西亚慕课学分转换的理念、原则、范围、标准、流程以及所涉及的角色等方面进行了明确的说明。2016 年 7 月,印度大学政府拨款委员会(University Grants Commission,UGC)颁布了《通过SWAYAM在线学习学分框架(Credit Framework for Online Learning Courses through SWAYAM)》(UGC,2016),成为印度高校慕课学分转换的基本依据之一。该框架适用于印度境内的所有正式院校。印度大学生选修相应慕课平台上的课程进行学习,通过考核后可以转换为学生毕业所需学分。框架对印度高等教育慕课学分转换的机制,包括学分转换理念、学分转换过程中涉及的角色、课程建设、课程运行、评价机制以及学分转换标准等进行了统一规定。慕课国家委员会由技术专家、学术人员、管理者等组成,人员由印度人力资源发展部任命。慕课国家委员会是在印度人力资源发展部下主要的委员会,管理和执行慕课活动,职能包括审批资金需要、同意国家慕课合作者和其他的学科专家提交的工程、建设和监督考试中心、评论教学项目中权重以及整个教育学校的学分转换等。慕课国家委员会遴选学科专家,负责慕课课程的建设。

第一,国家可以出台一个较为具体的慕课学分转换文件,其中包括慕课的建设、课程的评价、学分转换的标准以及相关角色作用等明确的规定,作为我国慕课学分转换的基础依据,这为保障我国慕课学分转换的顺利进行以及保障慕课学分转换质量有着重要的意义。各地可参照这个标准制定更为具体的符合地区发展的相关标准。第二,建立专门的管理机构。可以建立慕课国家委员会,统一负责国家慕课相关事务,包括慕课课程质量标准以及学分转换等政策的建立、执行以及评估等。

(二)保证慕课建设和授课质量

印度在这方面的做法可以给我们提供一定的经验启示。为了保障慕课的顺利发展,印度政府选择了一些组织作为慕课课程发展的协助者,这些组织被称为国家合作者。国家合作者将遴选出最好的学科专家,学科专家负责组建课程团队,同时对教学人员也提出了具体的要求,例如授课前进行必要的培训、讲课时不能只念材料等。印度人力资源发展部专门制定了《印度慕课发展和执行指南》,从慕课设计、技术说明以及课程的特征等方面对慕课的制作提出了严格的标准。SWAYAM平台是印度国家慕课平台。

SWAYAM平台专门设立了课程评审人员。每门慕课建好之后一般要经过两名相关领域专家的评审。对于在SWAYAM平台上开设的课程,开课学校和学科负责人要保障提供学生所需要的各种条件。SWAYAM 平台进行学分转换的课程要求本校要配有专门的课程辅导教师。辅导教师和开课教师要密切配合。这是很有必要的,给学生的面授、辅导答疑以及组织讨论等提供了很好的辅助。而对远距离通过网络不易进行的课程内容,包括实践课或者实验课等,则通过学生所注册的学校进行,可以由辅导教师进行辅导。这有效保证了课程的有效性,克服了一些远程教育存在的不足。第一,印度建立了清晰明确的慕课课程薪酬发放制度,在课程开设的不同时期,给予教师不同额度的报酬,这在很大程度上提升了教师进行慕课教学的积极性,为慕课开设水平达到国家要求提供了一定的保障。第二,各类慕课课程建设参与人员都有报酬,包括开课教师、课程评审专家以及课程管理者等。第三,对于数量庞大的课程考试中心的建设,印度政府也有出资支持。那么,如何保证慕课建设和授课质量呢?

第一,有必要建立一个国家统一的慕课课程建设标准,从慕课的设计、技术要求、课程元素等方面进行规定。必要时需要对相关人员进行培训。第二,对慕课的建设和授课提供全面的支持,包括技术、资金等方面的支持。笔者对问卷调查结果进行了分析。问卷调查结果显示教师希望得到的支持包括资金支持、技术支持、政策支持以及其他(见表 2-26)。第三,建立评审制度。在慕课建设完成后,邀请相关专家对课程进行评审,提出改进意见,只有通过专家评审的课程可以进行学分转换。问卷调查结果显示,学生和教师希望对课程从课程目标、课程内容、课程资源以及学习支持服务等方面进行评估(见图 2-12)。第四,建立课程跟踪评估机制。在课程运行过程中和运行完之后对课程进行跟踪评估以及改进完善。

表 2-26　教师慕课教学所需支持

变量	分变量	案例
资金支持	课程建设	投入不够; 经费支持不够,给教师的经费过少,因为是资源共享,知识社会化; 由于对教学工作的重视和认识程度不足,在人力、物力、财力的支持力度上远不及重大科研项目的支持力度强;
	劳动报酬	慕课在制作过程中需大量的时间与精力,另外,课程日常答疑、论坛维护也需要很多时间,建议根据工作量,适当增加教师的劳动报酬; 一门好的慕课是教师倾其心血长期积累完善形成的,但是付出与回报严重不成比例,教师的积极性不高

续表

变量	分变量	案例
技术支持	硬件建设	网络平台的技术跟不上教学要求，如班级管理等； 设备和必要硬件缺乏； 课程建设指导不够；
	指导	基础设施要改善； 应该让更多学校有直播教室； 外地学生所在学校技术支持和播出平台的建设
政策支持	精神支持	应从政策和制度上积极鼓励教师，多给教师一些时间，对课程进行认真构思（包含课程内容、授课方法、视频制作、习题、讨论题及试题的设计等）；
	激励机制	例如《文科物理》虽然是通识科普课程，学校花了这么多钱，教师也耗费了两年精力制作，但只能在少数开课学院使用，有的《文科物理》教师怕失去工作还拒绝使用慕课，所以建议教务处能在必修课基础上，再统筹安排放开供全校其他学院同学公选； 重视不够； 不能要求教师仅凭热情做事，需要在职务晋升等方面给予实质性支持； 评价和激励机制也不健全；
	宣传	宣传力度不够
其他	线下辅导	线下辅导不够；
	后续完善	后续完善需要加强

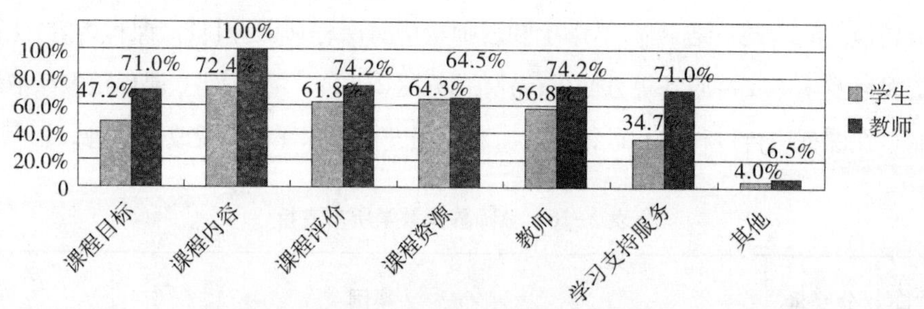

图 2-12　从哪些方面评估慕课课程

（三）建立有效的评价机制

纵观整个世界，国外普遍都非常注重对学生慕课学习效果的有效评价。edX 提供的微硕士项目在学习者微硕士认证在线课程学习完之后，都要进行综合考试，而这个考试将进行监考。学习者每门在线课程都考核通过，并且通过最后的综合考试，才能获得微硕士认证。对于美国在线计算机硕士来说，虽然所有的课程都以在线课程的形式开设，但课程的严格程度和在校园面授课程一样，需要通过严格的考核才能通过。印度对于每门将要进行学分转换的慕课课程都要进行现场监考，考试合格后才能进行学分转换，以保证慕课学习的有效性。马来西亚高等教育慕课学分转换明确提出真实性和充足性的原则。真实性指的是应用能够通过任何形式的证据说明是学习者自己努力的结果，申请者的证据必须是独一无二的、真实的和有效的，以便可以被高等教育提供者查证。充足性指的是申请者必须能说明通过慕课学习的广度和深度，并且提供支持证据，这个证据包括慕课学习成果和课程能力的反映。为了证实申请者完成了慕课，申请者必须提交课程建设和评估文档。马来西亚也在对慕课学习的真实性进行验证之后，才会允许进行慕课学分转换。并且必须确定申请者和慕课学习者是同一人，才能进行学分转换。一种是"现场证明"，即如果学习者在慕课学习结束时参加的是现场有专门的人员监督的考试，则可直接进行慕课学分转换。但如果不能提供"现场证明"，则必须参加高等教育提供者进行的额外的评估。评估有几种形式。可以选择下面的一种或其他评估方式进行评估，包括口语评估、书面评估、产品评估以及表现评估等。美国教育委员会可选择学分项目需要通过认证的机构提供课程和考试。对于 edX 提供的微硕士认证项目来说，学习者也要通过最后的综合考试方可获得认证，而这个综合考试则是以监考的形式进行。而且为了保证微硕士项目的录取，学习者在微硕士认证的学习中表现得越优秀，越容易被录取。

对于需要进行学分转换的慕课课程来说，应实行有监督的现场考试。一方面可以保证考试的真实性和可靠性，另一方面可以充分测试学生的学习效果。可在全国各个地区设立考试中心，或者考试由学生所在学校组织。印度在全国建立了大约 1000 个中心用于实施考试。考试在当地学生注册的学校、附近的学校或者一个监考中心进行。如果不进行有监督的考试，则需要对学生的学习效果进行额外的评估。只有评估合格，方可进行学分转换。另外，对学生平时表现的评估，例如观看视频的多少等，可采取大数据的技术进行评估。

(四)制定学分转换标准

学分转换标准包括什么样的课程可以进行学分转换、转换的学分量是多少以及学分转换的总量等问题。马来西亚在这方面的做法可以给我们提供一定的经验启示。马来西亚规定,慕课课程内容至少80%要和待进行学分转换的课程的描述等价。依据下面的元素比较慕课和将进行学分转换的课程:课程学习成果、话题清单、课程持久性。学分转换引入了描述(mapping)比较和评价慕课课程的内容和学分转换课程的内容。学分转换给一个专门的课程,而不是随便一个课程。对于美国教育委员会可选择学分项目来说,美国组织了一系列高质量的教育项目,但是仅仅要求我们审视的以及在国家指南中建议的方可进行学分转换。国家指南(National Guide)包括被美国教育委员会认可的可提供课程和考试的机构。国家指南一直在更新。edX目前有3门课程加入,分数必须在70%以上才可进行学分转换。

国外很多慕课学分转换项目一般有两种学分量计算方式。一种是由学习时间计算。而国外在计算学习时间的时候,一般不仅包括学习视频的时间,还包括论坛交互、阅读学习材料等其他学习活动。其中有代表性的有印度、马来西亚等国家。对于印度慕课学分转换来说,每个学分相当于13个至15个小时的学习活动,覆盖课程内容,参与课程论坛和其他的交流,作业和课程设计的活动等。各个大学对学分转换也有着不同的规定。另一种是结合学习时间和学习难度进行综合计算。例如对于美国教育委员会的可选择项目来说,有专门的学分建议服务(Credit Recommendation Service, CREDIT),帮助成人在非传统学习下获得学分。学分转换国家指南包括来自政府和军队的商业和联盟组织提供的正规课程或考试的学分建议。目前提供学分建议的有很多组织,例如联盟学位服务有限公司(Align Degree Services LLC)、美国银行协会(American Bankers Association)以及美国外语教学委员会(American Council on the Teaching of Foreign Languages)等。这些组织对提供课程的时长、日期以及学分建议等都进行了详细说明,学习者可以从网上查阅。ECTS十分重视学生课业负荷量的确定。欧洲学分转换系统确定课业负荷量分为确定课程单元、确定学生的课业负荷量以及估计课业负荷量并及时调整3个步骤。根据课业负荷量确定学生的学习时间。学习时间不仅包括上课时间,还包括自学、讲座、演讲、做报告、研讨会、实习、个人或实验室工作、考试、论文或其他评估。然后根据学习时间确定转换学分的多少。通常1学分大约需要花费25个至30个小时。

从对教师和学生的调研来看，认为应该根据课程时长进行学分转换的教师占83.9%，学生为42.7%，而认为应该根据课程难度进行学分转换的教师占71.0%，学生为42.7%（见图2-13）。

马来西亚规定项目中最多有30%的学分可以进行学分转换。印度则规定20%的学分可以进行慕课学分转换。对于美国教育委员会的可选择项目来说，由各个大学决定，没有统一的要求，如美国公开大学最多转换90学分。

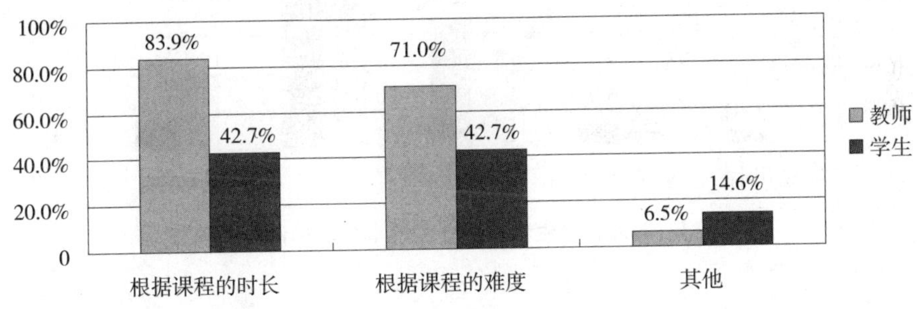

图2-13　学分计算标准

那么，如何计算学分呢？

第一，应对学分转换慕课课程与原课程进行对比，如果在课程内容、课程目标、课程难度等方面有一定的相似度，方可进行学分转换。可以参照马来西亚"mapping"政策。第二，将课程的时长和课程的难度结合起来，并比照原来的课程计算学分转换的数量。课程时长不仅包括在线视频的长度，还应将论坛区讨论、课外阅读学习材料等时间计算进去。第三，应为学分转换的总数量设定一个上限。

（五）提升慕课学分转换范围

国外慕课学分转换项目覆盖认证、本科、硕士研究生以及博士研究生等多个学历教育阶段。印度慕课学分转换覆盖认证、本科学历、本科学位、研究生认证、研究生学习以及研究生学位等多个层次。马来西亚从学士学位的获得到硕士、博士学位的获得,均可进行慕课学分转换。美国教育委员会可选择学分项目覆盖大专、本科以及研究生等多层次的教育学分转换,而美国学术共同体计划覆盖本科、研究生等各个学历层次。

通过本次调查来看,对希望有更多的学分转换课程表示非常同意和同意的学生比例为 56. 2%,教师比例为 71. 0%,这说明大多数教师和学生都是希望有更多慕课学分转换课程的(见图 2-14)。鉴于此,我国高校可以增加可转换学分的慕课数量以及扩大慕课学分转换的学历层次。

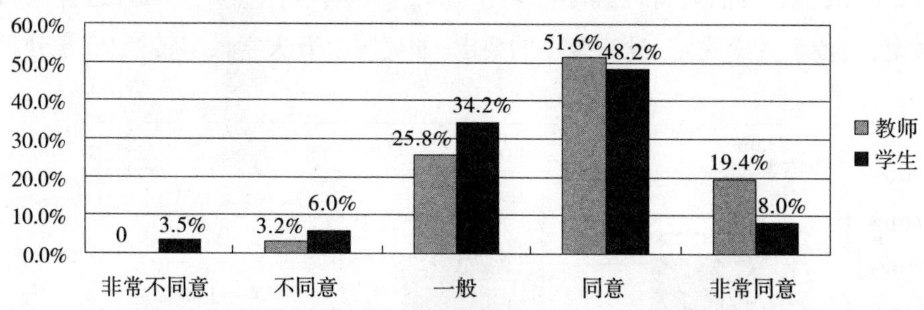

图 2-14 教师和学生希望有更多的学分转换课程的程度

第三节 大学生慕课学习投入现状调查

一、模型构建

(一)慕课学习投入

通过对国内外已有相关文献的总结,目前关于在线学习投入的研究如表 2-27 所示。

表 2-27 国内外主要的在线投入指标

序号	表征变量	参考文献
1	行为投入、认知投入和情感投入	Christenson et al.,2012
2	行为投入、认知投入、情感投入和能动投入	Reeve & Tseng,2011

续表

序号	表征变量	参考文献
3	行为投入、社会性投入、认知投入和概念一效应性投入	Sinha et al.,2015
4	技能、情感、参与、绩效	Dixson,2010
5	行为投入、认知投入和情感投入	李爽、喻忱,2015
6	社会交互投入、认知投入、情感投入、行为投入	尹睿、徐欢云,2017

慕课属于一种典型的在线教育,因此在上述文献的基础上进行分析,经过分析,最终从行为投入、情感投入和认知投入三个方面对慕课学习投入进行测量。

行为投入指的是大学生慕课学习的专注努力与坚持不懈,具体从慕课学习参与、坚持、交互、专注四个方面进行度量。慕课学习参与指的是学习者参与慕课学习的情况,包括观看视频的情况、完成作业和学习任务的情况以及阅读其他相关课程资料的情况。坚持指的是慕课学习者能够在视频观看、作业完成等方面从开课到结课的过程中一直坚持不懈地完成学习任务。交互指的是学习者与慕课开课教师、其他学习者的交互情况,包括通过论坛发帖、回帖等交流活动以及其他形式的交互活动。专注指的是在完成学习任务时能够专心致志,不受外界干扰。由于慕课学习大多采用学生自主学习的形式进行,而不像传统的教学那样集中在教室学习,因此学生可以自主选择学习时间和地点进行学习,这样在学生学习时有可能受到外界的干扰而影响正常的学习效果。例如,在访谈过程中,有的学生表示,在宿舍看慕课视频的时候容易受到外界的干扰。

情感投入指的是大学生体验到慕课学习的价值以及对慕课学习形成的浓厚兴趣。较典型的情感反应包括好奇、快乐、厌烦、难过(Skinner & Belmont,1993;Lee & Smith,1995;Stipek et al.,2002)。有学者指出情感投入包括学生对学校或课程的认同(Finn,1989;Voelkl,1997)。费恩把这种“认同”定义为归属感和价值。本书结合慕课的特点,用好奇、快乐和归属感三个变量来表征慕课学习的情感投入。慕课教学作为一种新型的教学资源形式,也是一种新型的教学模式,对于很多学生来说还感到一定的好奇,包括对进行慕课教学的教师、教学内容以及教学模式等都会感到好奇,这种好奇心驱使他们投入慕课学习中去。通过慕课的学习,很多学生听到了名校名师或者自己感兴趣的课程,同时慕课的学习形式又非常灵活,这都让他们感到快乐。大学生在慕课的学习过程中,经常与慕课教学的教师以及其他进行慕课学习的同学进行互动交流,包括学习、情感和生活等多方面的交流,这极大提升了他们的归属感。本研究并没有采用“难过”这种情绪体验,因为在慕课学习过程中应该较少有“难过”这种情绪。

认知投入指的是在慕课学习过程中,学习者深层认知策略的应用以及对学习有效的自我监控与调节。在文献中,认知投入主要体现在学生参与到教育活动中的心理投入水平,与学习策略应用和自我监控相关(孔企平,2000;张娜,2011;Fredricks et al.,2004)。

很多学者认为使用深层次认知策略对知识进行精加工,理解所学内容的意义,管理和控制自己始终聚焦在学习任务上都是高认知投入的表现(Meece et al.,1988)。本研究将学习策略应用和学习自我监控作为认知投入的依据,鉴于自我监控与元认知策略交叉,最终按照学习策略的四种类型,从认知策略、元认知策略、情感管理策略和资源管理策略四个方面表征学习者慕课学习的认知投入(赵俊峰等,2005)。对于慕课学习来说,认知投入非常重要,它包括复述策略、精加工策略和组织策略等。元认知策略包括计划策略、监控策略和调节策略。情感管理策略指的是在慕课学习中对不良学习情感的及时调节。资源管理策略包括时间管理策略、环境设置、学习努力和心境的管理、学习工具的利用以及社会性人力资源的利用。

(二)慕课学习投入影响因素

笔者首先对国内外已有在线学习投入影响因素的研究进行了总结(见表2-28)。

表2-28 国内外已有在线学习投入影响因素

序号	表征变量	来源
1	学习者(年龄、动机及自信心,技能和素养);教师(教师参与度和教学方法选用,学习任务设计与学习反馈);技术	(Robinson et al.,2008);(Amador & Helen,2013);(Shea & Bidjerano,2009);(Peck,2012)

续表

序号	表征变量	来源
2	在线学业情绪（包括积极学业情绪和消极学业情绪）	高洁，2016
3	外部动机	高洁，2016
4	投入各组成部分相互影响（例如认知投入与行为投入正相关）	尹睿、徐欢云，2017

在上述研究的基础上，结合慕课的特点，最终确立了学校政策、绩效感知、教师教学因素以及易用性感知四个方面的影响因素。

1. 学校政策

根据慕课学习的特点以及访谈结果，笔者提出了学校政策是影响学生慕课学习投入的重要因素之一。学校对学生慕课学习的政策，包括对学生通过慕课学习之后慕课学分的认定问题、所学习的慕课是否参与奖学金的评定以及慕课学习的成绩是否作为保研的依据等，都对学生对慕课的学习投入具有较大的影响。当学生认为慕课学习成绩将参与奖学金的评定以及作为保研的依据时，学生就会为了更高的成绩而提高对慕课学习的投入。在访谈中，很多学生表示慕课学习成绩并不作为奖学金以及保研时的依据之一，这影响了他们对慕课学习的投入。

2. 绩效感知

绩效感知指的是学生通过慕课对其学习表现提升或对其知识提升的程度。通过慕课的学习，绩效感知表现为：学生可以学习到他们感兴趣的课程；可以学习到名校名师的课程；拓展了知识面；加深了对原有知识的理解；学习到了对未来有用的知识。当学生通过慕课学习可以提升其学习表现或提升其相关所需知识的时候，则学生更愿意投入慕课的学习。因此，本书认为绩效感知与慕课学习投入正相关。

同时，本书提出，学校政策与绩效感知正相关。当学校政策感知越强烈，学生对慕课学习的绩效预期可能就会越大，因为如果慕课学习没有显著的意义，学校也不可能出台相关政策促进慕课的学习，因此提出上述假设。

3. 教师教学因素

教学存在对增强学习者在线学习的认知存在和社会存在，进而提升学习者的在线学习投入非常重要(Shea & Bidjerano,2009)。教学存在感对学习者在线学习投入的影响主要通过教师对学习内容的设计和规划、对学习活动的引导和促进加以体现,具体表现在教师参与度、教学方法选用、学习任务设计和学习反馈等方面。有研究表明,教师教学因素(包括教师的发帖数量、任务设计以及反馈等)与学习者在线学习投入正相关(Shi,2010;Amador & Mederer,2013;刘斌等,2017)。本书在上述研究的基础上结合慕课学习投入的具体情况提出教师教学因素影响了绩效预期,而绩效预期与慕课学习投入(包括行为投入、情感投入和认知投入)正相关。慕课教学中,教师教学因素包括教师的教学设计、视频制作、教学方法、在线指导等方面。绩效感知指的是学生认为慕课学习可以提升其学习表现的程度。如果学生认为教师讲得很好,包括教学内容的选取适当、视频制作精良、教学方法灵活以及教学较有吸引力的时候,显然学生就很可能认为学习慕课的收获会更大,就更愿意投入到慕课的学习中,包括听慕课视频以及进行师生交流等。当学生在论坛中提问时能够得到更为及时和满意的回复,学生就会更愿意在论坛中提问,加大对慕课的学习投入。这也和对学生慕课学习的访谈结果一致。很多学生表示,选择慕课学习的重要原因之一就是可以听到名校或名师的课程(例如清华大学、北京大学等一流大学的课程)。而有的学生表示有时由于觉得教师讲得较为乏味,因此就减少了慕课学习的投入。

4. 易用性感知

易用性感知指的是学生认为慕课学习容易进行的程度,包括实现慕课学习所花费的时间和精力。学习者可以随时随地,以自己的节奏进行慕课的学习,这极大地提升了学生参与慕课学习的积极性。这也是一些学生选择慕课学习的原因之一。在访谈中,一些学生表示,以往的课程都是在固定时间、固定地点上课,有时显得不方便,因此,他们选择了慕课学习,通过慕课学习获得学分。

本书未将一些变量列入,例如未将技能和素养列入,因为经访谈发现,学生基本具备使用网络完成慕课学习的能力。

同时,本书提出情感投入、认知投入与行为投入正相关,同时情感投入与认知投入正相关(尹睿、徐欢云,2017)。

最终,构建了以下框架,如图 2-15 所示。

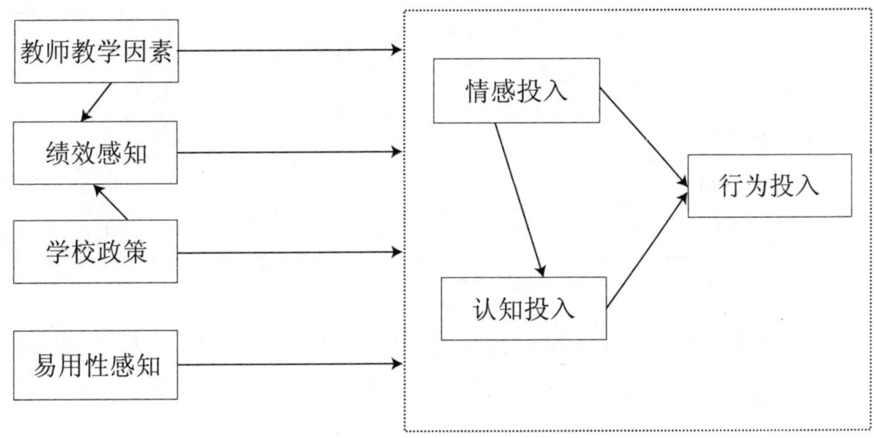

图 2-15　慕课学习投入现状和影响因素模型

二、问卷发放和信度效度检验

(一)问卷的设计和发放

在参考已有问卷的基础上设计了本次调研问卷(见表 2-29)。题项采用李克特五级量表进行测量,分别为非常不同意、不同意、一般、同意和非常同意。

表 2-29　问卷设计

变量	分变量	测量题项
行为投入	参与	Q6—Q17
	坚持	
	交互	
	专注	
情感投入	好奇	Q18—Q22
	快乐	
	归属感	
认知投入	认知策略	Q23—Q27
	元认知策略	
	情感管理策略	
	资源管理策略	

续表

变量	分变量	测量题项
教师教学因素		Q28—Q32
学校政策		Q33—Q35
绩效感知		Q36—Q38
易用性感知		Q39—Q41

此次调研全部通过问卷星进行发放。问卷星发放具有填写方便、数据统计方便等优点。共收到填答问卷1334份,剔除其中部分问卷(包括未填完整、答案高度一致等),剩余1113份为有效问卷,有效率为83.4%。具体人口学变量分布如表2-30所示。

选择仅选了校外慕课的学生为495人,比例为44.47%;仅选了校内慕课的为462人,比例为41.51%(见图2-16)。

被问及选修过几门可进行学分转换的慕课时,61.19%的学生选择了一门,选择两门的为14.03%,选择三门及以上的为8.36%,这说明目前学生可进行学分转换的慕课课程的数量还较少(见图2-17)。

表2-30　调查对象人口学变量统计

性别		年级					专业		
男	女	大一	大二	大三	大四	大五(医科专业)	理科	文科	工科
41.1%	58.9%	3.2%	28.3%	50.6%	16.6%	1.3%	38.5%	40.8%	20.7%

(二)信度和效度检验

对数据进行信度和效度检验。采用Cronbach α一致性系数进行信度检验。通过SPSS 17.0的计算,所有变量的Cronbach α系数均在0.7以上,这说明问卷具有良好的信度,进行聚合效度和交互效度的检验。使用AMOS 21.0进行验证性因素分析,发现所有变量的因子载荷均大于0.7,而组合信度大于0.7,平均萃取方差(AVE)大于0.5,这说明,问卷具有良好的聚合效度,见表2-31。

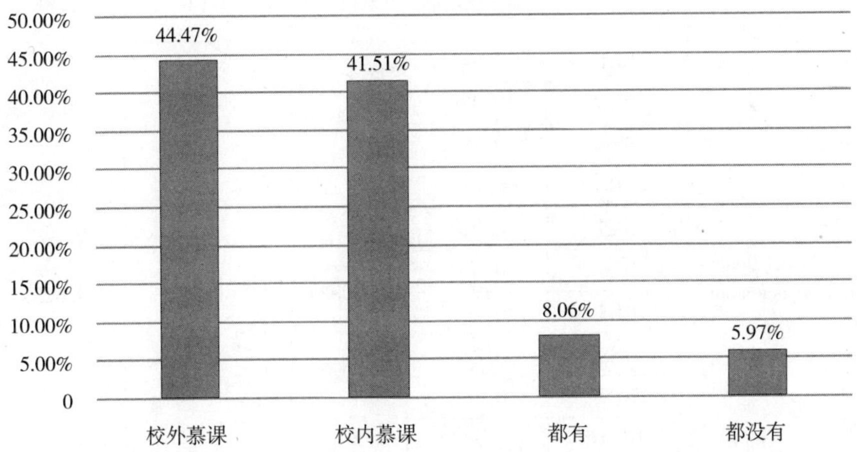

图 2-16　您选修了校内的慕课(指可转换为自己毕业所需学分的本校慕课平台上的课程)还是校外慕课课程(指可转化为自己毕业所需学分的非本校慕课平台上的课程)?

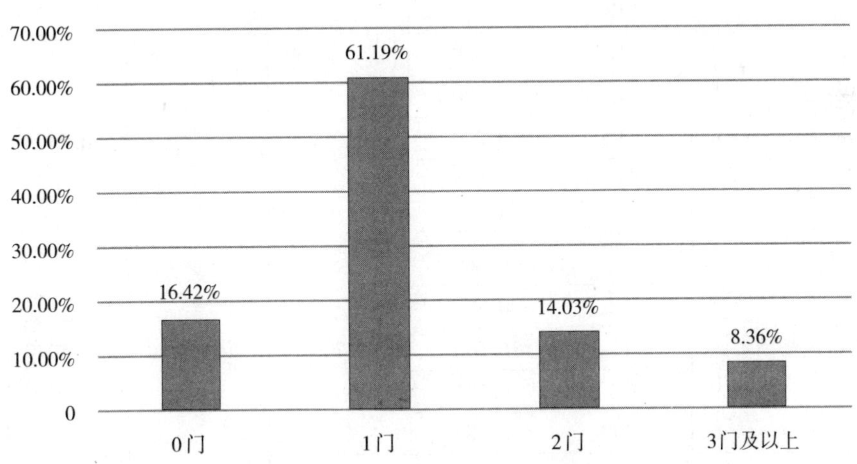

图 2-17　您选修过几门可转换为自己毕业所需学分的慕课课程?

表 2-31 调查数据信度和效度检验

		因子载荷	Cronbach α	CR	AVE
行为投入(Behavioral Engagement,BE)	BE1	0.843	0.824	0.897	0.6235
	BE2	0.936			
	BE3	0.882			
	BE4	0.819			
	BE5	0.917			
	BE6	0.849			
	BE7	0.736			
	BE8	0.836			
	BE9	0.768			
	BE10	0.713			
	BE11	0.804			
	BE12	0.846			
情感投入(Emotional Engagement,EE)	EE1	0.885	0.889	0.8931	0.6768
	EE2	0.818			
	EE3	0.782			
	EE4	0.802			
认知投入(Cognitive Engagement,CE)	CE1	0.869	0.919	0.9213	0.7455
	CE2	0.870			
	CE3	0.879			
	CE4	0.835			
	CE5	0.863			
教师教学因素	T1	0.669	0.709	0.7546	0.5077
	T2	0.789			
	T3	0.673			
	T4	0.776			
	T5	0.786			
学校政策	FC1	0.849	0.819	0.8923	0.7342
	FC2	0.840			
	FC3	0.881			

续表

		因子载荷	Cronbach α	CR	AVE
绩效感知	OUT1	0.895	0.909	0.9099	0.8348
	OUT2	0.932			
	OUT3	0.842			
易用性感知	PEOU1	0.863	0.887	0.9113	0.8484
	PEOU2	0.912			
	PEOU3	0.842			

三、调查结果

(一)行为投入

从图 2-18 我们可以看出,在反复观看视频方面,选择符合和非常符合的共占 53.14%,这说明很多学生并未在必要的时候,对学习视频反复观看,也与慕课学习有利于学生对视频反复观看的初衷不符,这说明慕课视频还没有完全发挥出应有的效果,这与主要由学生自主决定学习有关。学生可能由于时间、绩效预期、学校政策等原因影响其花时间和精力对视频反复观看。

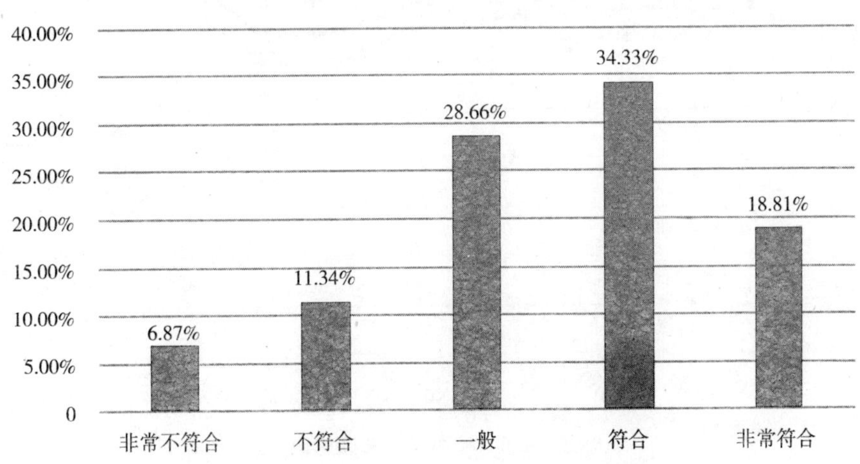

图 2-18 对于"我不理解的视频,我反复观看"观点的态度占比

从图 2-19 我们可以看出,在坚持慕课学习方面,仅有 48.36% 的学生选择了符合和非常符合,这说明超过一半的学生并未坚持按教师的要求学完慕课,这对学习效果有一定的影响。这也与绩效预期、学习政策等有关。

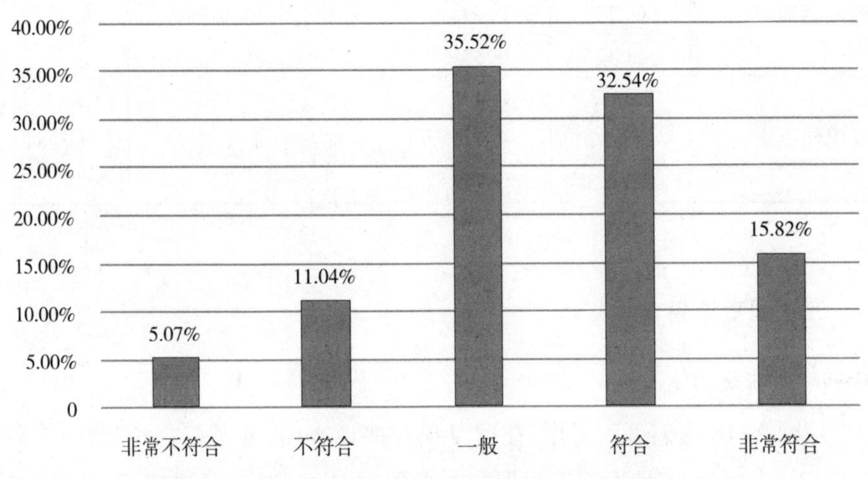

图 2-19 慕课学习持续性(“我坚持学习完慕课”)

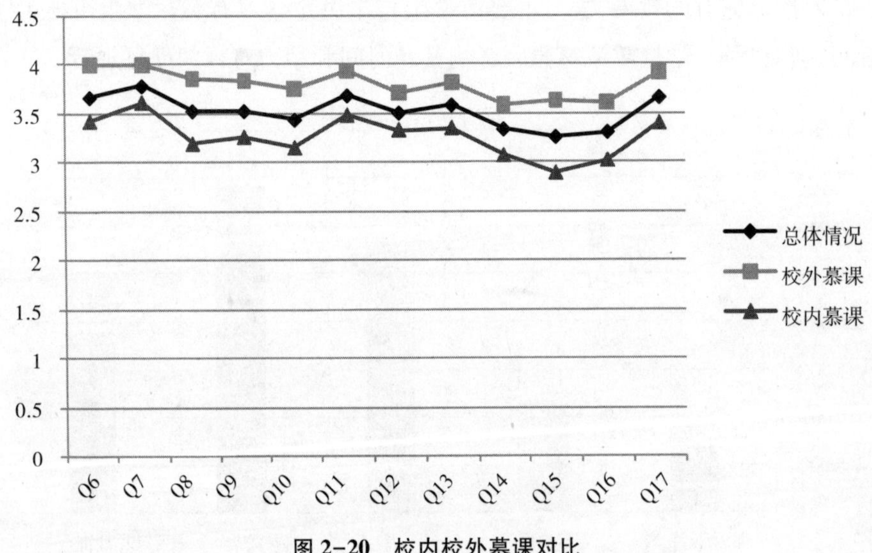

图 2-20 校内校外慕课对比

而校外慕课各维度的均值均高于校内慕课的均值(上述交互三个维度的

均值分别为3.62、3.60、3.58，见图2-20），这可能与学生有相对稳定的学习群体有关。在这种情况中，大学生均有着稳定的学习群体，主要为其正在学习的专业班级。而校外慕课的均值高于校内慕课的均值，这可能与上课的形式有关。校内慕课的学习者一般以整个班级为单位参加慕课的学习，学习者之间联系比较紧密，有较大的交流空间，他们除了一块儿学习慕课外，往往还居住在同一个区域以及一块儿学习其他课程等，交流机会非常多。而对于学习校外慕课的学生来说，学生自主决定是否选修慕课，选修慕课的学生往往分布在各个学院，同时也有其他学校以及社会学习者选修，他们距离较远，交流的空间和机会比起选修校内慕课的学生少得多，在论坛中进行交流成为他们为数不多的交流机会之一，因此，他们在论坛中的交流可能就要多一些。

表2-32　慕课学习行为投入均值报告

您选修了校内的慕课（指可转换为自己毕业所需学分的本校慕课平台上的课程）还是校外慕课（指可转化为自己毕业所需学分的校外慕课平台上的课程）		我观看完了所有的学习视频	我完成了教师布置的所有作业	对于我不理解的视频，我反复观看	我完成了教师布置的其他任务，例如同伴互评	我经常辅助阅读一些其他学习材料，以便更好地掌握学习内容	我遵守慕课课程学习的学习规则	我从课程开始到结束，一直跟着教师的进度，完成每一项任务	我努力地学习慕课，并且坚持不懈	我在论坛或其他网络交流工具中积极和教师或同学进行交互	我在论坛或其他网络工具中积极发言或发帖提问	我在论坛或其他网络工具中积极回复其他同学的帖子或提问	我在观看学习视频时尽量不受到外界的干扰
校外慕课	均值	3.98	3.99	3.85	3.82	3.74	3.92	3.70	3.80	3.58	3.62	3.60	3.90
	标准差	.911	.966	.982	.923	.931	.826	.957	.915	.952	1.036	1.019	.876

续表

您选修了校内的慕课（指可转换为自己毕业所需学分的本校慕课平台上的课程）还是校外慕课（指可转化为自己毕业所需学分的外校慕课平台上的课程）		我观看完了所有的学习视频	我完成了教师布置的所有作业	对于我不理解的视频，我反复观看	我完成了教师布置的其他任务，例如同伴互评	我经常辅助阅读一些其他学习材料，以便更好地掌握学习内容	我遵守慕课课程学习的学习规则	我从课程开始到结束，一直跟着教师的进度，完成每一项任务	我努力地学习慕课，并且坚持不懈	我在论坛或其他网络交流工具中积极和教师或同学进行交互	我在论坛或其他网络工具中积极发言或发帖提问	我在论坛或其他网络工具中积极回复其他同学的帖子或提问	我在观看学习视频时尽量不受到外界的干扰
校内慕课	均值	3.41	3.60	3.18	3.25	3.14	3.47	3.32	3.34	3.06	2.88	3.01	3.39
	标准差	1.154	1.026	1.125	1.077	1.037	.958	1.030	1.004	1.082	1.123	1.090	1.032
都有	均值	3.19	3.50	3.46	3.27	3.23	3.46	3.31	3.58	3.35	3.00	3.04	3.69
	标准差	1.201	1.273	.989	.962	.765	1.104	.788	.809	.797	.980	.916	.884
总计	均值	3.66	3.78	3.52	3.52	3.43	3.68	3.50	3.58	3.33	3.25	3.30	3.66
	标准差	1.091	1.037	1.094	1.034	1.010	.936	.993	.970	1.029	1.128	1.081	.977

(二)情感投入

从表2-33中可以看出,学生慕课学习的情感投入的均值偏低,有待提升和改善。在归属感方面均值最低，仅为3.48，这说明有必要采取相关措施增强学生慕课学习的归属感。目前一些高校并未对很多校外慕课学习配备专门的见面课辅导教师，主讲教师也缺乏与学生的交流与沟通，高校对学生慕课的学习并未进行有效的组织等，都是造成归属感较低的原因。在其他维度，例如“我喜欢参加慕课的学习”，均值也较低，这与慕课开设的初衷相悖。慕课作为一种新的教学模式，期望得到学生的喜爱和引起学生的兴趣，但实际并非如此，这需要在慕课的组织、制作、相关政策等方面加以改善。

在“我喜欢参加慕课的学习”的问题中，52.53%的学生选择了符合或非常符合，比例还比较低（见图2-21），而在具有良好的归属感的问题中，仅有47.17%的同学选择了符合和非常符合，比例也较低（见图2-22）。有必要采取相应的措施提升学生对慕课的喜欢和归属感。

而同样，学生对校外慕课的情感投入各维度均值高于校内慕课的均值，见图2-23。

表2-33　情感投入各维度均值报告

您选修了校内的慕课（指可转换为自己毕业所需学分的本校慕课平台上的课程）还是校外慕课（指可转化为自己毕业所需学分的外校慕课平台上的课程）		对于其他高校教师所讲授的慕课的学习内容，我感到一定的好奇	慕课学习的时候，我感到很开心	我喜欢参加慕课的学习	我对慕课的学习非常感兴趣	我在慕课学习的大家庭中，具有良好的归属感
校外慕课	均值	3.81	3.96	3.96	3.99	3.89
	标准差	.906	.869	.787	.826	.897
校内慕课	均值	3.40	3.25	3.17	3.19	3.09
	标准差	1.081	1.015	1.056	1.004	1.076
都有	均值	3.85	3.58	3.46	3.38	3.23
	标准差	.675	1.027	.811	.496	.710
总计	均值	3.63	3.61	3.57	3.59	3.48
	标准差	.991	1.005	.990	.969	1.040

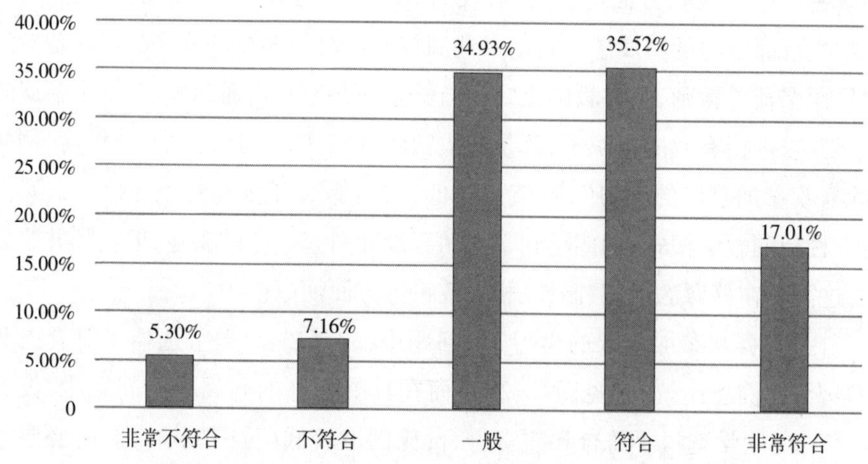

图 2-21 “我喜欢参加慕课的学习”各选项选择的比例

(三)认知投入

同理,认知投入各维度均值也较低,有待提升(见表 2-34)。从图 2-24 可以看出,慕课学习遇到问题时,调整学习策略的学生(符合和非常符合)仅为 45.67%,这说明学生在慕课学习时并未真正下苦功,因此在保证慕课的学习效果或者在慕课学习认知策略方面的水平还有待提升。而校外慕课的均值仍然大于校内慕课(见图 2-25)。

表 2-34 认知投入各维度均值报告

您选修了校内的慕课(指可转换为自己毕业所需学分的本校慕课平台上的课程)还是校外慕课课程(指可转化为自己毕业所需学分的外校慕课平台上的课程)		我在听慕课视频的过程中经常记笔记	我经常对慕课学习进行计划	当慕课学习遇到问题时,我经常会进行调整,以保证慕课的学习	我在平台上的学习时间安排得很合理	我一般都找良好的学习环境进行慕课学习
校外慕课	均值	3.85	3.72	3.62	3.76	3.89
	标准差	.954	.886	.911	.890	.815
校内慕课	均值	3.13	3.02	3.15	3.16	3.29
	标准差	1.089	1.073	1.035	1.058	1.018

续表

您选修了校内的慕课（指可转换为自己毕业所需学分的本校慕课平台上的课程）还是校外慕课课程（指可转化为自己毕业所需学分的外校慕课平台上的课程）		我在听慕课视频的过程中经常记笔记	我经常对慕课学习进行计划	当慕课学习遇到问题时，我经常会进行调整，以保证慕课的学习	我在平台上的学习时间安排得很合理	我一般都找良好的学习环境进行慕课学习
都有	均值	3.19	3.23	3.27	3.19	3.35
	标准差	1.021	.908	.962	1.059	.846
总计	均值	3.48	3.37	3.39	3.45	3.58
	标准差	1.079	1.029	.996	1.023	.956

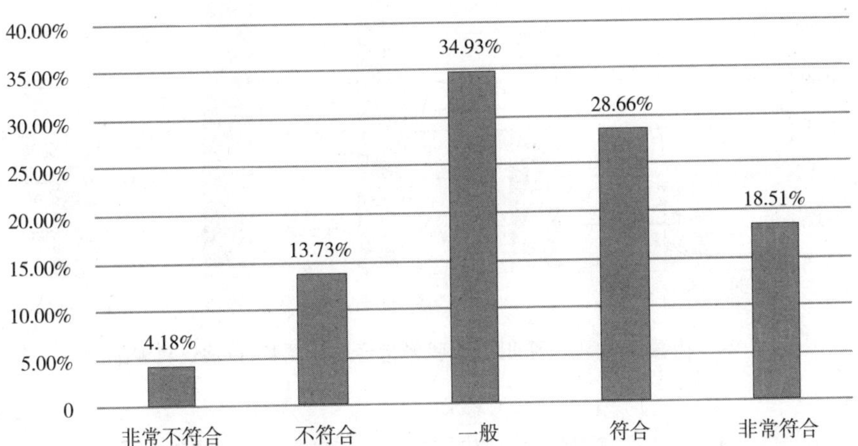

图 2-22　“我在慕课学习的大家庭中，具有良好的归属感”问题各选项选择的比例

从上述调研来看，大学生慕课学习认知投入的各个维度都应有所增强。

（四）教师教学

从本次调研来看，慕课教师的教学有待改善。在教学、教学视频的制作等方面均值相对较高，但学习支持服务（包括答疑、交互等）均值偏低。目前很多慕课课程均由名校名师开设，同时经过制作公司的精心制作，但在学习支持服务方面则需要加强。例如其中提供面授答疑课方面的均值是最低的，为

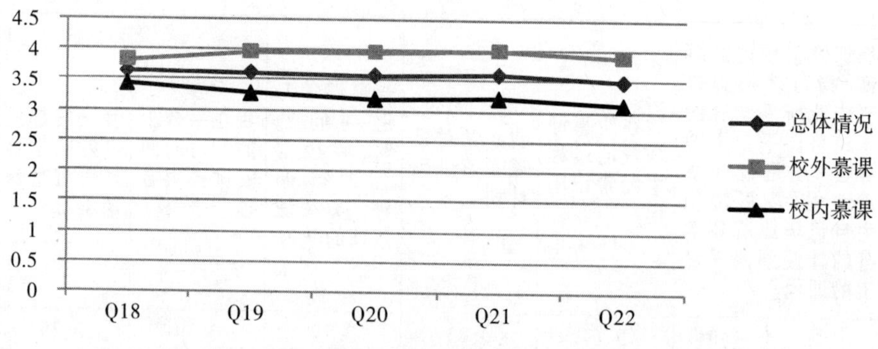

图 2-23　学生对校外慕课的情感投入各维度均值比较

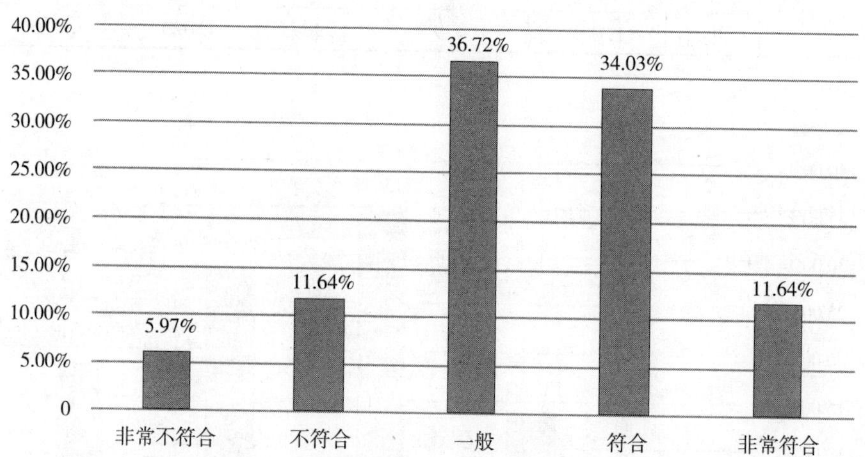

图 2-24　当慕课学习遇到问题时，我经常会进行调整，以保证慕课的学习

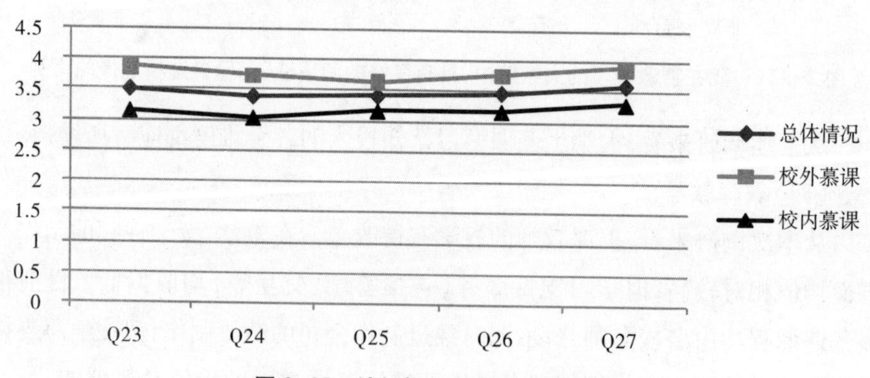

图 2-25　认知投入各维度均值比较

3. 50,见表 2-35。目前很多课程无法实现教师和学生见面,仅能通过论坛的方式实现答疑辅导。有必要在答疑辅导方面进行精心组织,包括形式和内容方面都能不断丰富和深化,尤其面授答疑的组织至关重要。

表 2-35 教师教学各维度均值报告

您选修了校内的慕课(指可转换为自己毕业所需学分的本校慕课平台上的课程)还是校外慕课课程(指可转化为自己毕业所需学分的外校慕课平台上的课程)		我认为慕课教师的教学非常好	我认为慕课课程中的微课制作较有吸引力	教师(例如助教)积极在论坛中回答我们的问题	慕课提供有一定的面授答疑课	平台上对学习内容和学习任务的安排很合理
校外慕课	均值	3. 87	3. 96	3. 72	3. 72	3. 87
	标准差	. 841	. 853	. 877	. 980	. 864
校内慕课	均值	3. 38	3. 35	3. 40	3. 29	3. 42
	标准差	. 974	. 976	1. 012	1. 025	. 970
都有	均值	3. 38	3. 62	3. 19	3. 35	3. 31
	标准差	1. 023	. 804	. 895	. 797	. 788
总计	均值	3. 61	3. 66	3. 54	3. 50	3. 62
	标准差	. 946	. 950	. 956	1. 006	. 935

(五)学校政策

从本次调研可以看出,学校政策方面的均值还非常低,例如“慕课学分成绩参与奖学金的评定”和“慕课课程成绩可以作为保研时的依据之一”均值分别为 2. 92 和 2. 85,低于 3. 0(即 60 分),见表 2-36。目前慕课学习的主要形式为学生自主学习,考核合格后转换为毕业所需学分,但慕课的成绩并不参与校内其他评优评奖,例如奖学金的评定以及保研评定等。这很大程度上降低了学生的积极性,也影响了学生对慕课学习的看法和重视程度。慕课与学生在学校的其他面授课一样,只不过在形式上有了较大的区别,但不能因此就将慕课和其他课程区别对待。要切实通过提升服务和完善考核机制等将慕课融入高等教育体系和学生专业课程理论体系中。

表 2-36　学校政策各维度均值报告

您选修了校内的慕课(指可转换为自己毕业所需学分的本校慕课平台上的课程)还是校外慕课课程(指可转化为自己毕业所需学分的外校慕课平台上的课程)		慕课学习可以进行学分转换	慕课学分成绩参与奖学金的评定	慕课课程成绩可以作为保研时的依据之一
校外慕课	均值	4.01	3.00	2.89
	标准差	.893	1.053	1.066
校内慕课	均值	3.59	2.88	2.87
	标准差	1.013	1.130	1.128
都有	均值	3.65	2.65	2.54
	标准差	.689	.936	.905
总计	均值	3.80	2.92	2.85
	标准差	.954	1.080	1.083

(六)绩效感知

从本次调研来看,学生对慕课学习具有一定绩效预期,均值高于3.7,见表2-37。可见学生对慕课的认可,仍需通过宣传以及提升慕课建设水平等进而提升学生的绩效预期。

表 2-37　学生对慕课学习的绩效预期

您选修了校内的慕课(指可转换为自己毕业所需学分的本校慕课平台上的课程)还是校外慕课课程(指可转化为自己毕业所需学分的外校慕课平台上的课程)		慕课学习可以听到名师名校的课程	慕课学习可以开拓视野	通过慕课可以学到我感兴趣的课程
校外慕课	均值	4.03	4.06	4.12
	标准差	.744	.719	.796
校内慕课	均值	3.49	3.54	3.53
	标准差	.966	1.009	.988

续表

您选修了校内的慕课(指可转换为自己毕业所需学分的本校慕课平台上的课程)还是校外慕课课程(指可转化为自己毕业所需学分的外校慕课平台上的课程)		慕课学习可以听到名师名校的课程	慕课学习可以开拓视野	通过慕课可以学到我感兴趣的课程
都有	均值	3.85	3.81	3.88
	标准差	1.190	1.021	.993
总计	均值	3.77	3.81	3.84
	标准差	.924	.916	.944

(七)易用性感知

有必要对慕课的学习进行讲解和指导,以便提升慕课学习的易用性感知、自我效能感等,见表2-38和表2-39。

表2-38　学生对慕课学习的易用性感知

您选修了校内的慕课(指可转换为自己毕业所需学分的本校慕课平台上的课程)还是校外慕课课程(指可转化为自己毕业所需学分的外校慕课平台上的课程)		慕课教学平台比较好用	慕课课程可以随时随地学习	平台上的学习支持工具(如学习工具、学习导航、交流协作工具等)很全面
校外慕课	均值	4.01	3.99	3.74
	标准差	.826	.805	.931
校内慕课	均值	3.16	3.38	3.13
	标准差	1.205	1.045	.999
都有	均值	3.46	3.46	3.42
	标准差	.811	.905	.504
总计	均值	3.59	3.68	3.45
	标准差	1.088	.971	.978

表 2-39　学生对慕课学习的自我效能感

您选修了校内的慕课(指可转换为自己毕业所需学分的本校慕课平台上的课程)还是校外慕课课程(指可转化为自己毕业所需学分的外校慕课平台上的课程)		我有信心利用网络技术完成慕课的学习	在慕课学习遇到技术问题时,我可以解决(必要时在别人的帮助下)
校外慕课	均值	3.91	3.74
	标准差	.756	.841
校内慕课	均值	3.36	3.32
	标准差	1.056	1.015
都有	均值	3.42	3.54
	标准差	.857	.948
总计	均值	3.62	3.54
	标准差	.945	.949

(八)差异性检验

1. 性别维度

本次调查发现情感投入具有显著差异($p<0.05$),且男性的情感投入(均值 3.62)显著大于女性(均值 3.55),见表 2-40 和表 2-41。性别模式理论指出这些差异源于出生后性别角色和社会化过程而不是生理性别(Bem and Allen 1974;Lynott and McCandless 2000)。

表 2-40　性别维度模型各变量均值

性别		Qb(行为投入)	Qe(情感投入)	Qr(认知投入)	Qt(教师教学)	Qp(学校政策)	Qo(绩效感知)	Qpe(易用性感知)
男	均值	3.5161	3.6186	3.4899	3.6016	3.1680	3.8630	3.6331
	标准差	.81311	.78479	.82763	.76014	.86314	.79888	.87979
女	均值	3.5176	3.5459	3.4259	3.5773	3.2054	3.7676	3.5243
	标准差	.80689	.89254	.85933	.76933	.77699	.82863	.87823
总计	均值	3.5170	3.5758	3.4522	3.5873	3.1900	3.8068	3.5690
	标准差	.80815	.84939	.84571	.76444	.81235	.81661	.87910

表 2-41　情感投入性别维度差异性分析

		方差方程的 Levene 检验	
		F	Sig.
Qb(行为投入)	假设方差相等	.001	.977
	假设方差不相等		
Qe(情感投入)	假设方差相等	4.034	.045
	假设方差不相等		
Qr(认知投入)	假设方差相等	.944	.332
	假设方差不相等		
Qt(教师教学)	假设方差相等	.086	.770
	假设方差不相等		
Qp(学校政策)	假设方差相等	.213	.645
	假设方差不相等		
Qo(绩效感知)	假设方差相等	.010	.922
	假设方差不相等		
Qpe(易用性感知)	假设方差相等	.016	.900
	假设方差不相等		

2. 学科维度

行为投入和易用性感知两个变量在学科维度具有显著差异。对于行为投入来说，工科和理科的行为投入显著大于文科；对于易用性感知来说，工科的易用性感知和行为投入显著大于理科和文科，见表 2-42 和表 2-43。

表 2-42　模型各变量学科维度统计量

专业		Qb	Qe	Qr	Qt	Qp	Qo	Qpe
文科	均值	3.3802	3.4422	3.3313	3.5125	3.1094	3.7682	3.5312
	标准差	.79737	.88225	.82115	.76364	.86550	.83928	.88976
理科	均值	3.6095	3.6678	3.5256	3.6264	3.2837	3.7769	3.4931
	标准差	.84636	.87619	.88586	.77586	.78841	.84589	.90175

续表

专业		Qb	Qe	Qr	Qt	Qp	Qo	Qpe
工科	均值	3. 6141	3. 6677	3. 5538	3. 6615	3. 1744	3. 9385	3. 7846
	N	65	65	65	65	65	65	65
	标准差	. 72537	. 69577	. 79904	. 74324	. 73859	. 70684	. 78932
总计	均值	3. 5170	3. 5758	3. 4522	3. 5873	3. 1900	3. 8068	3. 5690
	N	314	314	314	314	314	314	314
	标准差	. 80815	. 84939	. 84571	. 76444	. 81235	. 81661	. 87910

表 2-43　模型各变量学科维度方差分析

ANOVA						
		平方和	df	**均方**	F	**显著性**
Qb	组间	4. 043	2	2. 022	3. 138	. 045
	组内	200. 380	311	. 644		
	总数	204. 423	313			
Qe	组间	3. 857	2	1. 929	2. 702	. 069
	组内	221. 959	311	. 714		
	总数	225. 816	313			
Qr	组间	3. 196	2	1. 598	2. 252	. 107
	组内	220. 667	311	. 710		
	总数	223. 863	313			
Qt	组间	1. 260	2	. 630	1. 078	. 341
	组内	181. 649	311	. 584		
	总数	182. 909	313			
Qp	组间	1. 911	2	. 956	1. 452	. 236
	组内	204. 640	311	. 658		
	总数	206. 551	313			
Qo	组间	1. 426	2	. 713	1. 069	. 344
	组内	207. 298	311	. 667		
	总数	208. 723	313			

续表

ANOVA						
		平方和	df	**均方**	F	**显著性**
Qpe	组间	3. 901	2	1. 951	2. 549	. 080
	组内	237. 993	311	. 765		
	总数	241. 894	313			

3. 年级维度

行为投入、绩效感知以及易用性感知在年级维度存在显著差异，见表 2-44 和表 2-45。

表 2-44　模型各变量年级维度统计量

年级		Qb	Qe	Qr	Qt	Qp	Qo	Qpe
大一	均值	2. 9083	3. 0400	3. 0400	3. 1400	2. 8667	3. 2333	2. 9000
	标准差	. 80263	1. 01017	1. 00576	. 89963	1. 17799	1. 16587	1. 23778
大二	均值	3. 7041	3. 6787	3. 5685	3. 7056	3. 3109	3. 9176	3. 7416
	标准差	. 69552	. 75294	. 77512	. 63753	. 84805	. 65382	. 77647
大三	均值	3. 4916	3. 6151	3. 4616	3. 5862	3. 1908	3. 8763	3. 5786
	标准差	. 82657	. 87628	. 85119	. 78953	. 75423	. 81093	. 86456
大四	均值	3. 4391	3. 4154	3. 3462	3. 5115	3. 1090	3. 5192	3. 3590
	标准差	. 86337	. 85575	. 90672	. 84055	. 82637	. 93681	. 96303
大五	均值	2. 8958	3. 1500	2. 9000	3. 1000	2. 3333	3. 7500	3. 7500
	标准差	. 66100	. 80623	. 50332	. 52915	. 38490	. 50000	. 16667
总计	均值	3. 5170	3. 5758	3. 4522	3. 5873	3. 1900	3. 8068	3. 5690
	标准差	. 80815	. 84939	. 84571	. 76444	. 81235	. 81661	. 87910

表 2-45 模型各变量年级维度方差分析

		平方和	df	均方	F	显著性
Qb	组间	8.782	4	2.196	3.468	.009
	组内	195.641	309	.633		
	总数	204.423	313			
Qe	组间	6.121	4	1.530	2.152	.074
	组内	219.695	309	.711		
	总数	225.816	313			
Qr	组间	4.722	4	1.181	1.665	.158
	组内	219.141	309	.709		
	总数	223.863	313			
Qt	组间	4.495	4	1.124	1.946	.103
	组内	178.414	309	.577		
	总数	182.909	313			
Qp	组间	5.623	4	1.406	2.162	.073
	组内	200.928	309	.650		
	总数	206.551	313			
Qo	组间	9.463	4	2.366	3.669	.006
	组内	199.261	309	.645		
	总数	208.723	313			
Qpe	组间	9.566	4	2.391	3.181	.014
	组内	232.328	309	.752		
	总数	241.894	313			

4. 校内慕课与校外慕课

行为投入、认知投入、绩效感知和易用性感知均是校外慕课显著大于校内慕课(见表 2-46、表 2-47)。

表 2-46　校内慕课与校外慕课行为投入、认知投入、绩效预期和易用性感知统计量

	您选修了校内的慕课(指可转换为自己毕业所需学分的本校慕课平台上的课程)还是校外慕课课程(指可转化为自己毕业所需学分的外校慕课平台上的课程)	均值	标准差	均值的标准误
Qb	校外慕课	3.7925	.72043	.05902
	校内慕课	3.2548	.83429	.07076
Qe	校外慕课	3.9208	.67256	.05510
	校内慕课	3.2201	.92008	.07804
Qr	校外慕课	3.7691	.72363	.05928
	校内慕课	3.1511	.87040	.07383
Qt	校外慕课	3.8295	.66389	.05439
	校内慕课	3.3683	.81942	.06950
Qp	校外慕课	3.3020	.76753	.06288
	校内慕课	3.1151	.87340	.07408
Qo	校外慕课	4.0694	.60438	.04951
	校内慕课	3.5180	.90104	.07643
Qpe	校外慕课	3.9128	.71387	.05848
	校内慕课	3.2230	.95164	.08072

表 2-47　校内慕课和校外慕课行为投入、认知投入、绩效预期和易用性感知差异性分析

		方差方程的 Levene 检验		均值方程的 t 检验						
									差分的 95% 置信区间	
		F	Sig.	t	df	Sig.（双侧）	均值差值	标准误差值	下限	上限
Qb	假设方差相等	1.699	.193	5.865	286	.000	.53771	.09168	.35726	.71816
	假设方差不相等			5.835	273.409	.000	.53771	.09215	.35631	.71911

续表

		方差方程的 Levene 检验		均值方程的 t 检验						
									差分的 95% 置信区间	
		F	Sig.	t	df	Sig.(双侧)	均值差值	标准误差值	下限	上限
Qe	假设方差相等	8.882	.003	7.412	286	.000	.70066	.09453	.51461	.88672
	假设方差不相等			7.334	251.580	.000	.70066	.09553	.51252	.88880
Qr	假设方差相等	4.310	.039	6.569	286	.000	.61805	.09408	.43287	.80323
	假设方差不相等			6.528	269.040	.000	.61805	.09468	.43164	.80446
Qt	假设方差相等	3.032	.083	5.264	286	.000	.46118	.08762	.28873	.63364
	假设方差不相等			5.226	265.816	.000	.46118	.08825	.28742	.63495
Qp	假设方差相等	2.950	.087	1.932	286	.054	.18691	.09673	-.00350	.37731
	假设方差不相等			1.924	275.255	.055	.18691	.09717	-.00438	.37819
Qo	假设方差相等	21.818	.000	6.135	286	.000	.55137	.08987	.37448	.72825
	假设方差不相等			6.055	238.911	.000	.55137	.09106	.37198	.73075
Qpe	假设方差相等	9.133	.003	6.987	286	.000	.68973	.09871	.49544	.88402
	假设方差不相等			6.920	255.312	.000	.68973	.09968	.49344	.88602

四、问题分析

1. 各维度有待提升

总的来说，各维度均值还偏低，有待提升。我国慕课在高等教育中的应用并且进行学分转换，尚处于初步尝试和探索阶段，各方面都有待完善和提升。包括教师和学生对慕课的认识、慕课学习的组织以及评价等问题都需要不断完善和探索。

2. 缺乏完善的政策体系

目前我国高校慕课学分转换一个突出的问题就是缺乏完善的政策管理体系。在国家层面、学校层面以及专业层面等都应不断完善相关政策管理体系，以保证慕课与高等教育的深度融合，实现高等教育模式的变革。包括针对慕课教学教师的管理和激励机制、学分转换的管理以及学分转换的评价等都缺乏相应的政策和标准，还缺乏科学的管理体系。目前很多高校相关政策还很简单，缺乏深入具体的实施管理办法。例如兰州大学虽然规定了一些慕课课程可以转换为学生毕业所需学分，但并未将慕课课程纳入奖学金以及保研等重要评价体系中，这可能影响了学生对慕课的投入，例如有的学生选修慕课仅是为了混取学分，这在访谈中并不少见。

3. 校内慕课水平有待提升

本次实证研究发现，学生对校外慕课的投入水平以及绩效感知等均超过了校内慕课。这是因为校外慕课有着更高的知名度，例如由国内顶尖高校开设，制作也较为精美等，而兰州大学慕课制作尚处于起步阶段，还需不断完善。

第四节 学分转换背景下大学生慕课学习投入影响因素研究

慕课学习包括可进行慕课学分转换的学习和不能进行学分转换的学习。大部分的慕课课程完全对社会开放，任何人都可免费注册学习，而课程结束后，如果学习者达到了学习要求就可以给学习者颁发课程证书，但并不能转换为学生学历教育所需要的学分。部分高校指定一定的慕课课程供本校学生选修,学生通过慕课考核后,即可将慕课成绩转换为学生所需的学分。

在慕课快速发展的今天,慕课学分转换具有重要的意义。慕课在高等学历教育中的应用是未来慕课发展的重要方向。慕课学分的认定对于解决有限的大学资源与社会对高等教育的需求之间的矛盾以及对学习者学习权的尊重等方面也有重要意义(姚昕雨,2015)。高校对慕课的学分转化问题是慕课与高等教育融合的核心问题之一。高校对慕课学分的转化问题的研究有利于慕课与高等教育的融合,对于高等教育教学模式的变革也具有重要的意义。目前混合式教学深入发展,慕课与高等教育的融合是实现高校混合式教学的重要途径之一。

国内外很多研究表明,在线学习投入与学习效果呈正相关(叶甲生等,2015;Lahaderne,1968;Fredricks et al.,2004;Johnson & Sinatra,2013 等)。慕课作为一种典型的在线教育形式,可以推断大学生慕课学习投入与学习效果正相关。因此,可以通过提升学习者慕课学习的投入水平,来提升慕课的教学效果。由于慕课的学习以自学为主等原因,慕课的学习过程中出现了很多问题。相关研究表明,慕课的使用存在完成率低、持续参与度弱、互动性差等问题,用户初步使用后放弃的现象普遍存在(Yuan & Powell,2013;Adams & Williams,2013;秦鸿,2014;贾积有等,2014)。

目前大多数关于慕课学习现状和影响因素的研究主要针对非学分转换情境下的慕课学习(唐荪茹,2014;杨根福,2016;马莎莎,2016;鄂丽君等,2016等),而专门针对进行学分转换的慕课学习者的学习现状的调查还较少见,这其中包括对进行学分转换的慕课学习者的投入现状和影响因素的研究。

在这两种不同的背景下,学生的学习投入可能出现不同的情况。在无学分转换的背景中,学生并没有必须通过课程学习的压力,完全可以根据自己的情况进行慕课的学习,包括是否观看完学习视频、是否做完作业以及是否参加考试等,因此就可能出现大量学生慕课学习中断的现象。而进行学分转换则不一样,这要求学生必须通过课程的学习和考核,不能完全自我决定慕课的学习。因此,在这种境况下,学生慕课学习的投入可能和非学分转换背景下有所区别。

本书以兰州大学为例,对学生慕课学习投入现状进行了调查,并对其影响因素进行了研究,具有重要的理论意义和现实意义。兰州大学近年来指定了一些著名慕课平台上的课程供学生选修,学生通过这些课程的考核后,可以转换为兰州大学学生毕业所需的学分。通过对相关负责人的访谈发现,兰州大学这样做的目的包括实现优质资源共享、扩大学生视野等。

一、学分转换背景下大学生慕课学习投入影响因素

(一)慕课学习投入的影响因素

1.行为投入的影响因素

首先进行拟合度检验(荣泰生,2009)。可以看出,模型通过了拟合度检验(见表2-48)。

表2-48 学习投入影响因素拟合度检验

变量	X^2/df	GFI	RMR	RMSEA	AGFI	NFI	CFI	IFI	AIC	ECVI
标准	<3.0	>0.9	<0.5	<0.1	>0.9	>0.9	>0.9	>0.9	>0.9	>0.9
实际值	1.582	0.846	0.063	0.053	0.810	0.889	0.955	0.956	674.180	3.305
是否通过	是	是	是	是	是	是	是	是	是	是

通过结构方程模型计算(见图2-26),发现学校政策、绩效感知和易用性感知三个变量与学习者慕课学习行为投入正相关,而绩效感知对行为投入的影响大于其他变量(包括学校政策和易用性感知)对行为投入的影响。学校政策与绩效感知负相关,而教师教学因素与绩效感知正相关(标准化回归系数为0.777)。而在对行为投入的影响因素中,绩效感知的影响总效应最大,为0.402,其次为学校政策和易用性感知。本次研究得出学校政策与绩效感知负相关。但学校政策与行为投入直接正相关,对行为投入的总效应依然为正相关,为0.282,因此制定相应的学习政策也是非常有必要的,见表2-49。而此模型对行为投入的解释力为32.6%,对绩效预期的解释力为61.8%。

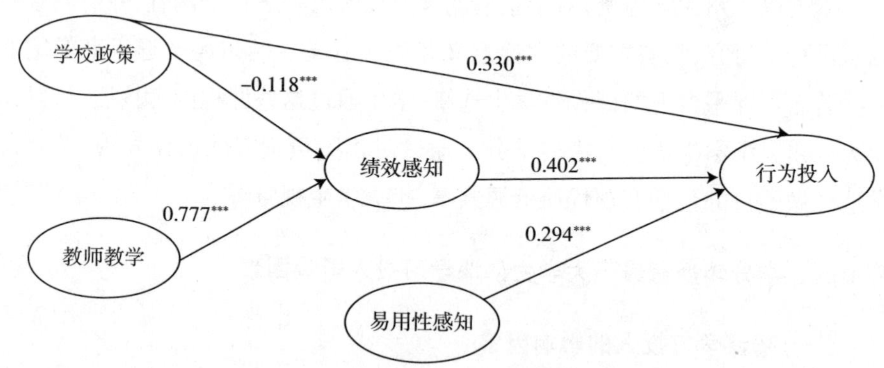

图 2-26　行为投入影响因素路径图

表 2-49　模型路径间标准化总效应

	学校政策	教师教学	易用性感知	绩效感知	行为投入
绩效感知	-.118	.777	.000	.000	.000
行为投入	.282	.313	.294	.402	.000

2. 情感投入的影响因素

与行为投入的影响因素的分析过程类似,通过拟合度检验、路径图等计算(见图 2-27),得出如下结论:绩效感知、易用性感知和学校政策三个变量与情感投入正相关;教师教学因素与绩效感知正相关,学校政策与绩效感知负相关;学校政策对情感投入的总的影响效应为正相关(见表 2-50),模型对情感投入的解释力为 49.7%。

表 2-50　模型路径间标准化总效应

	学校政策	教师教学	易用性感知	绩效感知	行为投入
绩效感知	-.115	.791	.000	.000	.000
情感投入	.213	.463	.335	.586	.000

3. 认知投入的影响因素

与行为投入的影响因素的分析过程类似,通过拟合度检验、路径图等计

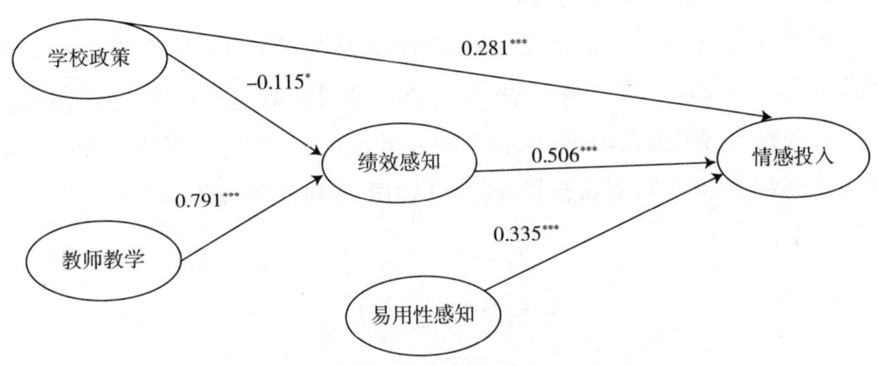

图 2-27　情感投入影响因素路径图

算，得出如下结论：绩效感知、易用性感知和学校政策三个变量与认知投入正相关；教师教学因素与绩效感知正相关，学校政策与绩效感知负相关；学校政策对认知投入的总的影响效应为正，模型对认知投入的解释力为 47.9%，见图 2-28 和表 2-51。

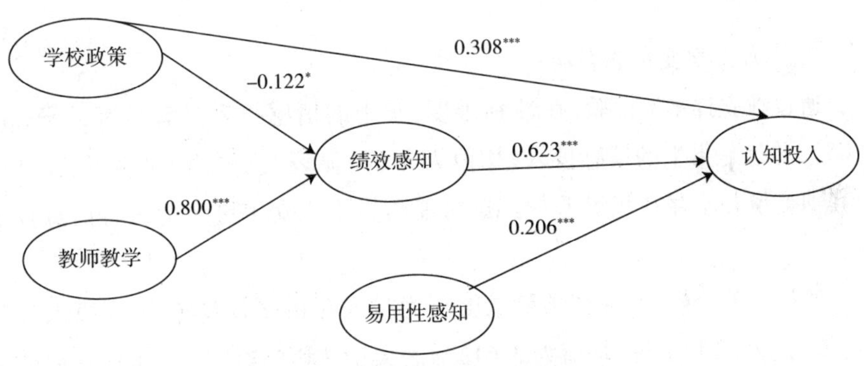

图 2-28　认知投入影响因素路径图

表 2-51　标准化总效应

	学校政策	教师教学	易用性感知	绩效感知	行为投入
绩效感知	.800	.000	-.122	.000	.000
认知投入	.499	.206	.232	.623	.000

(二)各投入变量之间的关系

通过计算,慕课学习情感投入和认知投入均与行为投入显著正相关,而情感投入与认知投入显著正相关,见图 2-29。通过总效应的计算发现,情感投入对行为投入有着更大的影响(标准化总效应为 83.2%)。对行为投入的解释力度达到了 78.7%,对认知投入的解释力度达到了 76.2%。

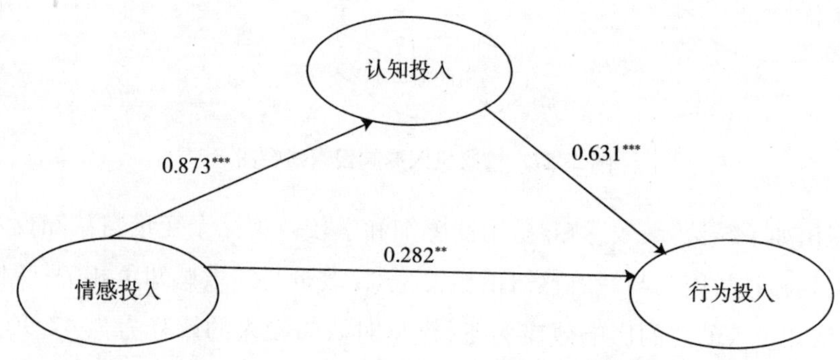

图 2-29 慕课学习投入各因素关系路径图

注:*** 表示 p<0.001,** 表示 p<0.01。

(三)人口学变量的影响

通过独立样本 t 检验,在性别维度,学生的情感投入具有显著差异(p<0.05),并且是男生的情感投入(均值为 3.62)显著大于女生(均值为 3.55),而其他变量并不存在显著差异。这可能与男生比女生更多地参与信息技术有关。

通过方差分析,发现在学科维度行为投入存在显著差异,行为投入理科(均值为 3.61)和工科(均值为 3.61)显著大于文科(均值为 3.38),这可能与理科和工科学生更需要慕课学习有关。

通过方差分析,低年级和高年级在绩效感知方面存在显著差异,并且低年级的学生对慕课学习的投入的绩效感知(均值为 3.85)显著高于高年级的学生(均值为 3.54)。这可能与低年级和高年级学生的经历有关。低年级的学生进入大学学习时间不长,更加渴望对知识的获取。而高年级的学生已在大学学习了相对较长的时间,对新知识的获取并没有低年级的学生那么强烈。

二、总结和讨论

经过本次研究我们发现,学校政策、绩效感知和易用性感知与大学生慕课学习投入(包括行为投入、情感投入和认知投入)均正相关。教师教学与绩效感知正相关,其中绩效感知对学习投入的影响最大。学校政策虽然与绩效感知负相关,但与学习投入的总效应为正相关,情感投入和认知投入与行为投入正相关,其中情感投入对行为投入的影响最大。因此,我们可以通过提升大学生慕课学习的绩效感知、易用性感知以及改善学校政策等提高大学生慕课的学习投入。

1. 改善行为投入、情感投入和认知投入

本次的调研表明参与慕课学习的学生的行为投入、情感投入以及认知投入都需要进一步提升。

从本次调查结果来看,行为投入、情感投入以及认知投入处于中等水平,仍有待提升(均值分别为 3. 52、3. 58 和 3. 45,满分为 5 分,见表 2-52)。

表 2-52　学习者慕课学习投入

变量	均值	标准差
行为投入	3. 52	. 80815
情感投入	3. 58	. 84939
认知投入	3. 45	. 84571

通过对各个维度的计算来看,在行为投入方面,观看学习视频和完成作业方面学习者投入相对较高,而在交互方面均值偏低。首先,应鼓励学生积极发帖或回帖。经过访谈发现,在学分转换背景下,学生在虚拟社区的交互明显减少。原因可能是在这种情况下,学习者不像其他慕课那样分散,而学习者往往是原来的班级,学生彼此之间互相认识且生活在同一个学校。像这种情况就应多组织学生的见面讨论。其次,应促进学生的深度学习,包括对不理解的视频反复观看、阅读辅助材料以及坚持完成每一项学习任务等(从表 2-53 可以看出,这几方面均值也非常低)。

在情感投入方面,好奇的均值最高,归属感均值最低(见表2-54)。很多慕课学习学生与主讲教师无法见面,这大大降低了学生慕课学习的归属感。让学生喜欢慕课学习,这将大大提升慕课学习投入。

在认知策略方面,慕课学习计划和调整均值较低,环境选择均值较高(见表2-55)。第一,提倡对慕课学习进行计划,例如对自己何时何地完成教师布置的任务做较为详细的规划。第二,注重调节策略的应用。这一点非常重要。由于慕课的学习可能在大多数时间需要学生自主进行,因此很容易受到外部环境、个人意志力以及个人知识基础等因素的影响,这时候要注意通过调节学习策略来完成学习计划,例如当个人无法理解视频中教师讲课内容的时候,可以通过查阅相关资料、反复学习或与教师或学生讨论的方式解决。第三,记忆策略的应用。必要时可采用记笔记等记忆策略,改善学习效果。

表2-53　学习者慕课行为投入均值

	均值	标准差
我观看完了所有的学习微视频	3.66	1.091
我完成了老师布置的所有作业	3.78	1.037
对于我不理解的视频,我反复观看	3.52	1.094
我完成了教师布置的其他任务,例如同伴互评	3.52	1.034
我经常辅助阅读一些其他学习材料,以便更好地掌握学习内容	3.43	1.010
我遵守慕课课程的学习规则	3.68	.936
我从课程开始到结束,一直跟着老师的进度,完成每一项任务	3.50	.993
我努力地学习慕课,并且坚持不懈	3.58	.970
我在论坛或其他网络交流工具中积极和老师或同学进行交流互动	3.33	1.029
我在论坛或其他网络工具中积极发言或发帖提问	3.25	1.128
我在论坛或其他网络工具中积极回复其他同学的帖子或提问	3.30	1.081
我在观看学习视频时尽量不受到外界的干扰	3.66	.977

表 2-54　学习者慕课情感投入均值

	均值	标准差
对于其他高校教师所讲授的慕课的学习内容,我感到一定的好奇	3.63	.991
慕课学习的时候我感到很开心	3.61	1.005
我喜欢参加慕课的学习	3.57	.990
我对慕课的学习非常感兴趣	3.59	.969
我在慕课学习的大家庭中,具有良好的归属感	3.48	1.040

表 2-55　学习者慕课认知投入均值

	均值	标准差
我在听慕课视频的过程中经常记笔记	3.48	1.079
我经常对慕课学习进行计划	3.37	1.029
当慕课学习遇到问题时,我经常会进行调整,以保证慕课的学习	3.39	.996
我在平台上的学习时间安排得很合理	3.45	1.023
我一般都找良好的学习环境进行慕课学习	3.58	.956

2. 提升绩效感知和改善教师教学

从本次调研来看,学生对慕课学习已经有了一定的绩效感知(均值为3.81),但仍需提升,见表 2-56。

从本次调研我们可以发现,教师教学对绩效感知有着很大的影响,很多同学都是冲优质课程慕名而来。目前慕课教师教学还不够理想,还需要提升(见表 2-57)。

总的来说,教师教学的均值为 3.59,仍然较低,还有很大的提升空间。具体包括以下几个方面:一是提升视频制作水平。在微课制作较有吸引力上均值为 3.66,这说明微课制作水平还有待提升。这与部分访谈结果一致。有的学生表示教师上课较为乏味或者微课制作水平较差等。一个好的微课首先需要教师在授课内容、方法等方面进行精心设计。二是需要在视频制作技术方面精心设计和制作。三是增强答疑。一方面,加大教师(包括助教)在论坛中回答学生问题的力度,包括能够及时深入地回答学生提出的问题。另一方面,尽可能提供一定的面授答疑。目前,很多慕课学分转换课程中学生与主讲教师见面机会非常少,这是阻碍慕课学习质量的一个重要因素。很多课程连本地见面教师都没有指定,这影响了学生学习的归属感和学习积极性。如果主讲教师由于距离等原因无法与学生见面,可以安排远程视频答疑,或者在本地指定一名见面课教师,定期和学生见面,对学生进行辅导,并督促学生的学习,对学生的慕课学习进行本地组织和管理。

表 2-56　学习者慕课学习绩效感知

	均值	标准差
慕课学习可以听到名校名师的课程	3. 77	. 924
慕课学习可以开拓视野	3. 81	. 916
通过慕课可以学到我感兴趣的课程	3. 84	. 944

表 2-57　学习者对教师教学的看法

	均值	标准差
我认为慕课教师的教学非常好	3. 61	. 946
我认为慕课课程中的微课制作较有吸引力	3. 66	. 950
教师(例如助教)积极在论坛中回答我们的问题	3. 54	. 956
慕课提供一定的面授答疑课	3. 50	1. 006
平台上对学习内容和学习任务的安排很合理	3. 62	. 935

3. 完善相关的政策体系

通过本次研究我们可以发现,目前慕课学分转换相关政策还很不完善,均值仅为 3. 19,见表 2-58,但学校政策对学习投入的总效应为正。因此,我们有必要不断完善慕课学分转换相关政策体系。目前慕课学分转换政策还处于初步制定阶段,需要进一步明确化和具体化。很多慕课课程成绩并不参与学生奖学金的评定或者并不作为学生保研时的依据之一,这也大大影响了学生对慕课学习的投入,可以考虑将慕课学分作为评优评奖的依据之一,出台更为具体的学分转换相关政策。

表 2-58　慕课学分转换相关的学校政策

	均值	标准差
慕课学习可以进行学分转换	3.80	.954
慕课学分成绩参与奖学金的评定	2.92	1.080
慕课课程成绩可以作为保研时的依据之一	2.85	1.083

4. 考虑人口学变量的影响

此次研究发现，男生的情感投入显著大于女生，因此，可以在制定相关政策的时候注意激励女生对慕课学习的参与。男生在信息技术行为参与上可能要更积极一些。同时，行为投入理科和工科显著大于文科，应加大对文科慕课的宣传力度。通过方差分析，低年级和高年级在绩效预期方面存在显著差异，并且低年级的学生对慕课学习投入的绩效感知显著高于高年级的学生，这需要对学生进行正确的引导，可以根据不同年级学生的特点采取差异化的政策。

第五节　慕课学习风格研究

学习风格（learning style）是由美国学者哈伯特·塞伦（Herbert Thelen）于1954年首次提出的。六十多年来，学习风格成为教学心理学、学习理论和教学论等学科共同关注和探讨的一个重要课题，被誉为“现代教学的真正基础”。西方学者对其各有独特的解释，观点纷呈，正如托马斯·贝勒（Thomas Bello）所指出的：“学习风格的定义差不多与对这一课题的研究者一样多。”下面列举几个具有代表性的学习风格定义。

国外学者 James Keefe（1979）与 Rita Dunn（1996）均从学习风格组成要素的角度进行考虑，前者认为学习风格是学习者与学习环境的感知交互过程中一种相对稳定的认知、感觉与生理特征，后者给出的学习风格的定义是，学习风格是学习者在学习过程中表现出来的学习方式，包括对学习环境、同伴、情绪、生理以及心理方面的需求。Hunt（1979）认为，“学习风格是一种学习方式或倾向，将学习风格定义为一种描述学生在教学情境里最有可能的学习方式，是指学生如何学，而不是指学生已经学到了什么”。国内学者对学习风格的定义如下,如谭顶良(1995)在其学习风格理论的书中,将学习风格界定为学习者持续一贯的具有个性特征的学习方式和学习倾向。陈海建将学习风格定义为学习者个体在学习中容易表现出较为稳定的喜好与倾向。蒋祖康(2002)认为,"学习风格是学习者在学习过程所表现出来的一种整体的、持久的并具有个性化的认知方式和处理信息的方式"。根据上述列举的国内外学者对学习风格的定义,总结出学习风格是在学习过程中体现出来的,较为稳定、持久、主体偏爱的学习方式或认知方式,是不同于心理与行为,但又由心理因素决定,导致不同行为表现的。国内学者普遍认同谭顶良对学习风格的定义,笔者也将以他的定义为基础展开相关研究。

因材施教、个性化教学是许多教育工作者的教育理想,越来越多的教育工作者意识到可以利用信息技术来实现个性化教学。本研究从学习者的在线学习产生大量的行为数据,来分析学习者的学习风格类型,为不同学习风格的学习者推送不同的学习资源,以期促进其有效学习,得到更好的学习效果。本研究对弥补现有研究的不足,以及对于个性化教学的意义主要表现如下。

(1)本研究有利于个性化教学的实现。个性化教学对于实现一个人的最大价值具有决定性作用,只有在了解了学习者的学习风格的基础上,才有可能为学习者的学习提供个性化帮助,推送其所需要的教学资源。

(2)目前对学习者的学习风格的预测研究相对较少,故可以丰富该领域的研究成果。

一、模型构建和问卷设计

1. Felder-Silverman 的理论

Felder-Silverman 将学习风格划分为信息加工、输入、理解、感知四个维度。每个维度又可以划分为截然相反的两类。相关研究表明,学习行为是学习风格的外在表现形式,不同的学习风格会表现出不同的学习行为。同样,学习行为不同也可以在一定程度上说明学习风格不同,该研究基于在线学习行为对学习风格进行预测,对于实现因材施教的教学具有重要意义。

研究哪些学习行为,就可以说明学习风格呢?针对不同学习风格对应的学习行为已经较为成熟,在此借鉴 Felder-Silverman 的理论,学习行为与相应的学习风格对应关系如表 2-59 所示。

表 2-59　学习风格与学习者特征的对应关系

学习风格维度	学习风格类型	学习者特征	来源
信息加工	活跃型	擅长和他人一起解决问题,喜欢在论坛中发帖讨论、解答问题;在学习过程中,由于考虑不充分,因此反应时间短,在论坛中发一些想法不成熟、缺乏深度的帖子;同时提交测试的时间也较短,但由于想法不成熟,容易发生错误,故分数较低	姜强、赵蔚、王朋娇《基于网络学习行为模式挖掘的用户学习风格模型建构研究》
	沉思型	善于独立思考,不愿提问,因此发帖的频率要低,尤其是主帖;态度慎重,做比较有把握的选择,因此,反应时间长,在论坛中发的帖子想法成熟,有一定深度,或者提出自己新的看法;喜欢看、想而非做,因此阅读帖子的数量较多,相较于活跃型学习者提交测试时间较长,由于充分考虑了问题,故得分较高	
输入	视觉型	容易记住眼睛看到的事物,如图表、流程图、图片、视频等。因此,可以通过记录学习者观看图表、流程图、图片、视频等学习资源的时间与频次	
	言语型	擅长从书面与口头表达获取有效信息,进行有意义学习。因此,可以收集学习者阅读文本的时间、次数	
理解	综合型	思维具有一定的跳跃性,喜欢先了解知识的整体结构,再进行学习。因此可以记录学习者点击与访问提纲、知识树、概述页的次数与时间	
	序列型	该类学习者喜欢按照线性顺序学习每一部分的知识。因此可以记录学习者点击上一页、下一页按钮的次数	
感知	感悟型	容易关注具体事物,可以记录学习者观看实例的时间及次数	
	直觉型	容易关注抽象的概念,可以记录学习者访问抽象概念事物的时间和次数	

2. 学习风格问卷的选择

本研究选用 Felder-Silverman 的学习风格自测量表对使用数据挖掘软件预测的学习风格进行检验。关于 Felder-Silverman 的学习风格自测量表的信效度已经由诸多学者验证过,如 Zywno、Felder 和 Spurlin,在此不再赘述。

Felder-Silverman 的学习风格自测量表——信息加工维度,如表 2-60 所示。

表 2-60 Felder-Silverman 的学习风格自测量表——信息加工维度

序号	题目	选项	
1	为了较好地理解某些事物,我首先	a. 试试看	b. 深思熟虑
5	在学习某些东西时,我不禁会	a. 谈论它	b. 思考它
9	在学习小组遇到困难时,我通常会	a. 挺身而出,畅所欲言	b. 往后退让,倾听意见
13	在我修课的班级中,	a. 我通常结识许多同学	b. 我认识的同学寥寥无几
17	当我做家庭作业时,我比较喜欢	a. 一开始就立即作答	b. 首先设法理解题意
21	我喜欢	a. 在小组中学习	b. 独自学习
25	我办事时喜欢	a. 试试看	b. 想好再做
29	我最容易记住	a. 我做过的事	b. 我想过的许多事
33	当我必须参加小组合作课题时,我要	a. 大家首先“集思广益”,人人贡献主意	b. 各人分头思考,然后集中起来比较各种想法
37	我通常被他人认为是	a. 外向的	b. 保守的

续表

序号	题目	选项	
41	我认为只给合作的群体打一个分数的想法	a. 吸引我	b. 不吸引我

上述表格的计算方法如下。

第一步,在上表自己倾向的选项下面填写数字“1”(例:如果第 1 题选择 a,则在第 1 题的 a 选项下的单元格中填写“1”;如果第 21 题选择 b,则在第 21 题的 b 选项下的单元格中填写“1”)。第二步,计算出每一列的结果。第三步,用计算出的较大的结果减去较小的结果,将差值和较大的结果的字母组合到一起,就是该学习者信息加工学习风格组的得分,根据结果中的 a 与 b 判断自己的学习风格。例如:在表 2-60 中,有 8 个“a”和 3 个“b”,就在那一栏的最后一行写上“5a”(8-3=5,并且因为 a 在两者中是 8a 的字母,故结果是差值 5 与 a 的组合)。量表的每个维度的取值只能是单数,共计 11 种,在坐标轴中可以表示如下:5a—11a 属于活跃型,3b—3a 属于中间型,5b—11b 属于沉思型,数字越大,对应的学习风格的程度越强烈。在本研究中将以此作为显性测量学习风格的标准。

3. 聚类分析

聚类分析的核心思想就是物以类聚,人以群分。在市场细分领域,消费同一种类的商品或服务时,不同的客户有不同的消费特点,通过研究这些特点,企业可以制定出不同的营销组合,从而获取最大的消费者剩余,这就是客户细分的主要目的。类比到学习领域,学习者学习同一类的学习资源时,不同的学习者表现出不同的在线学习行为,通过研究学习者的在线学习行为,相关人员可以按照不同学习者的需求、风格特点等,提供适合其学习的学习资源,做到因材施教,进而提高其学习效率。聚类模型主要用来确定相似记录的组并根据它们所属的组来为记录添加标签,不需事先了解组信息及组特征即可完成该操作。事实上,甚至无法确切知道要查找多少个组。

二、研究过程

(一)研究步骤

1. 在《大学语文》正式上课之前,先利用显性方法,即利用 Felder-Silverman 学习风格自测量表测试学习者的学习风格,包括信息加工、输入、理解、感知四个维度。

2. 在《大学语文》正式的最后一节课上,同样利用 Felder-Silverman 学习风格自测量表测试学习者的学习风格。

3. 利用 SPSS 对问卷调查结构进行聚类分析,观察聚类结果,为以后的个性化学习资源的推送奠定基础。

本次调查对象为采用在线学习的形式进行大学信息技术基础学习的大一新生,为了保证回收效率,在哲学班与地理科学班的课堂上进行。此次共发放问卷 232 份,回收 206 份,回收率为 88.79%,其中有效问卷 202 份,有效率为 98.06%。

(二)研究结论

1. 活跃型—沉思型维度分析

在 Felder-Silverman 学习风格量表中,有关活跃型—沉思型这一维度的题项是 1、5、9、13、17、21、25、29、33、37、41,按照上一章节学习风格的计算方法,得出每个对象在该维度的学习风格类型。统计调查对象的学习风格类型,学习风格为活跃型,即后缀为"a"的记为正数;学习风格为沉思型,即后缀为"b"的记为负数。表征该学习者学习风格的数字越大,则表示其学习风格越偏向于活跃型;数字越小,则表示其学习风格越偏向于沉思型。如 9a、3a、7b、5b 依次记为 9、3、-7、-5,9 与 3 均属于活跃型学习风格,但是 9 表现得更为明显,更偏向于活跃型学习风格。-7 与-5 均属于沉思型学习风格,但是与-5 相比,-7 更偏向于沉思型学习风格。针对学习风格的其余维度(感悟型—直觉型、视觉型—言语型、序列型—综合型)均采用将后缀为"a"的记为正数,后缀为"b"的记为负数的统计方法。

此次统计样本数量较大,采用 K-Means 算法进行聚类分析。对活跃型—沉思型的学习结果数据进行 K-Means 聚类分析,鉴于活跃型与沉思型属于两种不同的学习风格，给定初始聚类结果为2，并对聚类结果进行独立样本t检验分析，表2-61显示显著性水平Sig=0.000<0.05，两组有显著性差异，聚类结果合理，可以很好地将学习者的学习风格按照活跃型与沉思型的差异进行区分。表2-62中的1、2分别代表沉思型、活跃型。沉思型学习者的均值为-2.24，涉及157名学习者，占比为78.11%（见表2-62）。活跃型学习者的均值为4.66，包含44名学习者，占比为21.89%。可见沉思型学习者的数量明显多于活跃型学习者的数量，大多数学习者属于沉思型学习风格。表2-61显示沉思型学习者的均值为-2.24，程度较弱，活跃型学习者的均值为4.66，程度一般。沉思型与活跃型的标准差分别为2.925与1.904，表明较之活跃型学习者的分组，沉思型学习者分组更加分散。

表2-61　活跃型—沉思型学习者聚类结果t检验

		方差方程的Levene检验		均值方程的t检验						
		F	Sig.	t	df	Sig.（双侧）	均值差值	标准误差值	差分的95%置信区间	
									下限	上限
活跃型—沉思型	假设方差相等	15.323	.000	-14.782	199	.000	-6.901	.467	-7.822	-5.980
	假设方差不相等			-18.652	105.925	.000	-6.901	.370	-7.635	-6.168

表2-62　沉思型—活跃型学习者组统计量

案例的类别号		N	均值	标准差	均值的标准误
活跃型—沉思型	1	157	-2.24	2.925	.233
	2	44	4.66	1.904	.287

2. 感悟型—直觉型维度分析

有关感悟型—直觉型维度的学习风格的题项是2、6、10、14、18、22、26、30、34、38、42，采用与活跃型—沉思型相同的分析方法，在对聚类结果进行独立样本 t 检验时发现，显著性水平 Sig = 0.712>0.05，不显著，此次分为两类，聚类结果不理想，见表 2-63 和表 2-64。

表 2-63　感悟型—直觉型学习者组统计量

案例的类别号		N	均值	标准差	均值的标准误
感悟型—直觉型	1	92	-3.41	2.269	.237
	2	109	3.34	2.229	.213

表 2-64　感悟型—直觉型学习者 t 检验

		方差方程的 Levene 检验		均值方程的 t 检验						
		F	Sig.	t	df	Sig.（双侧）	均值差值	标准误差值	差分的 95% 置信区间	
									下限	上限
感悟型—直觉型	假设方差相等	.137	.712	-21.226	199	.000	-6.752	.318	-7.380	-6.125
	假设方差不相等			-21.194	192.189	.000	-6.752	.319	-7.381	-6.124

重新对其进行聚类，给定聚类数量为 3，如表 2-66 所示，对聚类结果进行单因素方差分析，显著性水平 Sig = 0.000<0.05，呈显著性差异，三组之间有显著性差异，鉴于聚为三类的结果，考虑两两之间是否有显著性差异，进行三组结果的两两比较，得到表 2-64，Sig 值均为 0.000，三组明显存在差异，分组合理。考虑到学习者的学习风格可能不是明显的感悟型或直觉型，而是不明显偏向于任何一方的中间型。所以给定聚类数量为 3 是合理的。表 2-65 中的 1、2、3 分别代表中间型、感悟型、直觉型，涉及的个案数分别为 66、71、64，所占百分比分别为 33.84%、35.32%、31.84%，见图 2-30。2（感悟型）与 1（中间型）的均值差为 4.454，2（感悟型）与 3（直觉型）的均值差为 9.074，见表 2-67。

表 2-65　中间型、感悟型、直觉型三类学习者聚类案例数

聚类	1	66
	2	71
	3	64
有效		201
缺失		0

表 2-66　中间型、感悟型、直觉型三类学习者单因素方差分析

感悟型直觉型					
	平方和	df	均方	F	Sig.(双侧)
组间	2763.985	2	1381.992	530.734	.000
组内	515.577	198	2.604		
总数	3279.562	200			

表 2-67　三组结果的多重比较

因变量:感悟型—直觉型						
LSD						
(I)案例的类别号	(J)案例的类别号	均值差(I-J)	标准误	Sig.(双侧)	95%置信区间	
					下限	上限
1	2	-4.454*	.277	.000	-5.00	-3.91
	3	4.620*	.284	.000	4.06	5.18
2	1	4.454*	.277	.000	3.91	5.00
	3	9.074*	.279	.000	8.52	9.62
3	1	-4.620*	.284	.000	-5.18	-4.06
	2	-9.074*	.279	.000	-9.62	-8.52

注:* 表示均值差的显著性水平为 0.05。

3. 视觉型—言语型维度分析

在 Felder-Silverman 学习风格量表中,涉及视觉型—言语型学习风格的题项为 3、7、11、15、19、23、27、31、35、39、43,对这 11 个题项的结果进行运

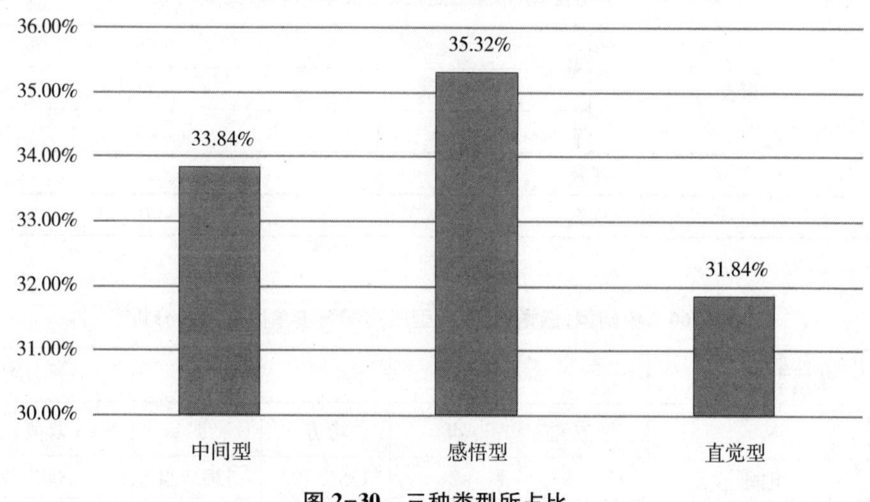

图 2-30　三种类型所占比

算,得出此维度的学习风格的数据。给定聚类个数为 2,Sig = 0.25>0.05,无显著性差异,分组不合理。给定聚类结果为 3,对聚类结果进行单因素方差分析,得到表 2-68 和表 2-69,Sig = 0.000<0.005,差异显著。对分成的三组进行 LSD 计算,得到表 2-70,Sig<0.05,达到显著性水平,表明 1、2、3 的分组有显著差异,聚类结果合理。1、2、3 分别代表言语型、视觉型、中间型的学习风格。视觉型与言语型学习者的均值差为 12.162,与中间型学习者的均值差为 5.382,见表 2-70。表 2-71 中显示言语型学习者最少为 18 人,占比为 8.96%,视觉型与中间型学习风格的学习者明显多于言语型的学习者的数量,人数分别为 94 人与 89 人,占比分别为 46.77%与 44.28%。

表 2-68　视觉型—言语型最终聚类中心

	聚类		
	1	2	3
视觉型—言语型	-6	7	1

表 2-69　视觉型—言语型聚类结果单因素方差分析

视觉型—言语型					
	平方和	df	均方	F	显著性
组间	2816.987	2	1408.493	422.301	.000
组内	660.386	198	3.335		
总数	3477.373	200			

表 2-70　视觉型—言语型聚类结果多重比较

因变量:视觉型—言语型						
LSD						
(I)案例的类别号	(J)案例的类别号	均值差(I-J)	标准误	显著性	95%置信区间	
					下限	上限
1	2	-12.162*	.470	.000	-13.09	-11.24
	3	-6.780*	.472	.000	-7.71	-5.85
2	1	12.162*	.470	.000	11.24	13.09
	3	5.382*	.270	.000	4.85	5.91
3	1	6.780*	.472	.000	5.85	7.71
	2	-5.382*	.270	.000	-5.91	-4.85

注:* 表示均值差的显著性水平为 0.05。

表 2-71　视觉型—言语型每个聚类中的案例数

聚类	1	18
	2	94
	3	89
有效		201
缺失		0

4. 序列型—综合型维度分析

序列型—综合型学习风格在 Felder Silverman 学习风格量表的题项是4、8、12、16、20、24、28、32、36、40、44,采用与前面三个维度相同的聚类分析方法进行分组,并对分组结果进行独立样本 t 检验,Sig=0. 348>0. 05(见表2-70),聚类结果不理想,需重新聚类。给定聚类结果为 3,对聚类结果进行单因素方差分析,Sig=0. 000<0. 05,见表 2-73,三组结果差异显著。同样考虑到两两之间是否有显著性差异,进行三组结果的两两比较,得到表2-74,显著性均为 0. 000<0. 005,聚类效果合理。案例的类别号 1、2、3 分别代表综合型、中间型、序列型学习风格。综合型个案数为 35 人,占 17. 41%,中间型个案数为 130 人,占 64. 68%,序列型个案数为 36 人,占 17. 91%,见表 2-75。

表 2-72 独立样本 t 检验

		方差方程的 Levene 检验		均值方程的 t 检验						
									差分的 95% 置信区间	
		F	Sig.	t	df	Sig.(双侧)	均值差值	标准误差值	下限	上限
序列型—综合型	假设方差相等	. 886	. 348	-17. 142	199	. 000	-5. 783	. 337	-6. 448	-5. 118
	假设方差不相等			-17. 939	177. 585	. 000	-5. 783	. 322	-6. 419	-5. 147

表 2-73 序列型—综合型聚类结果单因素方差分析

序列型—综合型					
	平方和	df	均方	F	显著性
组间	2153. 899	2	1076. 950	451. 694	. 000
组内	472. 081	198	2. 384		
总数	2625. 980	200			

表 2-74　序列型—综合型聚类结果多重比较

因变量:序列型—综合型						
LSD						
(I)案例的类别号	(J)案例的类别号	均值差(I-J)	标准误	显著性	95%置信区间	
					下限	上限
1	2	-5.623*	.294	.000	-6.20	-5.04
	3	-11.044*	.367	.000	-11.77	-10.32
2	1	5.623*	.294	.000	5.04	6.20
	3	-5.421*	.291	.000	-5.99	-4.85
3	1	11.044*	.367	.000	10.32	11.77
	2	5.421*	.291	.000	4.85	5.99

注: * 表示均值差的显著性水平为 0.05。

表 2-75　序列型—综合型每个聚类中的案例数

聚类	1	35
	2	130
	3	36
有效		201
缺失		0

第三章　印度慕课学分转换

2014 年 8 月，印度建立了 SWAYAM(Inside India's massive bet on MOOCs)平台，当时有三门 MOOCs，是新当选的印度总理莫迪的教育举措之一。但平台建立的初期发展缓慢。直到 2016 年 8 月(印度独立日)开始快速发展。SWAYAM 是一个印度政府提供的有目标的慕课平台，和高等教育结合在一起，包括在线和非在线教育。SWAYAM 平台上印度中央直属大学，例如印度理工学院(Indian Institutes of Technology，IITs)、印度管理大学(Indian Institutes of Management，IIMs)和中央大学(Central Universities)将给印度公民提供在线课程。初期，SWAYAM 计划开设 2000 门以上课程，包含 250000 小时的内容，以及支付给教学者 3000 万美元的报酬。印度所有大学的学生能够在 SWAYAM 获得学分。

SWAYAM 课程涵盖高中到研究生的水平。SWAYAM 的很多课程内容都是已经被印度大学创造了的，但也有为适应 SWAYAM 平台而改造的课程。一个例子是，课程中心的一个教师在四年前创造了他的视频并发给了 UGC。NPTEL[a group of seven Indian Institutes of Technology(IIT) and Indian Institutes of Science(IISc)]将贡献大约一半的课程。NPTEL 已经将其课程放在了 YouTube，并且形成了其自己的慕课平台。

被 SWAYAM 创造的所有的视频也适合 e-Acharya 平台。e-Acharya 平台是被人力资源发展部创办的共享教育视频内容的平台。这些视频也应该适合 its YouTube channel，其上的视频也可改造成 SWAYAM 上的内容。

SWAYAM 最初设想是依托免费 edX 建设，但现在被微软的一个团队建设。早在 6 月，微软被选为 SWAYAM 的一个技术合作者。微软将对

SWAYAM进行维护和发展。当《印度快报》问人力资源发展部教育技术秘书为什么选择微软时，他的回答是edX看起来免费，并不是全部免费。建一个完全成熟的慕课平台是其他提供者做了很多年的一个主要的任务，并不是改造一个已经存在的或者开放的社区的平台，而是构建一个全新的平台。

SWAYAM上的课程对世界上的任何人都是免费的。但是SWAYAM最大的影响在于它提升整个印度高等教育质量的潜力。学生不仅可以从印度最好的大学和学院进行学习，他们现在也能够从SWAYAM上获得学分。

第一节　《在线学习学分框架》和《印度慕课发展和执行指南》

一、《在线学习学分框架》

2016年7月，印度中央拨款委员会提出在线学习学分框架《UGC(Credit Framework for Online Learning Courses through SWAYAM) Regulation 2016》[①]。大学政府拨款委员会(University Grants Commission，UGC)是对印度大学教育协调、决定和维护有责任的政府组织。

1. 序言

(1)教育必须放宽高等教育的入学门槛以及通过使用技术降低其成本。

(2)MOOCs的出现可以给教育带来变化，包括使得教育更加方便以及可以实施在线教育。

(3)印度在线学习正在本土平台SWAYAM上发展。

(4)需要创造一个任何时间、任何地点都可以进行在线学习的形式和传统的以教室为基础的黑板课程的协调效应。需要发展一个独特的内容传输机制，可以满足学习者的需要以及保证无缝地穿越地理边界的知识转移。

---

① UGC Regulation(2016). Credit Framework for Online Learning Courses through SWAYAM [OL], http://www.ugc.ac.in/ugc_notices.aspx? id=1453.

(5)需要建立一个机制,允许在线学习和一般教室学习无缝链接。

根据1956年法案的第三部分中的f条款和g条款以及26章中的子章节1,制定相关规则。

2.短的标题、应用和开始

(1)这些规则叫作在线学习学分框架《UGC(Credit Framework for Online Learning Courses through SWAYAM)Regulation 2016》。

(2)这个框架将被应用于所有的在一个中央法案、省法案,或者一个州或联邦范围内的被建设的或者合并的大学,和所有的被UGC 1956年法案认可的学校。

(3)这个将被进一步应用于印度任何教育院校注册的普通的或非全日制的学习者的学分转换。

(4)本规则自公布之日起具有强制性。

3.定义

(1)学术委员会(Academic Council)是学校所有的学术事务,包括允许通过SWAYAM进行在线课程学习并进行学分转换进行决定的机构。

(2)课程的意思是作为一个科目的一部分得至少教一学期的课程。

(3)在线学习系统四个等级。

等级一　辅导:应该包含视频、音频、组织辩论以及动画、模拟仿真和虚拟实验室等。

等级二　在线内容:pdf、说明书、视频说明、文档以及交互等。

等级三　网络资源:相关的链接、网上开放的内容、案例学习、科目的历史发展以及文章等。

等级四　自我评估:MCQ问题、测验、作业和解决办法、论坛讨论话题、设置FAQ以及对一般的错误想法分类等。

(4)"Host Institution"意思是PI/SME提供被相关权威认可的课程归属的学校。

(5)"Institution"指的是印度任何注册的和发挥作用的学术院校。

(6)"MOOCs"是指在线开放课程,具体指符合前述四个等级并且达到了SWAYAM平台要求的课程。

(7)“MOOCs Guidelines”指的是被 MHRD 提出的在线学习的指南。

(8)“National MOOCs Coordinator(NMC)”指注册的政府设计的国家水平的机构,目的是合作生产在线课程,并且监督课程的质量。

(9)“Parent Institution”指的是学生原来注册学习的学校。

(10)“Principal Investigator(PI)”指的是一个声誉好的学校的学科事务专家,是 NMC 认可的并被辨识和信任发展和传递 MOOCs 的任务的专家。

(11)“Sector”意思是学习的一个特别的水平,例如高中水平、工程学位、研究生学历等。

(12)“Subject”意思是一个学科,例如数学,在一个教育学校里被教,由专门的课程组成,可以发放证书、学历或学位。

(13)“SWAYAM platform”指的是印度人力资源发展部门发展和建立的具有一定功能的信息技术平台,目的是提供 MOOCs 类型的在线课程。

4. 在线课程

(1)在线课程将被学科专家制作,适用于 SWAYAM 平台,被国家 MOOCs 合作者通过以及学校认可。

(2)SWAYAM 将在每年的 6 月 1 日和 9 月 1 日通知所有的注册者,下学期将要提供的所有可以在线学习的课程清单。

(3)所有的学校,从 SWAYAM 通知起的 4 周内,学术委员会将决定 SWAYAM 平台提供的哪些在线课程可以用于学分转换。

(4)当做决定的时候,学术委员会可能尤其要考虑下面的 SWAYAM 平台上的在线课程:

a)学校有没有合适的教学职员教授这门课程;

b)提供可选的课程的设施,学生想上的而学校不提供的,但是在 SWAYAM 平台上是可以的;

c)将提供在学校里教学学习的过程 SWAYAM 上的课程。

(5)如果选修慕课的话,每一个学生都要先注册,然后学习。

(6)当允许 SWAYAM 平台提供在线课程时,物理设施将保证提供,例如实验室、计算机设备、图书馆等,这个课程将对学校免费,并且能充分评估。

(7)母校必须在课程开设过程中设置一个课程合作者或引导者,引导学生完成课程并且指导实习、实验或考试。

5. MOOCs 的评价和认证

(1)慕课开课学校和学科专家有责任对注册学习他/她的慕课的学生进行评价。

(2)评价应基于先前定好的规范和参数,并且依据课程的广度和深度,可理解的评价,基于规定的部分,如讨论、论坛、测验、作业、阶段考试和最后的考试。

(3)在线考试是更受喜爱的模式,学科专家将有权决定期末考试的形式。这在开课之初就应该明确。

(4)如果最后进行的是开放的纸质的考试,应该所有的学习者都一样,决定权在 P 学科专家和开课学校手里。

(5)在考完试和评价完之后,学科专家要给出成绩和公布评价形式。

(6)考试完成的 4 周内将最后的成绩告知学生和学生所在的学校。

(7)母校将接收学生的成绩,并且学校通过学科专家分数薄来进行最后的学分转换。母校将项目附件实验/实验组成部分的评价加到总成绩中去。

(8)课程成功完成的证明将被学科专家签发,并经过学校发给母校。

6. MOOCs 的学分迁移

(1)母校按照先前的计划给同等的学分。

(2)学校不准拒绝通过 MOOCs 的学分转换。

7. 大学规则的完善

每个学校,将从这些规则提出之日起在 4 周内通过学术委员会决定。

8. 短暂的测量

将成立一个长期的委员会,解决在三年的转换期内这些规则执行过程中存在的任何问题。

二、《印度慕课发展和执行指南》

1. 背景和观点

SWAYAM 提供一个完整的在线课程的平台,使用信息和通信技术,同时也覆盖了中学和所有的高等教育学科以及各个阶段的课程,保证每个学生通过信息与通信技术从学习材料中受益。SWAYAM 是一站式的以网络和移动技术为基础的从中学到大学水平的所有课程的数字内容；任何时间、任何地点高质量地使用多媒体的学习经历；容易获得、管理和认证；当存在疑问时同行交流和讨论；包括面授的混合教学模式。

SWAYAM 引入了慕课的发展，建立了一个有力的信息技术平台。这个指南与 SWAYAM 上的数字资源的质量有关。

NMEICT，NPTEL 在 23 个科目中建设了数字资源，并且开发了 933 门课程。CEC 迄今为止在 29 个本科生学科中建设了数字资源，并且进一步将在 58 个学科中建设数字资源。UGC 完成了 77 个研究生学科数字资源的建设。同样，许多其他学校也在建设数字资源。

2. 合作者

下面是每一水平的项目的国家的合作者，目的是协助 SWAYAM 平台在线资源的建设，见表 3-1。

表 3-1　国家的合作者

序号	国家合作者	负责的项目
1	印度中央拨款委员会（UGC）	不含技术的研究生学位项目
2	国家技术提升教育项目（The National Programme on Technology Enhanced Learning，NPTEL）	技术或工程的 UG & PG 学位项目
3	教育通信集团（Consortium for Educational）	不含技术的研究生以下的学位项目
4	英迪拉·甘地国立开放大学（The Indira Gandhi National Open University，IGNOU）	学历和认证
5	印度全国教育研究和训练委员会（National Council of Educational Research and Training，NCERT）	NCERT
6	全印开放教育学会（NIOS）	开放教育

3. SWAYAM 的范围

（1）多种多样的课程内容，例如艺术、科学、商业、表演艺术、社会科学、人

类学、工程、技术、法律、医学、农业等方面。以高等教育为主;

(2)学校教育模块。教师培训以及对印度孩子的教和学的帮助,帮助他们更好地理解学科,帮助他们更好地准备相关专业学位项目的考试;

(3)基于课程的技能。覆盖职业教育以及被各类部门技能委员会认证的主要和工业技能;

(4)先进的课程和专业的认证,能够满足当前印度学分转换的需要;

(5)能满足印度海内外公民终身学习需要的课程。

4. 对课程的奖励

(1)国家合作者以一种可理解的方式将一门课程转换为 MOOCs,以此产生一个完整的学科或学科中所有课程的集合。

(2)学科中的每门课程将被分配给一个有职责的学校进行负责,没有工作的重复。

(3)学校将遵循制定的规则选择把一门课程转化为 MOOCs。如果课程内容的跨度多于 5 年,课程应该被更新,以覆盖所有的正在发展的领域。

(4)国家合作者将确保学科负责人雇用国家最好的学科专家。

(5)MOOCs 国家委员会(MNC)由技术专家、学术人员、管理者等组成,由 MHRD 任命。NMEICT 总裁任主席。MNC 在 MHRD 下,是主要的管理和执行 SWAYAM & MOOCs 活动、建立 NCs 资金需要、同意国家 MOOCs 合作者和其他的学科专家提交的工程、建设和监督考试中心、评论教学项目中权重以及整个教育学校的学分转移的委员会。

5. 数字资源发展的过程指南

(1)国家合作者确保国家最好的老师被选作学科专家或学科事务专家。

(2)每个学科专家或学科事务专家将组建能被证明的有能力的和分配任务的教师团队。

(3)被选择的老师,如果有必要,可能要在工作坊中接受关于录制的形式和质量的培训,包括:

定义课程设计,先修课和期望的成果;

把课程分成每周和子单元;

为每次授课准备测验自测;

每周的评估和作业；

在线回答问题的论坛；

MOOCs 实际的培训为训练实际的慕课建设和授课能力。

(4)团队基于模块准备内容；更新近期学科领域的发展。在一门新课中，专家团队要开发出一门合适的课程。这个可能含有课程的数字化改造。

(5)设置进行工作的录制室，用于创造课程的多媒体材料。每模块将花一周准备。

(6)国家合作者将设置一个系统，提前审视专家和供应商创造的数字资源。

6. 内容发展的技术说明书

(1)SWAYAM 课程可以根据进行的周数和视频的小时数被分类。一门课程大约 40 个小时，包括约 20 个小时的视频和多媒体数字资源。内容或数字内容的生产过程应该满足最大的工业标准，包括技术和学术方面。所有的执行机构将因此确保技术导引被严格遵守，并且应该使用专业设备，包括高质量的相机和编辑器。下面的技术指南应该被遵守：

a)像作业、术语表、供下载的 PDFs 和文档类的内容应该直接在数据库以二进制的形式保存。这将在未来存储从静态转换为动态时增加内容的效度。这将为通过数据库动态的修订提供条件，允许有规律的更新以及为在使用先进的所有的公司水平的数据库内容搜索引擎提供帮助；

b)内容应该在一个开放的平台上依据工程模板联合 HTML 5+Angular JS 被发展。例如 Flash 这种活泼的内容需要被包括在数字内容中。

(2)编辑过程和标准

视频记录格式：1920×1080 像素；

视频比例：16∶9；

课程单元：MP4 压缩；

有声音频道；

字体大小：标题 24—30，子标题 22—26，内容 20—24；

全频录像；

所有的图标必须有明确的边界；

专家或老师应该即席演讲,而不是只读材料;

视频应包括6%—8%的空闲空间;

视频和音频的质量在录制时应有保证;

学科负责人应提供两套视频,一套原始的,另一套是经过压缩的;

要注意声音的调整,声音应在一个视频里保持一致。同一个视频里应该避免出现两种声音。然而,杰出专家的视频或音频可以被使用。

7. 课程事务专家的责任

应在录制前提供25—35页的PPT。提供相关的图片、故事、地图等。

课程中的文本文件将是充足的,应包括一个普通学生所需要的所有的材料,一小时的内容约3000个词。

教学设计者应该被包括或者进行多媒体输入的合作。

教师在视频中出现没有必要,然而教师最多可以出现的比率为25%,其余的时间出现教师的声音,以及图片、文本等。

视频里的讲课教师应为录制做准备并且慢慢地讲,不应只念材料。讲课提示装置应该避免被使用。课程事务专家在录制前后要进行检查。

8. 多媒体实验室的责任

多媒体实验室负责下面的活动:

将MHRD提供的现场片段转换为标准格式,并且使用标准的字体、颜色、文本等;

提供教学设计;增加诱惑力的地理等方面的图片;

应该记录高质量的视频(1920×1080)和优秀的没有噪音的音频。所有的视频必须16∶9。

视频质量和音频水平在录制的时候应该经常被管理。

要同时提交原始内容和压缩后的内容。

9. 再利用在线内容

来自学校水平的到研究生水平的课程的创造在NMEICT、NIOS、NCERT、UGC等下进行,以数字化内容的形式以及交互数字内容适用于SWAYAM。

合适的内容将需要改造为符合MOOCs的格式并且放到SWAYAM平台上。这个将由2.5小时的课程内容组成。改造如下:

a）四个等级充足的测验、案例、作业、领域练习的数量变成数字化内容在NMEICT下；

b）指明课程的目的和目标学习者；

c）指出课程的目标并指出先修课；

d）列出模块以便课程按顺序进行；

e）添加合作者（可能提供这门课的）5分钟的视频，进行课程概述，概述课程内容、目标、先修课和学习成果；

f）指定学习成果；

g）指出评价和评估过程；

h）把内容翻译成本地语言；应努力转换视频，包括翻译所有文本语言并且配音，尽可能地翻译成印度语言。为了达到这个目的，Bharatvani、CIIL & other institutions可以被使用；

i）当课程开始时学科专家可以组织论坛活动。

10. 在线课程应具有的特征

（1）MOOCs在线内容应遵循一个标准模板（MHRD提供），所有的学科专家都要遵守，并且要有说明。

（2）前期计划的要求。

在MOOCs内容被创造之前，下面的计划步骤是典型的，并且必须被注意：

a）辨识课程的目的和目标学习者；

b）创造将要完成的详细的任务的大事记；

c）辨识要提供课程的目标加上以前所需要的；

d）决定课程最佳的时间片段，概念化一个课程设计（例如开放的、非线性的、结构的），并且释放形式（例如一次开放所有的内容或者一周一周地公开）；

e）指定广泛的学习成果；

f）决定评估策略以及被考虑接受或者获得课程认证的成就的水平。

（3）一门完整的课程的核心元素应该包括：

a）教学大纲（包括一个包含关键学习成果的课程的描述、教师的描述，一个详细的课程内容概述、认证、教员的通信、网络礼节导引、学术完整性）；

b)之前的和之后的课程调查;

c)能让学生上轨道的课程概述:这个课程是关于什么的?课程包括什么?课程中将学习什么?如何使用课程特征?

d)计划学习活动的课程时间点(每周详细的计划);

e)通知单、邮递提醒、确定的日期和课程变化;

f)同步和异步的说明(给学生提示、论坛中交互、整个课程中提问和教师交互)。

(4)课程登录页的元素必须包括:

a)来自教师的欢迎视频;

b)教师的详细细节;

c)课程调查的链接;

d)学生如何开始课程的导引;

e)出示教学大纲和学习检查清单;

f)课程时间点。

(5)每门课程可能以周为单位。每周的课程由一门课程组成,有单独的一个话题或者主题,并且有专门的学习成果。SWAYAM 上的课程授予 1—4 个学分,时间应为 4—12 周,包括评估部分、3 学分 40 个小时、6 学分 90 个小时,包括学习在线内容读参考文献、论坛讨论和作业。教师要制订每周的课程计划,包括以下部分:

a)学习成果的介绍;

b)前期和后期课程的调查;

c)提供核心的和补充性的阅读清单。其他的课程资源可能通过网络链接;

d)自动等级的测验,自我评估的问题。学生将他们的回答和教师的评语和等级进行比较;

e)可以使用讨论课程,使学生有效地参与进来,也可以通过讨论关于课程的关键内容进行交互。这些论坛最好能聚焦于一个案例研究或者与课程相关的问题,并且允许参与者发表看法和争论;

f)对于学生能够练习技能或理念的课程,短期交流工具或者社交媒体能够有效地提供而不是课程材料；

g）每周课程的一致的正式的评估问题由客观问题（例如多项选择、数字输入等）和主观问题组成。正式的评估可能包括能够帮助学生提升薄弱点或弥补空白的论文、测验、论坛回复、概念图，还有同行和自我评估等；

h）结论和即将来临的包括每周的概要和下周期望做的；

i）回答学生问题的教师的反馈机制。

（6）周计划模板

11. 慕课设计的说明系统

（1）MOOCs设计和发展需要根据下面的原则实施。系统的逻辑步骤如下：

a）分析；

需要分析：可能的目标和课程的意义，以使学习者公正地选择。

内容分析：使用参考书、文章、研究内容说明收集准备原始的内容。

学习者分析：定义预期的学习者轮廓，必要的准入知识。

b）设计；

课程提纲：话题结构，有恰当结果的子话题。

目标：课程目标、模块目标，作为任务结果的工作成果以及每一个子目标。

教学策略：有效学习的专门的学习活动（例如案例研究、情节、卡通、类比、个人或小组活动、概念图、内容学习测验、学习模块的交互练习、论坛话题的讨论、博客记录等）。未来慕课的制作主要依靠这一步。

教学材料：教学策略指导下的教学材料被设计。材料可能包括教学视频、图片、动画、文档、3D模块、程序等。

摘要：创新形式的摘要（例如信息地图）。

评价策略：专门的评估和评价练习、正式评估和单元练习的活动以及自我检查的作业在这个阶段被计划。

详细的课程进度计划：一旦所有的策略和材料被落实，每周的活动将要被设计。在这里，以时间为主线规划所有的内容、活动和测试。课程的时长依据课程要被授予的学分。

实施：课程的开始和课程材料的使用。

课程的长度:依据课程的等级和学分,认证水平或教师培训项目的4周至10周的短期课程赋予2个到3个学分;12周至16周的有来自参与学校教师支持的学历等级的课程赋予4个至6个学分。

(2)学分抵13—15个小时的学习,覆盖课程内容,参与课程论坛和其他的交流,作业和课程设计的活动等。

(3)每周学习活动将覆盖数字内容和补充性的阅读。演讲或话题将被分为小的模块。每个模块由下面的部分组成:

清楚的内容描述和期望的学习成果;

目标导向的评估;

活动/作业;

论坛中话题被讨论。

(4)一个教学设计者团队可能帮助学科事务专家依据原始材料活动和练习设计系统说明,图形和多媒体设计团队能帮助创造图表和多媒体。这些团队能够加强学校的数字内容发展技能。

12. 拨款

MHRD从资金方面对MOOCs的建设提供大力支持。

13. 质量保证

(1)质量是MOOCs最主要的元素之一,将要在MOOCs设计、发展和传递循环中被管理。当建设MOOCs时,质量将被提供的学院和MOOCs提供团队所保证。

(2)质量将被提供的学院和MOOCs提供团队保证有:

建设课程时将对抄袭和信息源进行内容检查;

对于学分课程来说,一般的信息循环或标准将被遵循,以保证更新的知识将是受学习者喜爱的;

为了更好地管理建议课程计划;

建议语言和版式风格,建议图片库被使用;

建议生产参数和视频质量参数;

建议评估类型和风格。

(3)在计划课程输出之前的质量保证

最后的打字错误和语法检查;

视频质量检查；

商标语言或信息（和 MOOCs 导引保持一致）；

教学和学习经验；

格式化内容和图片；

保证 MOOCs 基础元素的存在（例如视频、在线内容、论坛、交互元素、作业、评估、方法等）。

（4）当在 SWAYAM 上建设一门慕课的时候，课程团队将注意以下方面：

事故性的错误、内容的完整性、过时的信息、视频和其他内容中不精确的和不一致的；

为了评估，要对带有决定性答案的问题、答案的精确性进行双向检查；

检查呈现在资源课程页和其他内容上的所有作者的姓名、阅读等；

检查所有坏的链接、错的页、图片、多媒体内容。

（5）SWAYAM 平台将进行质量保证和完整课程的测试，这将包括运行一系列的课程版本，以检查任何内容的错置、所有交互的功能以及所有链接的功能。

14. 版权

（1）课程团队将拥有任何阅读、图片、视频片段，以及补充的阅读材料版权许可，如果要使用将得到许可。直到得到许可，不然不会使用。

（2）所有 NMEICT 资助的内容将放在 SWAYAM 上。

（3）所有的通过 SWAYAM 传播的内容，SWAYAM 都是有版权的。人力资源部将宣布使用和付费的政策，并且出台恰当的开放资源政策。

（4）服务应清楚地被列出：

任何免责声明被列出；

使用者、学生或学校被通知使用平台上合适资源的权利。

15. 评估和认证

（1）使用不同类型评估的决定应该基于开始学习的目标，并且由学科专家来做。理想情况下，课程将提供正式的评估来推进更深层次的学习，批判性的思考和反思包括总结性地评估测量学生的成就和表现。总结性的评估可能包括小测验、报告或工程、同行评估或者监督的考试。

(2)评估策略应该结合学习成果,应该清晰地展现。应该包含相关的评估(练习、测验等),并且占有不同的权重。也应该进行有监督的考试以便学分转换。

(3)一些作业和评估选项:

多种选择测验;

家庭作业(测验或项目作业);

写一个评论、综述、比较、分析或对自己社区的观察、反思或者其他的;

对一篇文章、视频或其他的媒体对象的反映;

准备一个演讲并上传(文章、照片、视频或 PPT)。

(4)同伴评估在学生评估中是重要的。计划使用同伴评估的课程应说明学习成果。

(5)学习者能够得到一个认证,在他们加入班级以及提交了作业或者测验之后。对于以学分为基础的课程,一个可接受的和被认可的评价标准,并受到例如 CBCS 或者其他系统例如 UGC、AICTE 等通过的,可以执行,并且经过有监督的考试;理想的是在学生注册的学校的计算机实验室或者在学生注册的学校附近。这个考试通过合作者可能在全国范围内进行。学习者在注册后完成考试并且顺利通过能够得到一个认证。在线的作业或测验将在最后的成绩中占有一定的比重。

(6)MOOCs 的服务提供者将通过开放模式免费提供课程,但是对有监督的考试进行收费。这项政策将延续到新政策出现。MHRD 将在参与学校的帮助下创造每一个考试的证明。将被推荐提供课程的学校跟随一般的需要并且发放证明,包括他们的名字和 SMEs,以及 SWAYAM 专门出现在商标处,以及部门的支持。

(7)在认证过程中必须努力使工业或者工业体成为合作者。这个对学生来说创造了重要的价值。只要可能,教育和来自工业的 R&D 团队需要被包括到课程内容或问题解决的设计中。然而,问题往往是自然的,而且专门的参与工业的实践不应该被当作内容。

(8)SWAYAM 组织团队将指定职员实施有监督的考试。大约 1000 个中心将被建立用于实施考试。教师必须为最终的认证考试编制至少一份模拟考试试卷以及一个或更多的等价的考试试卷。

(9)有监督的考试指的是学生考试的时候有人监督,就像学生平时在校的期末监考一样。监考的功能是保证考试的诚信和安全。为了保证 MOOCs 提供的学分效度和可接受性,要进行监考,并且包括指定的权重。

(10)MOOCs 平台将有下列设施:

学生在 SWAYAM 平台上能够尝试通过课程评估页上的注册链接监考考试;

监督考试注册的过程将是简单的,自始至终最少地关注学生的细节;

监督考试的收费和免费应该提前通过课程网页和介绍视频给学生进行解释;

离线模式的付费是可以的;

例如日期变动或者取消考试之类的考试的变动应该告知学生和课程教学者。应使用恰当的邮件进行通信。

(11)在成功地完成每门课程之后,提供慕课课程的学校将出具连带着学分和课程等级的数量的证明,学生通过这个可将所学的慕课课程转换成母校的学分。

(12)学分分享的指南将被相关机构例如 UGC、AICTE 等提出,作为各学校的考虑。对开课学校来说可能有标准的范式实施这个课程,这个可能包括通过作业、在线测验、案例研究、在线写作练习、学期考试、学生反馈、在线论坛管理等的持续评价。结果应该在课程结束的一个月内被宣布。相比那些仅参与学习的学习者来说,为了学分而参加课程学习的学习者将具有优先权。

第二节　印度慕课学分转换突出的特点和启示

一、印度慕课学分转换突出的特点

1. 国家统一的政策和统一管理

印度国家统一出台了慕课学分转换相关政策,其中包括出台了学分转换框架文件,即《UGC(Credit Framework for Online Learning Courses through

SWAYAM)Regulation 2016》,作为整个国家高校进行慕课学分转换的基本依据。而对于慕课课程的建设和运行也出台了国家统一的慕课建立和运行指南,即《Guidelines for Development and Implementation of Massive Open Online Courses(MOOCs)》,这对慕课建设和运行的顺利进行提供了基本依据,也为学分转换的顺利进行提供了一定的基础。这两份文件互为补充,共同成为慕课学分转换顺利进行的依据。

而印度也专门设立了一系列机构对慕课学分转换的过程进行管理。慕课国家委员会管理和执行慕课活动,审批资金需要、同意国家慕课合作者和其他的学科专家提交的工程、建设和监督考试中心、评论教学项目中权重以及整个教育学校的学分转移。由技术专家、学术人员、管理者等组成,由印度人力资源发展部任命。

2. 慕课课程和学分转换质量的保证

对慕课课程质量的保证是印度慕课学分转换突出的特色之一。印度为了保证慕课的建设和运行质量,专门出台了慕课建立和运行指南。该指南从15个方面对慕课的建设和运行进行了规定,包括数字资源建设、编辑、设计、特征、质量保证、拨款、版权、各方职责以及评估认证等方面。

3. 慕课学分提供组织和学生所在高校密切合作

由于慕课一般为远距离授课,印度要求学生所在高校必须为学习慕课的学生配备相应的辅导教师,以保证慕课学习的顺利完成。同时,对于实验课的教学,往往由于距离远而由学生所在高校进行。最后,学生所在高校将学生实验课的成绩发给慕课授课教师,由慕课授课教师将实验成绩加入到最后的总成绩中。

4. 较为明确的资助政策

印度慕课学分转换一个突出的特色是有较为具体的明确的慕课建设和运营资助政策。在慕课建立和运行指南中,对课程的建设、合作者、助教或指导者、课程考试费用以及课程评审人员等的资助费用进行了具体明确的规定,这是有效激发大家积极参与慕课建设和运行的举措之一。

5. 严格的评价机制

印度为了保证慕课学分转换质量,要求所有进行学分转换的慕课课程的考试都要实行现场监考。为了达到这一目的,印度不惜花费资金在全国各地建立考试中心,便于考试的进行。

二、印度慕课学分转换的启示

印度的很多国情与我国相似,例如国土面积大、人口众多以及属于发展中国家等,其在慕课发展和学分转换方面的探索和尝试给我国高校慕课学分转换很多启示和参考。

1. 出台国家政策和标准,各角色职能清晰,密切配合

印度的慕课学分转换有其法律以及相关文件作为保障。国家的政策是保证慕课发展和学分转换的重要基础之一。第一,需要加强远程教育立法,从而从根本上保障远程教育的发展。相比国外很多国家,我国在远程教育领域的立法还不够健全。纵观国外终身教育较为发达的国家,基本都有相关的立法作为保障。我国应尽快建立相关的专门法律,例如终身教育法等,以不断完善相关法律体系。第二,建立专门机构对慕课的发展进行管理,例如设立慕课国家委员会等机构,专门负责慕课的建设、支持以及监督等。而慕课学分转换过程中涉及多方角色,只有各方密切配合,才能保证慕课学分转换的顺利进行。第三,应加快国家"学分银行"的建设步伐。目前我国虽然出台了鼓励学分转换的相关文件,但尚缺乏较为具体的举措和行动。第四,初步建立国家层面的慕课学分转换体系,并将慕课学分转换体系纳入国家学分转换体系之中,必要出台一个基本的学分转换依据。

2. 保证课程质量

印度从多方面采取措施保障慕课课程质量。课程质量是慕课学分转换的前提。第一,聘请相关专家担任课程建设的负责人。应从课程的前期、中期和后期不同阶段采取措施对慕课课程质量进行保证。在前期注重课程的分析;在中期注重课程的质量建设,包括技术方面、教师讲授以及课程组成环节等;在后期组织相关专家进行评审以及改进等。目前我国还缺乏对慕课课程质量建设后续的评估和跟进。第二,建立国家慕课质量标准。我国尚无此类通用的国家慕课标准,这也是慕课质量参差不齐以及出现较多问题的原因之一。目前我国慕课平台众多,出台一款国家层面的慕课课程质量标准是十分必要的,对于慕课的规范发展以及学分转换将起到重要的支撑作用。第三,慕课开

设过程中,本校配有相应的辅导教师,保证学生顺利完成课程的学习。这一点很重要,有效保证了学生顺利完成慕课学习和拿到学分。现在我国有相关举措的高校并不多。而国内目前开课学校和母校的配合机制还很少见。开课学校和母校要密切合作和配合,共同完成对学习者的培养任务。

3. 加强外部支持

印度从多方面保证慕课学分转换的顺利进行。要从资金、技术等方面给予全面的支持。第一,要加大对慕课发展的资金投入,包括课程的建设、参与人员的费用等。目前我国虽然对慕课建设有一定的资金投入,但相关政策体系还需进一步完善和健全。第二,建立专项资金对慕课课程开设中涉及的人员进行资金支持,包括教师、课程评审人员、论坛助教以及管理人员等。可以建立清晰明确的薪酬发放制度,以保证慕课学分转换的顺利进行。第三,我国目前还缺乏对慕课相关人员的培训,慕课课程的质量也参差不齐。应从技术上给予慕课发展支持,包括对相关人员进行培训、慕课课程的前期开发、后期制作等方面。

4. 完善评价模式和学分转换标准

印度通过一定的评价模式保障慕课学分转换课程的质量。目前我国高校进行慕课学分转换并未设有监督考试等环节。监督考试有效地保证了考试的可信度,也可以避免网络考试对主观题测试不利等问题。除了期末考试有监督的考试以外,也要重视对学生平时成绩的考核,包括作业、论坛讨论以及测验等。注重过程评价和期末考试相结合的方式对学生成绩进行评定。另外,要加强对学生平时学习真实性的考核,可以采取大数据分析以及摄像头监控等措施。目前我国还没有明确的学分转换标准,包括应转换的学分数量应该如何换算等。应健全和完善相关机制,以保证慕课学分转换的顺利进行。

我国正在进行学分转换体系建设的尝试和探索,借鉴国外成熟的经验是一条重要道路。印度高校慕课学分转换的尝试和探索给我国学分转换体系构建以很多启示,我们应在教育部相关文件的指导下积极进行符合我国国情的学分转换体系的构建的尝试和探索。今后的研究将对有相关学分转换的效果以及更多的国外慕课转换的尝试和探索进行研究,并在相关理论指导下不断探索符合我国国情的特色化发展道路。

第四章　马来西亚慕课学分转换

第一节　《马来西亚慕课学分转换指南》

2013 年,马来西亚高等教育部(Ministry of Higher Education of Malaysia, MOHE)制定了《马来西亚高等教育蓝图(2015—2025)》①,该蓝图提出了“全球在线学习”(Globalised Online Learning,GOL)的理念。GOL 的目标是提升课程供给的质量,降低课程供给的费用,将马来西亚专家推荐给世界,提升马来西亚高等教育的品牌和可见度,并培育一批终身学习者。慕课学分转换支持全球化的在线学习,并推动了慕课学分转换标准的发展——这对学习者而言是件好事,因为他们通过慕课获得的学习得到了承认,并被给予学术价值认可;但对马来西亚质量局(Malaysian Qualifications Agency)和高等教育部来说具有一定的挑战性——马来西亚是第一个出台慕课学分转换政策的国家,在马来西亚慕课学分转换指南出现之前,国际上还没有出现过类似的国家慕课学分转换指南。2016 年 9 月,在《马来西亚高等教育蓝图(2015—2025)》的指导下,马来西亚质量局和多所高校共同制定了《马来西亚慕课学分转换指南》(Guidelines on Credit Transfer for MOOC)②,它是在马来西亚高等教育部和马来西亚质量局的学分转换政策以及先前学习学分认证(Accreditation of Prior

---

① Malaysia Education Blueprint 2015-2025(Higher Education).http://lib.usim.edu.my/e-resources/malaysia-education-blueprint-2015-2025-higher-education [EB/OL]. Ministry of Higher Education Malaysia,2013.

② Guidelines on credit transfer for massive open online courses(MOOC).https://en.wikipedia.org/wiki/.Malaysian_Qualifications_Agency[EB/OL].Malaysian Qualifications Agency,2016,9.

Experience Learning for Credit Award,APELC)的基础上制定的,是一个承认学习者通过慕课学习的机制。马来西亚质量局是一个遵照马来西亚2007质量法案建立的法定的机构,由其制定的马来西亚质量框架,既可作为马来西亚质量保证的基础,也可被其他国家用作制定质量保证标准和原则的参考。《马来西亚慕课学分转换指南》是高等教育提供者在学生学完慕课后如何进行学分转换的指导性文件,学分转换用于学习者相关项目学习的毕业需要。

一、《马来西亚高等教育蓝图(2015—2025)》

下面是该蓝图第九章“全球在线学习”的具体内容。

马来西亚国际化渗透率高达67%,居亚洲第七。这使得马来西亚很好地释放在线学习的能量,拓宽了获得好的质量、提升教学和学习质量,降低学习费用以及推广马来西亚专家知识到全球各个地方的途径。在国际在线学习政策下,马来西亚面临着非常明显的机会完成渴望的成果。马来西亚需要从大量的资源建设转化为一个技术创新能使教育大众化以及给学生提供更个性化的学习经历的国家。

成功的样子是什么?

混合学习模式是一个主要的教学方法。学生将受益于发达的网络基础设施。网络基础设施将支持技术的使用,例如视频会议、生活流以及大规模在线开放课程(MOOCs)的建设和使用。马来西亚将在他们的专家领域发展慕课,同时和国际机构在慕课方面进行合作,建设马来西亚国际教育品牌。

如何完成?

为了完成这些目标,部门将建设学术社区,开发国家在线学习平台,以协调内容的发展,并且作为在线教育发展的先锋,主要的举措包括:

在不同的领域建设慕课,例如银行和财政和国际慕课平台合作,例如edX,以建立马来西亚国际品牌。

制作在线学习和高等教育完整的部分,把普通的本科生课程放进慕课,达到70%的项目使用混合学习。

建设需要的信息基础设施(物理网络设施、平台、设备),以及加强学术社区的能力发送在线学习。

二、《马来西亚慕课学分转换指南》

这个指南被设计作为高等教育提供者(Higher Education Provider,HEPs)在对通过慕课完成课程的学生进行学分转换时的一般的导引。它建立在先前学习认可的基础上(RPL)。

慕课学分转换(Credit transfer for MOOC,CTM)的精神支持《马来西亚高等教育蓝图(2015—2025)》"全球在线学习"(Globalised Online Learning,GOL)的发起。也就是说认可慕课作为学习的一条路径。为了通过学分授予提供认可,以减少学习的重复。

对于学习者,他们通过慕课获得的学习被认可,并给予慕课学术价值。对于高等教育提供者,慕课现象将使他们重新审视他们的课程供给、教和学的模式,还有学生选择和支持服务的政策。对于马来西亚质量局和高等教育部,这个指南是一个挑战,国际上没有出现类似的,因此,马来西亚是第一个出台慕课学分转换政策的国家。

缩写

APEL　Accreditation of Prior Experiential Learning

APEL(C)　Accreditation of Prior Experiential Learning for Credit Award

BOOC　Big Open Online Courses

CGPA　Cumulative Grade Point Average

CLOs　Course Learning Outcomes

CQI　Continual Quality Improvement

CTM　Credit Transfer for MOOC

DOCC　Distributed Online Collaborative Courses

1. 概述

(1)背景

近些年,在全球特别是马来西亚,新的在线学习模式特别是慕课出现了,改变了教育的格局,特别是高等教育领域的格局。来自全世界各地的教师和学习者能通过慕课平台讨论相关的话题。马来西亚的第一门慕课,是2013年泰勒大学提供的,收到了来自参与者极其热烈的反映和积极的反馈。

2014 年 9 月,马来西亚高等教育部(Ministry of Higher Education Malaysia, MOHE)提供了第一个由四门课程组成的慕课,该慕课均为第一年的本科生常规的必修课程,具体是由马来西亚国民大学(UKM)、马来西亚博特拉大学(UPM)、技术大学(UITM)以及沙捞越(马来西亚一个州)大学提供。这次提供是有意义的,是马来西亚公共大学在慕课领域的第一次尝试。马来西亚高等教育部为了慕课质量和国际标准的发展,特别是在高等教育能够获得全球认可生态领域,提出一个指南。

马来西亚慕课的发起者(全球在线学习,GOL)被《马来西亚教育蓝图 2015—2025(高等教育)》第九模块显著地提出。GOL 目标是提升课程供给的质量、降低课程供给的费用、将马来西亚专家推荐给世界、提升马来西亚高等教育品牌和可见度以及培育终身学习。

为了达到以上目的,新的目标被 GOL 制定。首先,马来西亚高等教育部将合作发展慕课,利用每个学校合适的专业知识并且建立学校之间相互的认可。

其次,高等教育部能够通过慕课学习的课程的完成进行学分转换。这个导致慕课学分转换指南的发展。指南依据下面的原则(RPL)被出版,提供了学习的认可。在马来西亚,RPL 指的是先前经验学习的积累(Accreditation of Prior Experiential Learning,APEL)。慕课被分类在非正式的学习中。

(2)慕课(Massive Open Online Courses)的定义

"大规模"(massive)与课程的容量有关,服务于大量的学习者。有的慕课只有几百个参与者,而有的课程注册参与者的数量超过了 15 万。"开放"(open)指的是给大量的全球学习者提供学习经验,不论年龄、位置、收入、受教育水平、没有背景、不需要费用,以及获得高质量的教育。"在线"(online)与慕课路径有关,指的是可以从世界的每个地方通过网络链接,提供同步的或异步的交互;学习者之间以及学习者与教师之间的交互;学习者与内容之间的交互。课程指的是教学的一个单元。慕课课程包括:课程学习成果,课程描述,课程内容,学习活动,课程时长,课程评估。不管是自定步调还是按照教师的进度进行学习,课程至少有一个教师。教师来自学术学校或组织。除了慕课,其他的在线开放课程,BOOC(Big Open Online Courses)、DOCC(Distributed

Online Collaborative Courses)同样可以被考虑在指南中。

(3)慕课学分转换的基本原理

支持GOL关于慕课的发起;认可慕课作为学习获得的一条大道;提供通过慕课学习的学分奖励的认可;减少学习重复。

(4)通过慕课学分转换获得学分依据需要的学习认可而不是有慕课学习的经验就授予。

个人通过慕课和学分转换获得的学习必须和将要被慕课替代的课程的价值和学习是等价的。为了保证慕课学分评估系统的完整性和可信度,当高校进行慕课学分转换时,下面的原则必须被遵守:①真实性。应用能够通过任何形式的证据说明是学习者自己努力的结果。申请者的证据必须是独一无二的、真实的和有效的,以便可以被高等教育提供者查证;②充足性。申请者必须能说明通过慕课学习的广度和深度,并且提供支持证据。这个证据包括慕课学习成果和课程能力的反映;③相关性和即时性。相关性指的是通过慕课的学习和将要进行学分互换的课程的学习结果的一致性的程度,包括学习成果和能力的反映。通过慕课获得学习必须和相关课程当前的学习结果一致;④公平性和平等性。对于不同性别、肤色以及具有文化差异的学习者,学分转换的整个过程是一样的,不会区别对待。

(5)指南的目标和目的

说明清晰的机制,主要包括下述内容:原则和需要;证实慕课证书和学习收获;慕课学分转换的过程,包括应用、评价和决定;利益相关者的角色;质量保证的机制。

(6)指南的范围

这个标准仅仅是为了学分转换而发展。获得的学分将应用于毕业需要。

这个指南以以下的文件为基础:①高等教育提供者或马来西亚质量局的学分转换政策;②实践的指南:为了学分转换的先前学习的认可(APEL)。

2. 慕课学分转换的需要

(1)项目水平

马来西亚质量框架(MQF)内的项目可以进行学分转换,见表4-1。

表 4-1　马来西亚质量框架

<table>
<tr><th>水平</th><th>资格奖励</th></tr>
<tr><td>Level 8</td><td>博士学位(只能应用于职业培训或混合模式项目)</td></tr>
<tr><td rowspan="3">Level 7</td><td>硕士学位(只能应用于职业培训或混合模式项目)</td></tr>
<tr><td>研究生学历</td></tr>
<tr><td>研究生认证</td></tr>
<tr><td rowspan="3">Level 6</td><td>学士学位</td></tr>
<tr><td>本科学历</td></tr>
<tr><td>本科认证</td></tr>
<tr><td>Level 5</td><td>先进学历</td></tr>
<tr><td>Level 4</td><td>学历</td></tr>
<tr><td>Level 3</td><td>认证</td></tr>
</table>

(2)慕课学分转换标准

在学分转换时下面的规则必须遵守:

上述表格中的项目的课程可以通过慕课学习的形式完成;

学分不是随便一个课程,而是给一个专门的课程;

高等教育提供者有权认定学分转换;

没有关于工业培训、论文、实习等学分转换的条款;

研究生水平只能应用于职业培训或混合模式项目;

可以进行职业认证,只要项目中的课程获得相关的组织同意即可;

可以进行学分转换的课程应和替代的课程是匹配的,不公平是不允许的;

学分转换课依据课程地图或者一些课程的联合;

可用于毕业学分的需要。

(3)课程内容筹划

比较和评价慕课与学分转换课程的内容的相关程度。

(4)学分转换限制

慕课学分转换过程是 APEL(s)完整的一部分,慕课学分转换的总数量不能超过一个项目毕业总学分的 30%,见表 4-2。

表 4–2　慕课学分转换

	水平	最少的毕业学分	30%
Level 8	博士学位	根据统一的学分或 80	24
Level 7	硕士学位	40	12
	研究生学历	30	9
	研究生认证	20	6
Level 6	学士学位	120	36
	本科学历	60+6	20
	本科认证	30+6	11
Level 5	先进学历	40	12
Level 4	学历	90	27
Level 3	认证	60	18

实际所需毕业的学分可能更高,不同级别不一样。同一门课程不能在不同的项目中被重复转换。如果 30 个学分已被其他正式的或非正式的学习所转换,则项目内的课程不能再进行慕课学分转换,先前转换的学分不能再在更高水平的项目中被重复转换。

3. 学分转换的原则和授予

下面的原则必须被遵守,包括慕课质量的决定、课程内容的充足和学分等价性、申请者慕课中身份的鉴定、学习者学习成就的证实。

(1)慕课质量的决定、课程内容的充足和学分等价性

必须证实:①慕课被马来西亚质量局或其他国际质量保证机构认可,或者慕课包含下述元素:课程学习成果、课程描述、课程内容、学习活动、课程持久性、课程评估、课程教学者、课程等级。

②课程内容 80%等价性的筹划和课程的学习水平被出版,通过比较单个的慕课或几个慕课:课程学习成果、话题清单、课程持久性。

③慕课学分的等价性依据学生学习的时间,40 个小时的概念学习相当于 1 个学分。

(2)申请者身份的真实性

保证课程内容的充足性后,下一步就是申请者身份的确认。如果申请者

能够提供现场的课程完成的证据,高等教育提供者可能就提供学分转换。

然而,如果申请者只能提供在线的课程完成的证据,高等教育部可能还要进行额外的评估证实所学以进行学分转换。

如果不能提供任何证明,必须要提供参与和完成慕课的满意的证据,还有接受额外的评估。要证实学习的确发生了。

(3)学习者学习成就的证实

没有在场的证明,评估有几种形式。

4. 慕课证书的证实

申请者必须提供参与慕课的证据。

(1)证实的课程完成

为了证实申请者完成了慕课,申请者必须提交课程和评估文档。用于学分转换参与者的证据应该包括:慕课提供者的辨别学习者的方法和评估学习者身份的证实。证实能通过各种方法做,例如面对面的监督、网络摄像头监督、学习分析、按键分析以及其他的生物学统计技术。

在场证明(on-site proctoring)

在测试中心在场的测试,是由慕课提供者或第三方提供的。有专门的人员管理考试,必须被慕课提供者指定,需要通过照片证实学习者的身份,必须保证学术的完整性和导引。由于慕课需要严格的证实过程,如果能提供在场证明就可以直接进行学分转换。

在线监督(online proctoring)

例如使用软件将他们的认证文件远程上传,远程监视学生、网络摄像头管理教室、通过指纹的生物计量技术等。由于课程提供者证据还不够充足有力,所以需要进一步证实学习获得。

(2)不能证实(non-verified)的课程完成

这种情况下需要学习成果的认证。不能证实的课程完成的认证可能包括以下形式:成就和完成的证明、完成的状态、参与的状态、完成的证明、荣誉代码认证。但仅凭上述认证是无法进行学分转换的。

课程提供者提出的上述几种认证形式确定了学习者完成了课程,但经过上面的步骤还没有完成全部评估需求。

没有在场的证明(即第一种情况),那就需要额外的评估,以便学习成就被证实。评估有几种形式。必须保证学生的学习效果是可靠的和可信的,由学科事务专家负责评估。

可以采用下面的一种或多种评估方式。

①口语评估

通过面对面或其他的技术媒介形式,例如通过网络会议形式进行。可以以结构化的及口语测试或一对一的面访。

②书面评估

在场或在线的,以开放的或关闭的书面的形式。

③产品评估

产品例如软件、绘画、工作样本、出版的论文等,公文包被提交作为证据,但高等教育提供者必须确保是原始的工作,可以通过口头问题的形式或者申请者重新生产产品的形式进行测试。

④表现评估

通过在场的表演、角色扮演、其他恰当的说明、技能或知识的说明;

其他的手段也可能被应用,达到审计和质量改进的目的。

5. 慕课学分转换过程

慕课学分转换过程主要包括四个阶段,分别是申请阶段、评价阶段、学分转换决定阶段和上诉阶段。要保证慕课学分转换每个阶段按指南的要求进行。

(1)申请阶段

申请者必须在学习过程中向CTM(Credit Transfer For MOOC)提出请求。

申请者需要提供一个全面的文件集,包含下述文件:认证;课程描述;课程学习成果;话题;学习活动或任务;作业或工程或产品;课程评估,例如测验等;课程等级。

(2)评价阶段

依据提供的文件集,高等教育提供者在决定是否同意转换慕课学分前将进行一系列的评价。第一阶段是申请者提供的慕课课程。高等教育提供者必须决定慕课的质量、内容的合适性和学分的等价性。这通过对慕课和申请进行学分转换的课程的对比实现。如果通过则进行第二阶段,即学习者身份的证实。

第二阶段是必须证实参与慕课。申请者必须提供参与和完成慕课的证据,或者在场的,或者网上的。如果提供的是在线的证据或没有提供证据,则需进一步评估,以确保学习者学习的收获,这将通过面试进行。

第三阶段是申请者学习获得的认证。在这个阶段,高等教育者必须通过一种或多种评估类型以了解申请者的学习收获。学习评估必须依据学习成果。

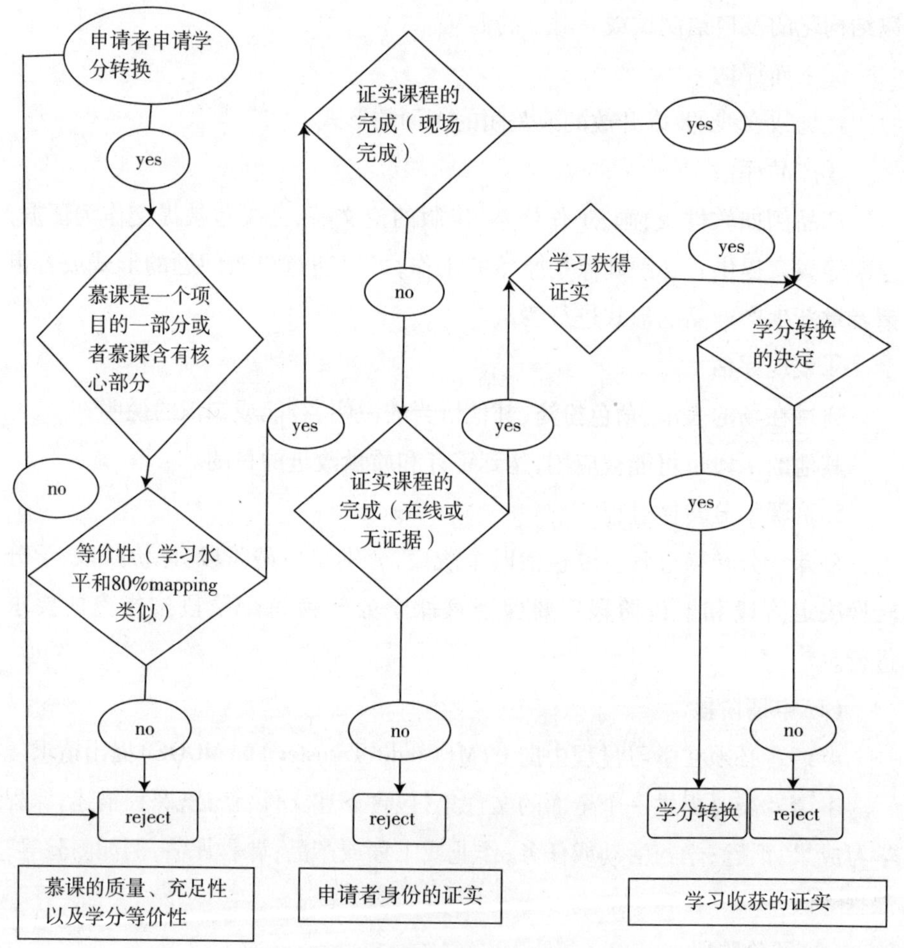

图 4-1　马来西亚慕课学分转换流程

(3)学分转换决定阶段

是否授予学分必须依据评价的结果,如果满意则授予学分;如果不满意,则不授予。是否授予学分必须由每个高等教育提供者的最高学术体决定。

(4)上诉阶段

如果申请者对高等教育提供者的学分转换决定有不同意见,则可以上诉。马来西亚也有相应的学分转换上诉政策。上诉后的裁决是最终决定。

6. 利益相关者的角色

(1)马来西亚质量局的角色

马来西亚质量局鼓励动态学习环境和各种学习机会的提供。具体来说,扮演以下角色:给高等教育提供者提供学分转换指南;扮演建议和发展的角色以及对不同的利益相关者进行回应,以确保慕课的顺利发展;将和高等教育提供者一起评估指南的效率,如有必要,将更新以确保有效率地执行。

(2)高等教育提供者的角色

提供学分转换,高等教育提供者必须和指南一致,制定适当的学分转换政策。在整个学分转换过程中学分转换的相关信息和过程必须清晰地呈献给申请者。在学分转换过程中必须明确负责者是谁。学分转换的数据要被马来西亚质量局审计。在质量保证的过程中必须保证完整性、透明性、一致性、可信度和可计量性。这个过程应有第三方监督。为了保持慕课学分转换项目的质量和标准,高等教育提供者有责任决定哪些课程可以进行学分转换。大学的最高官方学术机构必须说明所有的与学分互换相关的政策、过程、评估和成果。

(3)职业体的角色

职业体在各自的领域中制定实践标准时扮演着非常关键的角色。在职业教育方面,他们是主要的参与者。高等教育者要积极地确保职业体成为慕课学分转换认可的联盟。

(4)学习者的角色

终身教育变得越来越重要。学习者被鼓励拥有各种学习经历,这将丰富他们的阅历和发展他们的观点。

如果进行学分转换,学习者被鼓励学习与他们专业相关的同时满足指南要求的课程。学习者可以向高等教育者咨询。申请者有义务提供证据证实学分转换的过程。申请者也必须向高等教育者提供之前的慕课学分转换情况

(如果有)。高等教育者保留在整个学分转换过程中碰到不合适的文件时采取行为应对申请者的权利。

(5)慕课提供者的角色

慕课一般由学术院校提供,而政府机构、职业和贸易体、公司组织等也可能成为慕课的合作者。慕课本身有着很多优点,而慕课提供者制作最好的慕课是令人渴望的。这样,学分转换的申请者才会受益最大。慕课提供者也被鼓励保留学生学习的数据以便未来学习的验证。

7. 质量保证

巩固学分转换才是强健的、动态的和有回应的质量保证系统。这个系统需要学术奖励标准的保证和满足马来西亚质量局的需要。这是一个公平的、开放的以及可审计的过程的基础。

下面的原则对于引导所有利益相关者执行和持续地改进学分转换,以及提供申请者先前学分认可的路径是重要的:

(1)开放性。为了使学分转换更加规范,慕课的数据和统计以及申请获得学分转换的成功率要被审核。

(2)持续的质量改进。为了保持高水准,指南执行的第一个五年将被审查。这个指南将可能被改进。

名词解释

1. 认证

被马来西亚质量规定的认证。

2. 认证项目

被马来西亚质量局规定认可的项目。

3. APEL

一个为了学分转换的系统的过程,包括对先前学习的鉴定、文件材料和评估,以决定个人完成期望学习成果的程度。

4. APEL(C)

针对一个高等教育提供者的被认可的项目的一门课程的先前经验学习的学分认可。APEL(C)提供认可个人与一门课程相关和专门针对一门课程的先前经验学习认可的机制。学分认可以通过正式的或非正式的学习获得的知识和技能为基础。这些强调经验学习的学习形式将需要正式的审阅和评估。这个过程将决定学习是否发生以及和相关课程的学习成果一致。学习者的学习被评估。

5. 申请者

打算通过学习慕课获得学分转换的个人。

6. 学分转换

转换学分的过程,将以前学习的课程转换到现在学习的项目中,有两种形式:一种是带分数的学分转换。分数可以考虑计算 GPA;另一种是不带分数的学分转换。分数不用于计算 GPA。

7. 正式的学习

专门的有组织的学习(例如学校),并且能得到正式的认可。

8. 非正式的学习

在工作和生活中持续发生的学习,通常是一种非计划的学习。

9. 学习者

参与慕课学习的个人。

10. 慕课

大规模在线开放课程。

11. 非正规学习

通过教育持续发生的学习。可能被评估但不作为正式认证的依据。

12. 参与者

参与慕课的教学者和学习者。

13. 监考者

管理考试的人。

14. 学生

高校注册学习项目的个人。

15. 学科事务专家

将评估学生学习收获的某一领域的专家。

第二节 马来西亚慕课学分转换的特色和启示

一、马来西亚慕课学分转换的突出特色

1. 对慕课学习真实性的证实

马来西亚慕课学分转换一个较为突出的特色就是对学生慕课学习真实性的证实,也就是对学习者和申请者是同一人的证实。其中有三种情况。如果属于第一种情况,也就是申请者能够提供参加慕课现场考试(也就是考试时现场有人监考)的证据,则可以直接进行学分转换。而不能提供现场考试的证据,则申请者需要接受额外的测试,以证明其慕课学习所得,而只有让评估者满意的时候,才可能被授予学分。这种措施有效防止了慕课学习中弄虚作假的行为,可以说是慕课质量保证的重要一环。

2. 明确的原则

马来西亚在慕课学分转换的过程中提出了真实性、充足性、相关性、即时性、公平性等明确的原则,作为慕课学分转换的依据,这有效保证了慕课学分转换的效率。马来西亚慕课学分转换的过程明确贯彻了上述原则,例如对申请者身份的验证保证了其真实性,对申请者申请慕课学分转换时需要提供的材料的规定则体现了其充足性,对慕课学习内容的规定则反映了相关性和即时性等。

3. 慕课的等价性

马来西亚要求进行学分转换的慕课课程在课程学习成果、话题清单、课程时长等方面要与替代的课程具有等价性,并使用"mapping"一词表示,这一点有效保证了慕课课程与所替代课程的相关性,是计算转换学分量的重要依据。

4. 流程清晰和各角色清晰的职责

马来西亚慕课学分转换一个突出的特点是流程清晰。慕课学分转换过程包括申请、评价、决定以及上诉四个阶段,而每一个阶段具体做法都非常明确,这有效保证了慕课学分转换的公平。在转换的过程,涉及马来西亚质量局、高等教育提供者、慕课提供方以及职业体等多种角色,而各种角色职责清晰,相互配合共同保证慕课学分转换的顺利进行。

5. 覆盖范围较广

马来西亚慕课学分转换的一个突出特点是慕课学分转换的覆盖范围很广，包括两个方面。一方面，所覆盖的学历层次较多，从认证级到博士级均可进行慕课学分转换；另一方面，每个项目慕课学分转换的总量可达该项目毕业所需总学分的30%。可见马来西亚慕课学分转换覆盖的学历阶段以及学分总量都是较广或较高的。

二、马来西亚慕课学分转换有待提升的地方

虽然马来西亚制定了相关较为具体的慕课学分转换政策，但仍需要不断完善。第一，虽然马来西亚对学分转换的慕课课程进行了一些规定，例如需要经过马来西亚质量局的认可以及需要和替换的学校课程具有一致性等，但关于慕课质量的规定仍不够具体，有待出台更为具体的规定和细节。马来西亚质量局将对慕课哪些方面进行审核以确定其是否适合进行学分转换，以及从哪些方面对慕课课程与替换课程进行一致认定等这些问题都还不够明确具体，在具体实施过程中可能会遇到问题，因此，这些方面的问题需要今后进一步明确。第二，对参与过程的评估不足。从马来西亚慕课学分转换过程可以看出，马来西亚慕课学分转换机制比较注重对学生身份的验证，这其中比较侧重对学生考试成绩或者学习结果的验证，而对学生的学习过程则认证不足，例如学生是否看完了所有视频，平时的作业和测验的完成情况等，今后应在这些方面出台相关细节和规定，以对学习者的学习过程进行考察，这样可以使得认证结果更加全面客观和准确。第三，相关财政支持不明确。虽然马来西亚慕课学分转换各利益相关者有着各自的角色定位，但关于所建设慕课的费用、人员的费用以及验证费用等并没有明确的规定，今后可以在这方面出台相关规定，明确慕课学分转换过程中的财政支持细节和力度，这有利于慕课学分转换的深入进行。

三、启示

1. 国家层面制定政策

目前我国很多高校虽然开始了慕课学分转换的尝试，但从国家层面来说依

然缺乏相应的政策和保障。从国家层面出台相关政策有利于慕课学分转换的执行以及慕课学分转换质量的保证。可以参考马来西亚的经验来制定我国国家慕课学分转换指南,作为全国范围内高等教育慕课学分转换的依据。慕课的发展和学分转换在马来西亚高等教育部制定的《马来西亚高等教育蓝图(2015—2025)》中明确提出,这也给慕课学分转换指南的制定提供了依据。而我国也出台了相关文件。2016 年 9 月,教育部颁布了《教育部关于推进高等教育学分认定和转换工作的意见》。该意见提出了高等教育学分认定和转换的基本原则、学分认定和转换通道、完善配套措施等。可根据此文件制定具体的高等教育慕课学分转换指南。建议建立国家慕课平台和出台慕课标准。马来西亚有着统一的国家慕课平台。而慕课标准包括一门完整的慕课的章节、目标、考核方式等。各利益相关者责任明确。要对慕课学分转换过程中各利益相关方的责任进行明确,包括国家机构、慕课提供者、高等教育提供者、学习者以及企业方等,使得各方紧密配合,共同把慕课学分转换工作做好。学分转换流程明确。学分转换流程明确有利于公平公正。而在制定学分转换政策时,要遵循相关的原则,即真实性、充足性、相关性和即时性以及公平性等。真实性指的是不能存在弄虚作假的情况,学生要切实参加了慕课的学习和考试。充足性指的是学习慕课要达到一定的深度和广度。相关性指的是慕课课程要和被替换的课程在学习内容、学习目标以及学习收获等方面具有一致性。公平性指的是对所有学生的转换政策都是一样的,不论学习者的性别、肤色以及文化差异等。

2. 提升质量

慕课学分转换需要严格保证学分转换的质量。保证慕课学分转换的质量可以说是学分转换的核心。第一,慕课课程质量的保证。慕课课程质量的保证是成功进行学分转换的基础之一。如果慕课课程质量得不到保证,那就失去了学分转换的基础。对于可以进行慕课学分转换的课程来说,需要严格进行质量把关。要建立专门的审查委员会进行评估。第二,对慕课参与和完成的评估。如果学生慕课学习并没有达到所要求的效果或者存在虚假的信息,则可以说学分转换无效。因此,一方面要保证学习者慕课学习的真实性;另一方面,通过慕课学习要达到高等教育提供者的要求才能进行学分转换,这也是学分转换质量保证的重要一环。第三,学分等价性。对于学习者学习的慕课课程应转换为学习者毕业所需的具体学分数量，需要对慕课课程和高等教育提供者所要进行学分转换的课程进行认真对比确定。第四，实施一些其他保障措施，例如对学分转换政策持续地跟踪和评估，不断地进行改进等。

3. 对学习者身份的验证

这一点非常重要。虽然我国一些高校进行了慕课学分转换实践，但存在的问题也很多。很容易出现的一个问题就是存在作弊的可能，因为并不是现场监考。马来西亚对学习者身份的验证是其学分转换体系中的核心举措之一。必要时要进行学习收获的评估。评估可以以多种形式进行，例如口语形式、书面形式、产品评估以及表现评估等，可以根据课程的具体情况决定具体的评估形式。而据笔者对部分慕课转换实践的学习者进行访谈的结果发现，在慕课学习中，学习者存在着作弊的行为。我国在慕课学分转换过程中也要采取一定措施对学习者身份进行确认。

4. 其他

高等教育国际化是未来的发展趋势。要进一步进行教学观念的转变，在教学中全面实行混合式教学。充分发挥慕课的优势，例如实现优质资源共享、随时随地可以学习等优点，将慕课与高等教育相结合。目前我国部分高校基本上是在本科教育阶段对慕课课程进行学分认定，而马来西亚在各个教育阶段都可以进行慕课学分认定和转换。我国可以尝试在职业教育、硕士研究生教育以及博士研究生教育等各个教育阶段进行慕课学分认定和转换。这可以充分发挥慕课的优势，提升高等教育水平。

第三节　马来西亚和印度慕课学分转换对比

虽然国外出现了美国混合微硕士项目、英国慕课平台 Futurelearn 推出在线学分课程项目等慕课学分转换项目，但建立了相对完善的国家层面的慕课学分转换政策和机制的国家并不多，只有马来西亚和印度两个国家。本章对马来西亚和印度高等教育慕课学分转换机制进行了深入分析和对比，在此基础上对我国慕课学分转换机制的完善提供了一定的参考和建议。

一、相同点

通过对马来西亚和印度的慕课学分转换机制进行深入分析发现,在慕课学分转换理念、国家层面制定政策、注重学分转换质量以及其他方面存在着类似的地方。

1. 共同的理念

慕课具有可以实现优质资源共享、可以实现个性化学习、任何人皆可学习、随时随地可以学习、全世界的学习者可以交互以及费用低廉等优点。可以充分通过慕课实现高等教育模式的变革。通过比较发现,马来西亚和印度有着共同的慕课学分转换理念,包括降低学习费用、使教育更加方便以及拓宽教育渠道等,见表 4-3。

表 4-3　马来西亚和印度慕课学分转换理念

国家	理念	依据
马来西亚	给马来西亚拓宽获得高质量教育的途径; 提升教学和学习质量; 降低学习费用; 为将马来西亚文化知识传播到全球各个地方提供了机会; 使教育大众化; 给学生提供更个性化的学习经历; 培育终身学习; 通过学分的奖励提供认可,同时减少学习的重复	《马来西亚高等教育蓝图(2015—2025)》 《马来西亚慕课学分转换指南》
印度	教育必须放宽高等教育的入学门槛以及通过使用技术降低它的成本; 需要创造一个任何时间、任何地点在线学习的形式和传统的以教室为基础的黑板课程协调效应,发展一个独特的内容传输的机制; 可以满足学习者的需要以及保证无缝地穿越地理边界的知识转移; 需要建立一个机制,允许在线学习和一般教室学习无缝链接; MOOCs 的出现可以给教育带来变化,包括使教育更加方便和实现在线教育	《在线学习学分框架》 《印度慕课发展和执行指南》

2. 国家层面制定政策

马来西亚和印度均在国家层面制定了高等教育慕课学分转换统一的规范和政策。第一，两个国家均在相关法律的基础上颁布了国家层面的慕课学分转换政策。两个国家均有专门的机构对慕课学分转换进行管理。2013年，马来西亚高等教育部制定了《马来西亚高等教育蓝图(2015—2025)》，提出“全球在线学习”(Globalised Online Learning，GOL)的理念。混合学习模式是一个主要的教学方式。主要的举措包括：(1)在不同的领域建设慕课，例如银行和财政和国际慕课平台合作，例如edX，以建立马来西亚国际品牌。(2)制作在线学习和高等教育完整的部分，把普通的本科生课程放进慕课，达到70%的项目使用混合学习。(3)建设需要的信息基础设施(物理网络设施、平台、设备)，以及加强学术社区的能力以发展在线学习。马来西亚质量局在上述规划的指导下于2016年9月颁布了《马来西亚慕课学分转换指南》，成为马来西亚高校慕课学分转换的依据之一。印度中央拨款委员会于2016年7月颁布了《在线学习学分框架》，对印度高校如何进行慕课学分转换进行了规定。而在此框架颁布之前，印度人力资源发展部制定了《印度慕课发展和执行指南》，对印度慕课的发展和建设进行了详细的规定，成为印度高校慕课学分转换的重要基础之一。

第二，马来西亚和印度在慕课学分转换过程中涉及的各个角色分工明确，共同保证了慕课学分转换的顺利进行，见表4-4。

第三，两国均建设了自己的国家慕课平台，并成为慕课学分转换的依托平台。马来西亚高等教育慕课学分转换依托的是高等教育部建立的国家慕课平台——openlearning平台，目前在openlearning平台上马来西亚公立大学已发布了70多门慕课课程。马来西亚正计划引入国外慕课供马来西亚学生学习，并进行学分转换。印度高等教育进行慕课学分转换依托印度人力资源发展部于2014年8月建立的国家慕课平台即SWAYAM平台。目前，SWAYAM平台上正在开设的课程有900多门，近期或不久将开设1603门课程。

表 4-4 马来西亚和印度在慕课学分转换中涉及的角色和分工

印度		马来西亚	
组织	角色	组织	角色
法律	1956 年法案的第三部分中的 f 条款和 g 条款以及 26 章中的子章节 1	法律	马来西亚 2007 质量法案
印度人力资源发展部(Ministry of Human Resource Development,MHRD)	学分转换管理机构	马来西亚高等教育部(Ministry of Higher Education of Malaysia)	学分转换管理机构
中央拨款委员会(University Grants Commission,UGC)	印度中央政府管理教育的机构,该委员会的主要权力是协调和决定大学的教学、考试、研究标准和新大学的建立	马来西亚质量局(Malaysian Qualifications Agency)	给高等教育提供者提供学分转换标准;扮演建议和发展的角色、向不同的利益相关者回应以确保慕课的发展;将和高等教育提供者一起评估标准的效率,如有必要,将对学分转换标准进行更新,以确保其有效率地执行
母校(Host Institution)	进行学分转换的学生原来注册学习的学校,主要指印度各类高校	高等教育提供者(Higher Education Provider,HEPs)	主要指马来西亚各类高校,包括本科院校、职业院校等,高等教育提供者必须和标准一致,并且提供恰当的学分转换文件
学术委员会(Academic Council)	决定本校哪些慕课课程可以进行学分转换	最高学术事务决定组织(university senate or highest governing academic body of respective HEPs)	决定在学生学完慕课后是否给学生进行慕课学分转换
学习者	进行慕课学习而获得学分的学习者	申请者(applicant)	申请进行慕课学分转换的学生
学科事务专家(Subject Matter Expert)	建设慕课课程,对学生慕课学习成绩进行评定	学科事务专家(Subject Matter Expert)	在非现场证实的情况下,对申请者学习效果进行评估

续表

印度		马来西亚	
组织	角色	组织	角色
慕课国家委员会(MOOCs National Committees)	主要的委员会管理和执行 SWAYAM & MOOCs 活动,审批资金需要、同意国家慕课合作者和其他的学科专家提交的工程、建设和监督考试中心、评论教学项目中权重以及整个教育学校的学分转移。由技术专家、学术人员、管理者等组成,由印度人力资源发展部任命	职业体(professional bodies)	各自的领域制定实践的标准以用于学分转换
慕课合作者(National MOOCs Coordinator)	对其负责的项目提供管理等多方面的支持	慕课提供者(MOOC providers)	提供用于学分转换的慕课课程

3. 注重学分转换质量

两国均注重保障学分转换的质量,并采取了多种措施保证。慕课学分转换质量指的是学生通过慕课获得了高质量的学习,并且获得了相应的学分,这其中包括慕课课程的质量保证、学生学习身份的验证以及学分转换的数量是否适合等问题。慕课学分转换质量的保证可以说是两国慕课学分转换政策制定的核心。

(1)两个国家都非常注重用于学分转换的慕课质量的保证

马来西亚要求用于学分转换的慕课必须获得马来西亚质量局认可或其他国际机构认可,慕课包含下述元素:课程学习成果、课程描述、课程内容、学习活动、课程持久性、课程评估、课程教学者、课程等级等。同时用于学分转换的慕课课程在课程内容、目标等方面要与所对应的替换的课程具有一致性。学分转换引入了描述(mapping)比较和评价慕课课程的内容和学分转换课程的内容。而马来西亚将对“mapping”(即慕课课程和原课程的对比材料)进行审核,以确定慕课课程与原课程的一致性。慕课课程内容至少 80%要和待进行学分转换的课程的描述等价。依据下面的元素比较慕课和将进行学分转换的课程:课程学习成果、话题清单、课程持久性。

印度于2016年7月制定了《印度慕课发展和执行指南》。该指南从慕课设计、慕课建设技术、在线课程应具有的特征以及慕课课程质量保证要求等方面对慕课的建设提出了明确的规定和要求。目前印度用于学分转换的课程由印度中央大学负责建设。印度中央大学代表着印度高等教育的最高水平。允许SWAYAM平台提供在线课程时,物理设施将保证提供,例如实验室、计算机设备、图书馆等。印度要求学生原来学习的学校与慕课开课院校密切配合,共同完成学生慕课的教学。为了确保慕课学习的效果,印度要求学习者原来的学校在学生学习慕课的时候必须同时配备一名指导老师,以辅助学习者顺利完成慕课的学习。学习者实验课或实践课部分的教学则在学习者原来的学校完成,之后学习者原来的学校将评价实验或实践部分告之慕课开课学校,并将其加到最终的总成绩中去。另外,印度还提供国家合作者,并给予相应的财政支持,以保证慕课课程的质量。

(2)严格进行课程评价

在慕课课程的评价方面,两国都采取严格的评价措施,以保证慕课学习的质量。马来西亚学分转换申请者申请慕课学分转换时需要提交的材料包括:认证,课程描述,课程学习成果,话题(内容),学习活动或任务,作业或工程或产品,课程评估,例如测验、课程等级等。然后高等教育提供者需要对申请者身份进行评估,确保注册的和完成课程的是一个人,即申请者参与慕课的真实性以及学习的确发生了,具体包括三种情况,即现场参与证实(on-site proctoring)、在线证实(online proctoring)和无任何证据(non-verified course)三种。对于后两种情况,高等教育提供者要进行额外的评估,以确保学习效果,之后才能进行学分转换。印度则一律对进行慕课学分转换的课程实行现场监督考试,以确保学习的质量。

(3)学分转换过程

两国均按时长进行学分转换量的计算。对于马来西亚来说,慕课学分的等价性依据学生学习的时间,大约40个小时的概念学习相当于1个学分。对于印度来说每个学分相当于13—15个小时的学习活动,如覆盖课程内容,参与课程论坛和其他的交流，作业和课程设计的活动等。

4. 其他方面

第一，对于马来西亚和印度，高等教育提供者在国家统一政策下对学分转换具有决定权，一般由高校相关学术组织（例如学术委员会）决定。马来西亚规定高等教育提供者由其最高学术体（例如学术委员会）决定在申请者学完慕课后是否进行学分转换。印度规定由高等教育提供者学术委员会决定哪些课程可以进行学分转换。当做决定的时候，学术委员会尤其要考虑下面的SWAYAM平台上的在线课程：（1）学校没有合适的教学职员运行这门课程；（2）提供可选择课程的设施，学生想上的但是学校不提供的，但是在SWAYAM平台上是可以的；（3）SWAYAM平台上的课程将提供在学校里教学学习的过程。第二，评价主体相同。马来西亚和印度慕课成绩的评定均由慕课提供者决定，具体由负责开课的学科事务专家来决定。第三，马来西亚和印度均使用国内慕课平台作为慕课学分转换的主平台。这样可以根据本国的发展规划和学习需求建设相应慕课平台，而不是盲目使用国外知名慕课平台。国外知名慕课平台不一定适合本国的情况。当初，印度人力资源发展部在选慕课平台的时候，曾考虑过采用edX平台，但最终考虑到国内具体情况还是放弃了。

二、不同点

通过对比，马来西亚和印度高等教育慕课学分转换机制在理念、国家管理机构、财政支持、慕课课程质量保证以及评价等方面具有一定的差异。

1. 理念的差别

马来西亚更侧重实现教学模式变革，在《马来西亚高等教育蓝图（2015—2025）》中明确提出混合学习模式这一主要的教学方式，达到70%的项目使用混合学习。而印度则侧重实现优质资源共享。为此印度采取了多项措施，大力推进慕课课程建设和慕课学分转换。

2. 国家管理机构

马来西亚并没有明确的慕课建设的专门辅助机构，例如慕课国家委员会、慕课国家合作者等。相比之下，印度国家管理机构相对完善。慕课国家委员会（MNC）是在印度人力资源发展部下的对慕课发展进行管理的主要机构。

印度也设立了诸多的国家合作者(NMC),以保证慕课课程的顺利完成,包括NPTEL、IGNOU 和 NCERT 等机构。

3. 财政支持措施有所不同

马来西亚慕课学分转换机制中并未明确提出学分转换财政支持情况。而印度在学分转换财政支持方面政策相对比较明确,这可以有效调动慕课开设学院和开课教师的积极性。印度人力资源发展部将对慕课的建设提供经费支持,包括课程建设经费、开课教师、课程管理人员、课程评审专家等各种参与人员的费用等。下面是印度政府提供的相应资金资助(见表 4-5)。在未来要建设的 2000 门课程,预计将支付给教学者 3000 万美元的报酬。课程第一次运行时,教师将得到约 13500 美元改造内容或者 18000 美元重新创造内容的报酬。未来 2000 门课程将总共花费超过 3000 万美元支付给教师。教师再次开课每次将收到约 2200 美元。

表 4-5 经费资助标准

	活动	改造的内容	新内容	备注
1	一门课程的费用: 包括视频录制和编辑,总共 20 个小时,测验、回答关键、科目额外的链接、增加的笔记、所有视频内容的英语副本	Rs.6. 0 lakh	Rs.9. 0 lakh	存在的 NPTEL 或 UGC 或其他 40 个小时的课程,通常可以作为两门 MOOC 课程提供,用于学分转换
2	合作者用于准备的报酬	Rs.2. 0 lakh	Rs.2. 0 lakh	一次性付款
3	第一次运行课程合作者的报酬:给内容创造者和上课的教师	Rs.1. 0 lakh	Rs.1. 0 lakh	
4	第一次之后运行课程合作者的报酬	Rs.1. 5 lakh	Rs.1. 5 lakh	教师存在和学习管理直到考试进行和证书取得:三个月的参与
5	助教或指导者报酬(500 个活跃的注册者一个助教两个月),5000 个到 10000 个注册者,5 个助教; 10000 个到 20000 个注册者有效地管理和指导网页和论坛是主要的工作	Rs.0. 3 lakh Rs.1. 5 lakh	Rs.0. 3 lakh Rs.1. 5 lakh	假定:少于 10% 活动的学习者参与讨论,以及提出问题,怀疑,要求额外的学习材料等

续表

	活动	改造的内容	新内容	备注
6	课程考试费用： 投标的多于一次的连续的考试可以进行的中心	每门课程的候选者 Rs. 1000，除非流标	每门课程的候选者 Rs. 1000，除非流标	GATE 模型在一段时间内被用来奖励为了必要的评价在线考试服务联系和观察、存储回答表的
7	课程评审人员报酬： 两个评审人员，在该领域有经验的同行和学术人员	每门课程 Rs. 15000	每门课程 Rs. 15000	评审组将被专门的学科 MOOC 组成委员会推荐
8	课程的人力资源支持： 不多于 5 个技术职员支持课程管理	每个学校 Rs. 2. 0 lakh，一次支持 20 门或者更多的 MOOC 课程	每个学校 Rs. 2. 0 lakh，一次支持 20 门或者更多的 MOOC 课程	属于管理人员，要得到国家委员会的同意
9	工作坊： 需要 5 个到 10 个工作坊完善教员，包括技术和工具认证； 60%—75%的参与者来自 200—300 千米以内。	Rs.5 lakh 或按比例	Rs.5 lakh 或按比例	三天，包括旅行、组织团队的酬金（组织中相关的教员、感兴趣的人员以及顾问）以及临时产生的费用

注：Rs，卢比，印度货币单位；1lakh = 10 万卢比。

4. 慕课课程质量

虽然两国均采取了一些保证慕课课程质量的措施，但总体来说，马来西亚对进行学分转换的慕课课程要求相对简单灵活，而印度在慕课课程质量保证政策方面更为详尽具体。马来西亚要求进行学分转换的慕课课程需要获得马来西亚质量局认可，或受到其他国际组织认可，或者具备一些课程元素。上述条件应该是较为宽松的。印度人力资源发展部制定了《印度慕课发展和执行指南》，对印度慕课的发展进行了详尽规划和规定。该指南规定了学科事务专家的责任。学科事务专家应在录制前提供相关的 PPT 以及相关的图片、故事、地图等。课程中的文本文件将是充足的，应包括一个普通学生所需要的所有的材料。课程设计包括分析和设计两个步骤。分析包括需要分析、内容分析和学习者分析。慕课设计包括课题提纲、目标、教学策略、教学材料、摘要、详细的课程进度计划、实施、课程的长度等内容的设计。SWAYAM 要求平台上的课程建设应符合一定的技术标准。一门课程大约 40 个小时，包括约 20

个小时的视频和多媒体数字内容传输。慕课在线内容应遵循一个标准模板(MHRD 提供),所有的学科专家都要遵守,并且有说明,包括前期计划、核心元素、课程登录页的元素、课程结构以及周计划模板等。建设课程时对抄袭和信息源进行内容检查;对于学分课程来说,一般的信息循环或标准将被遵从,以保证更新的知识是受学习者喜爱的;为了更好地管理建议课程计划;建议语言和版式风格;建议图片库被使用;建议生产参数和视频质量参数;建议评估类型和风格。在计划课程输出之前的质量保证:最后的打字错误和语法检查;视频质量检查;商标语言或信息(和慕课导引保持一致);教学和学习经验;格式化内容和图片;保证慕课基础元素的存在(例如视频在线内容、论坛、交互元素、作业、评估、方法等)。印度不仅对慕课课程建设标准进行了详细的规定,还指定相关慕课国家合作者进行慕课课程建设的辅助和监督。同时,给予慕课建设以明确的财政资金支持。马来西亚对慕课的干预较少,并未出台详细的慕课课程标准。

5. 评价的差别

虽然马来西亚和印度都比较注重对学生慕课学习效果的评价,但具体的做法有所不同。

(1)评价过程的差别

马来西亚和印度均注重对学生慕课学习效果的测评,而方式有所不同。马来西亚并不强制学生在慕课学习完成时进行现场有监督的考试,可以通过在线考试或者通过额外评估的形式确定学生慕课学习成绩的真实性。而印度则要求欲通过慕课学习获得学分的学生一律参加和以往学生在校时一样现场有专门人员监考的考试。

马来西亚慕课学分转换的一个突出特色是对学习者身份的验证。马来西亚明确提出慕课学分转换要符合真实性、相关性和即时性原则。真实性指的是应用能够通过任何形式的证据说明是学习者自己努力的结果。申请者的证据必须是独一无二的、真实的和有效的,以便可以被高等教育提供者查证。相关性指的是通过慕课的学习和将要进行学分互换的课程的学习结果的一致性的程度,包括学习成果和能力的反映。通过慕课获得学习必须和相关课程当前的学习结果一致。

申请者指的是向高等教育提供者申请进行慕课学分转换获得学分的学习者。为了证实申请者完成了慕课学习，申请者必须提交课程建设和评估文档。用于学分转换的参与的证据应该包括慕课提供者的辨别学习者的方法，以及提交评估的学习者身份的真实性。如果申请者能够提供现场的课程完成的证据，高等教育提供者可能就会进行学分转换。然而，如果申请者只能提供在线的课程完成的证据，高等教育提供者可能还要在学分转换前对申请者进行一个或更多的评估以证实申请者的慕课学习收获。如果申请者不能提供任何形式的证据，必须要产生参与和完成慕课的令高等教育提供者满意的证据，同时还要接受高等教育提供者一个或多个的评估。这将确保申请者参与慕课的真实性以及学习的确发生了。申请者必须提供他/她就是参加慕课学习的本人的证据，这将确保注册的和完成课程的是一个人。

证实能通过各种方法做出，例如面对面的监督、网络摄像头监督、学习分析、按键分析以及其他的生物学统计技术。具体可以分为下述三种情况。第一，现场证明(on-site proctoring)。在测试中心现场的测试，由慕课提供者或第三方提供。专门的人员管理考试，必须被慕课提供者指定，需要通过照片证实学习者的身份，必须遵守学术的完整性和考试标准。由于慕课需要严格的证实过程，现场证明能够被自动考虑进行学分转换。第二，在线监督(online proctoring)。有几种方法可以证明，例如使用软件提交他们的身份文件到摄像机里，远程监视学生、网络摄像头管理教室、通过指纹的生物计量技术等。由于辨别真实性还缺少较硬的证据，所以需要进一步证实学习获得。第三，不能提供任何证据(non-verified course)。不能证实的课程完成的认证可能包括以下形式：成就的认证，完成的状态，参与的状态，认证的完成，荣誉代码认证。但仅凭上述认证是无法进行学分转换的。

如果没有现场课程完成的证明，高等教育提供者必须评估申请者的学习收获，也就是说对于上述第二种和第三种情况，即对仅能提供在线完成的证明以及不能提供任何证据的申请者来说，需要额外的评估，以便学习被证实。必须保证学生的学习效果是可靠的和可信的，由学科事务专家负责评估。评估有几种形式。可以选择下面的一种或其他的评估方式进行评估：第一，口语评估。通过面对面或其他的技术媒介形式，例如网络会议，可以以结构化的及口语测试或一对一的面访。第二,书面评估。通过现场或在线的方式进行评估。以开放的或关闭的书面的形式。第三,产品评估。产品指的是与课程相关的能反映课程学习收获的软件、图片、工作样本、出版的论文等,文件包被提交作为证据。但高等教育提供者必须确保是原始的工作,可以通过口头问题的形式或者申请者重新生产产品的形式进行测试。第四,表现评估。表现评估指的是以现场的表演、角色扮演、其他恰当的说明、技能或知识的说明等形式进行评估。其他的手段也可能被应用,以达到审计和质量改进的目的。如果评估足以达到可接受的水平,高等教育提供者将提供学分转换。

印度对于每门慕课学分转换课程都要进行现场考试,以保证学习的效果。大约 1000 个中心将被建立用于实施考试。而且印度也比较注重对学生慕课学习过程进行考核。评价应基于先前定好的规范和参数,并且依据一个在课程的广度和深度上可理解的评价,并且基于规定的部分,如讨论、论坛、测验、作业、阶段考试和最后的考试,并且各部分占有相应的比重。对于课程的实践或实验部分,将由学习者注册学习的母校完成。母校将评价实践或实验部分,并将其加到总成绩中去。课程成功完成的证明将被学科专家签发,并经过其学校发给学生的母校,连带着学分和等级的数量。

(2)评价方式的不同

马来西亚对慕课学习比较注重结果评估。马来西亚虽然明确提出充足性原则,即申请者必须能说明通过慕课学习的广度和深度,并且提供支持证据。这个证据包括慕课学习成果和课程能力的反映。但在慕课学分转换认定的时候,有明确的考试真实性的认定,而对学习过程的认证则不够明确。印度则对学习过程和学习结果都比较注重。印度是慕课开课学校的学科专家负责评定最后的成绩,这其中包括对学习者最后考试成绩和平时成绩的综合考察。平时成绩由平时测验、论坛参与情况、作业等组成。

6. 其他

马来西亚更为全面,在各个教育阶段(包括职业教育、本科教育、硕士和博士教育)以及各种教育形式中(包括学历教育和非学历教育)均可进行学分转换,印度并没有这方面的明确规定。学分上限也不一样。马来西亚允许可以进行学分转换的课程的学分占学生毕业总学分的 30%,而印度允许可以进行学分转换的课程的学分占学生毕业总学分的20%，比马来西亚的要低，因此马来西亚在慕课学分转换方面，总的来说范围和力度都要比印度的大。

三、差异原因探讨

印度和马来西亚国情既有相似之处，又有很多不同之处。总的来说，马来西亚的学分转换机制相对更为简单灵活，而印度的学分转换机制则更为全面具体。两者都属于发展中国家，但印度国土面积大，拥有十几亿人口，优质资源相对稀缺，知名院校多集中于经济较为发达的地区，很多落后地区甚至没有一所像样的大学，大量质量不高且不被政府认可的私立院校和"相当于大学的机构"充斥其中，因此通过慕课实现优质资源共享、提升高等教育水平是一条非常好的途径。而马来西亚国土面积相对较小，人口也不多，因此，马来西亚较为偏重通过慕课的学习实现教学模式的变革。马来西亚是一个高度国际化的国家，这使得其有着良好的实现在线教育的机会。因此，马来西亚慕课学分转换的范围也非常广，包括各级各类教育（从职业教育到博士教育、非学历和学历教育）均可通过慕课的学习获得学分。

四、趋势

马来西亚和印度虽然均制定了国家层面的统一明确的慕课学分转换机制和政策，但还处于起步和探索阶段，还有很多不完善和需要改善之处，世界上也没有更多的经验可以学习，接下来就是进行实践的检验，在实践中不断完善和发展。

1. 进一步追踪和完善学分转换体系和机制

马来西亚为了使学分转换持续发展以保持和完成较高水准，学分转换执行的第一个五年将被审查。这个标准将被改进，以保证即时性和相关性，使慕课的意义更加明显。虽然马来西亚和印度均制定了国家层面较为具体的慕课学分转换政策和机制，但仍然处于尝试阶段，有待实践经验的检验，慕课学分转换体系也有待丰富和完善。

2. 引进国外优质资源

目前两国进行学分转换的慕课主要由两国国内高校建设。马来西亚由马来西亚国民大学(UKM)、马来西亚博特拉大学(UPM)、技术大学(UITM)以及沙捞越大学等提供。印度则由印度中央直属大学提供在线学分转换课程,包括印度理工学院 IITs(Indian Institutes of Technology)、印度管理学院 IIMs(Indian Institutes of Management)和中央大学(Central Universities)。由于属于初步尝试阶段,还未大规模引进国外优质教育资源。今后在本国优质资源共享的经验基础上,引进其他国家的相关资源进行慕课学分转换的实验不仅是马来西亚和印度,也是其他国家慕课学分转换未来发展趋势之一。

3. 推广本国优质资源

在《马来西亚高等教育蓝图(2015—2025)》中明确提出,发展慕课的目的之一是向世界推送马来西亚优质教育资源。马来西亚和印度在本国实行慕课学分转换的同时,也可积极尝试建立相关机制展开本国优质资源与国际社会共享,不断提升高等教育国际化水平。而其他国家也可和两国合作建立慕课共享机制,实现优质资源共建共享,构建学分互换体系和机制。

4. 出台地方层面的慕课学分转换机制和政策

马来西亚和印度制定了国家层面的慕课学分转换机制和体系,适用于整个国家,但地方(例如各个省、大学等)还需要在国家层面政策的基础上制定符合本地发展的更为具体的学分转换机制和体系,为本地学分转换的发展提供更为具体的依据。各地方应积极在国家政策的基础上进行慕课学分转换的实践,不断探索其中的规律和机制,为提升本地高等教育水平而努力。

5. 其他

目前两国主要依据课程的时长来计算可以给予和转换的慕课课程学分数量,这未免显得单一和简单。不仅要考虑课程的时长,还应考虑课程的难度(与要替代的课程难度的对比)等其他问题。进行慕课学分转换的课程往往是由其他高校开设,而不同高校在类似课程的内容、难度等设置上不尽相同,如果仍沿用学生原来就读高校的课程标准去评价慕课课程,可能不太合适。要根据慕课课程与原课程的对比情况恰当设置学分转换数量,这不仅影响到慕课学分转换的质量,也涉及教育公平的问题。另外,目前很多慕课课程实行在线考试的方式,很多慕课在线考试主要以客观题的形式出现,这可能不会全面反映学生的学习效果和收获,因此今后有必要在课程评价方面进行改革,以更加科学全面地对学生的慕课学习成效进行测评。

五、启示

我国地域辽阔，人口众多，高等教育整体水平还有待提升，偏远地区优质资源相对稀缺。充分发挥慕课的优势，实现高等教育模式的变革，是我国面临的重要课题。目前我国慕课学分转换还处于初步实践中，慕课学分转换领域面临着缺乏较为具体的国家层面的政策体系、学分转换认定简单、缺乏学分质量保证以及相关支持不足等问题。我国应在我国国情的基础上，参考马来西亚和印度慕课学分转换机制和体系，制定符合我国发展的高等教育慕课学分转换机制和体系，具体有如下建议。

1. 教学理念的进一步转变

进一步在高等教育领域深入实施混合式教学。要全面实施混合式教学，包括职业教育、本科教育以及硕士和博士教育。国务院印发《国家教育事业发展"十三五"规划》指出，鼓励教师利用信息技术提升教学水平、创新教学模式，利用翻转课堂、混合式教学等多种方式用好优质数字资源。现在关键在于狠抓落实。慕课可以以翻转课堂、混合式教学等方式应用于高等教育，实现高等教育教学模式的变革。同时开设慕课，建立中国国际教育品牌，不断提高中国高等教育国际化水平。在我国，慕课学分转换体系的构建对我国中西部地区实现优质资源共享具有重要的意义。

2. 制定国家政策

马来西亚和印度慕课学分转换最大的特点就是在国家层面制定了统一的规范，并指导慕课学分转换的顺利进行。我国虽然出台了有关文件，但还是缺乏较为具体的国家层面的慕课学分转换政策和机制。

第一，应健全相关法律，使制定慕课学分转换政策有法可依。第二，可以研制出台国家慕课质量标准，这是慕课学分转换的重要保障之一。第三，可以出台更为具体的国家慕课学分转换指南，作为各地方进行高等教育慕课学分转换的基本依据，同时对慕课学分转换质量给予保证。第四，构建国家慕课平台。目前我国存在着中国大学 MOOCs、清华学堂在线、好大学在线等众多慕课平台，可以选择其中的某个或若干个平台进行重点支持，作为国家代表性的慕课平台。

3. 保证学分转换质量

这是一个核心问题。第一,应保证慕课的质量。国家应制定统一的慕课标准,并建立相关组织对慕课质量进行审核,例如印度慕课国家委员会就给我们提供了很好的示范。第二,应保证学分转换的真实性和等价性。目前我国慕课学分转换存在着诸多问题。据笔者的调查,很多学习者反映在慕课学习过程中存在着作弊等问题。有必要进行有监督的考试或者对身份进行验证。可以用学生在读的学校作为全国慕课课程考试的场所,实行监考。对学生的考试和学习的真实性进行验证。如果能采取现场考试的模式是最好的。如果不能进行现场考试,那么应该提供相应真实性的证据,例如网络摄像头监控、生物指纹技术等。必要的时候高等教育提供者要进行额外的评估。第三,有必要对参与慕课学习的学生在原来学习的高校配备辅导教师,辅导教师可以与学生面对面地交流。慕课开课学校要与学生原来学习的学校密切配合,共同完成慕课的教学。第四,评价时,应坚持平时成绩和期末成绩相结合的方式进行评价。平时成绩由平时测验、作业、论坛参与情况等确定。期末考试以试卷、论文等形式决定。强调学习过程和学习结果的评价,即形成性评价、证实性评价和总结性评价。第五,有必要规定慕课学分转换总学分的上限。为了保证一定的面授经历,需要根据情况确立可转换的学分总量。

4. 给予支持

应给予慕课学分转换以全面的支持,包括慕课建设支持、资金支持以及学分转换支持等。

慕课建设支持指在慕课建设过程中,给予教师人员、技术和培训等方面的支持。而资金支持是对学分转换过程中涉及的人员给予资金方面的支持,例如慕课授课教师、教学辅助人员、学分转换管理人员以及考试中心工作人员等。

我国目前慕课学分转换的领域主要集中在本科教育阶段,今后可以尝试在职业教育和研究生教育中进行慕课学分转换,充分发挥慕课的优势,实现高等教育模式的全面变革。在决定转换学分的数量时,要根据慕课课程与原来课程的对比,科学合理地确定学分转换的数量。

目前,我国慕课学分转换还处于初步尝试阶段,马来西亚和印度的慕课学分转换机制和体系可以给我们一定的启示,尔后将要对马来西亚和印度的学分转换政策执行效果和趋势进行进一步跟踪和评估,以不断完善学分转换理论体系以及不断深化混合式学习实践。

第五章　edX 提供的微硕士项目

2016 年 9 月，美国 14 所大学与世界知名慕课平台 edX 合作，推出了一项新的学习项目——微硕士认证项目（Micromaster Certification Program）。微硕士认证项目指的是国外知名大学在 edX 平台上开设的若干门系列在线研究生水平的学习课程，世界各地的学习者均可免费学习，而在学习完这几门课程并且通过考试之后，即给学习者颁发微硕士认证。他们提供一个特定生涯领域的深度学习，具有真正的工作相关性。在完成微硕士认证后，学习者可以继续申请这些大学的硕士学位，而微硕士认证则可转换为所申请硕士学位需要的学分。如果被上述大学录取，学习者就可以接着学习获得硕士学位需要学习的其他课程，并最终取得上述大学官方正式认可的硕士学位。而取得微硕士认证后也可不继续攻读硕士学位，而作为未来工作的基础之一。目前，微硕士认证被很多知名企业认可，例如沃尔玛、Adobe 和 IBM 公司等。这些在线课程对全世界的学习者免费开放，学习者可以随时随地注册学习，也可以仅仅学习而不取得最终的微硕士认证。2016 年 9 月，edX 和 14 个国际合作者推出了第一批 19 个微硕士项目，在流行的学科中例如人工智能和使用者经验设计等专业提供课程。edX 的 CEO、麻省理工学院教授 Anant Agarwal 说，微硕士项目的提供标志着朝着扩展高质量教育途径的共享理念迈进了一步。edX 上的微硕士项目使得任何地方的学习者能够通过学习改变他们的生活以及提升他们的职业生涯，标志着在学习中的下一个水平的创新。微硕士项目的设计，在现在快速变化和技术更新的世界中通过给学习者提供需要的知识和技能，满足了大学和雇主的需求。这些微硕士项目有哥伦比亚大学人工智能微硕士项目、罗切斯特理工学院（RIT）工程管理、密歇根大学使用者经验研究和设计、雷鸟全球管理学院国际商业管理、密歇根大学社会工作专业微硕士项目、西班牙瓦伦西亚理工大学以及马德里卡洛斯三世大学提供的微硕士项目等。

第一节　美国麻省理工学院供应链管理微硕士学位

一、微硕士认证

1. 微硕士认证的推出

2015 年 10 月，麻省理工学院校长拉斐尔·莱夫宣布了微硕士认证的开始。这是一个新的教育认证项目，给全世界的学习者提供一个不断发展的供应链管理领域获得知识的方式。学习者获得认证将有机会将这些学分应用于硕士学位。

微硕士认证是一个由麻省理工学院提供的独立的认证项目，被麻省理工学院物流中心（Center for Transportation & Logistics，CTL）设计和管理，并被麻省理工学院数字学习办公室（Office of Digital Learning，ODL）支持。由五门集中的在线课程组成，包括各方面的供应链课程和考试。这五门课程分别是《供应链基本原理》《供应链技术和系统》《供应链分析》《供应链设计》《供应链动力学》。

混合硕士学位指的是麻省理工学院正在发展的一个新的选择，只需在麻省理工学院学习一个学期。微硕士认证需要学习者成功地通过五门严格的供应链管理在线课程的学习，并且通过最后包含这五门课程的监考考试。完成了五门在线课程的学习后，学习者将来到美国麻省理工学院进行为期五个月的学习，从每年的 1 月到 5 月，然后同年 6 月毕业。这五门在线学习课程可以换算成 42 个学术单元，而留下 48—57 个单元在学校学习（共需 90 个）。依托 edX 平台，根据个人的时间注册学习。所有的课程材料都包含在 edX 平台上。每门课程是 8 周到 10 周，期望学习者每周花 6 个小时到 12 个小时。有的学习者反映需要花更多的时间。不建议同时选两门课，因为作业、考试可能冲突。学习者不一定按顺序完成五门课程。所有的课程都是事先录好的。课程在每周四的 15：00 上线。每门课的第一周公布课程计划。学习课程将采取实名制。

2. 考试

考试是全球性的。这种新的认证的花费将在1200美元到1500美元之间,包括课程和考试的费用。它属于职业认证。每门课都要通过认证。最后的考试覆盖5门课程。考试一般一年两次,在全球任何地方都可能进行。考试测试5门课程的知识,是全日制考试,包括写作以及不同课程中作业类似的题目。考试开放48小时,考试时间为90分钟到3个小时。考试成绩的有效期为5年。

目前微硕士认证学分被世界多所大学认可,包括澳大利亚科廷大学(Curtin University)、罗切斯特理工学院(Rochester Institute of Technology)、麻省理工学院(Massachusetts Institute of Technology)、昆士兰大学(The University of Queensland,澳大利亚最有名的大学之一)等。

每门课程将获得认证,并且获得一个最终的认证。通过并不意味着一定被微硕士项目录取。

麻省理工学院通过edX颁发微硕士认证证书。微硕士项目录取时将参考每门课程具体的分数。每门课程教师可能要求不一样,一般为60分。这是一个创新的在线项目。麻省理工学院的供应链微硕士是一个先进的、专业的、研究生水平的基础,相当于麻省理工学院一学期的课程量。

3. 费用

为了获得混合硕士学位,候选人必须首先获得一个微硕士认证。五门在线课程是免费的,但对于想要申请微硕士学位的学习者来说,要进行另外的收费的认证,每门课程的费用是150美元,考试费用600美元到800美元,总共1350美元到1550美元。混合硕士学费大约45000美元,包括生活费、医疗保险和生活消费等。生活消费依据学生的生活方式,包括学生独居、和同学合居,或以家庭的形式居住。

4. 微硕士的录取

想进入美国麻省理工学院学习并获得混合硕士学位,审核委员会将有下述条件:在线课程的学习和考试通过情况;本科成绩单以确定学习学位;非英语国家学习者的IELTS/TOEFL成绩;研究项目建议的描述;研究兴趣的视频;

至少三年的工作经验以及获奖情况;推荐信;研究项目——需要提供两页纸的项目研究建议描述。

混合硕士项目和全职10个月学习的硕士项目是有区别的。在混合硕士项目中,不需要申请者提供GMAT或GRE测试成绩,不需要看本科GPA,也不看本科学习的课程。在五门在线课程学习和考试中的表现将替代这些。混合硕士项目不需要传统的背景。然而,由于混合硕士的学生需要在5个月内完成硕士论文(而非10个月),因此将仔细查看学习者提供的硕士论文研究项目的建议提纲。成功的申请人需要将精力和时间投入认真准备他们的论文建议中,可能包括找他们论文的赞助机构或公司。在在线学习中表现得更好将增加入学机会,但并不一定,还要看看其他方面,包括他们的经验、潜力、写和说的能力等,不仅是分数。将选择最好的学生,现场进行面试。而语言成绩的要求为7分(IELTS)或100分(TOEFL)。对于在线的学生来说,需要接受一个4年的大学教育或者英语初等教育。由于混合微硕士项目时间较短,在校学习的时间仅有5个月,而在这5个月里,要完成48个单元左右的学习,同时要完成硕士毕业论文的撰写,可以说,时间是非常紧迫的。因此,在录取混合微硕士学员的时候,审核委员会非常注重申请者的毕业论文计划,包括毕业论文提纲、毕业论文的赞助者等。而学生做毕业论文可以选择相应的论文合作者。麻省理工学院微硕士项目有诸多的合作者,例如伯灵顿北方圣太菲铁路、波音公司、美国卡特彼勒物流、美国通用磨坊食品公司以及英特尔公司等诸多知名大企业都是供应链管理项目的合作者,学生可以选择和这些公司合作完成硕士毕业论文。这要求申请者在进入校园学习前,要做好毕业论文的规划,否则很难被微硕士项目录取。另外,微硕士项目的毕业论文实践性很强,要求申请者针对供应链中的一个实际的问题,撰写一篇针对性很强的论文,以此锻炼学生解决实际问题的能力,进而提升学生的实际工作水平。

二、混合微硕士学位(Blended SCM Program)

The Supply Chain Management Program(SCM)向全球提供一种新的供应链专业,在分析问题和改变管理关系方面进行训练。这10个月的学位项目为学习者在制造、分发、零售、运输、物流、顾问和软件发展组织的发展做好准备。

它为早期的职业生涯设计,并在短时间内达到工作强度接受密集的训练,并且达到高水平的能力。学生参加专门的班级,学习物流系统、供应链设计、发明计划、运输管理等。学生也参加这些课程,包括写作、公共演讲和策略。在1月的第一周,学生参加网络中心的来自中国、西班牙、马来西亚、卢森堡以及拉丁美洲等地区的学习小组。由于微硕士班级属于独有的规模较小的群体,MIT SCMr 提供直接的路径。学生将使用各种方法,覆盖各种视角。最后每个学生依据真实实践的项目写一篇论文。

麻省理工学院提供供应链硕士学位。获得学位有两种途径:一是传统的方式,需要 10 个月的全职在校学习,8 月入学考试,次年 5 月毕业;二是混合式的方式,仅需 1 个学期在校(1 月到 5 月)。混合式学习方式有效解决了校园资源有限的问题。但两种方式仅是获取学位的方式不一样,学习的内容以及最后获得毕业证书都是一样的。

获得微硕士学位都需要修完 78 学分的课程,以及完成 12 个单元的毕业论文。2018 年第一届入学,从 2018 年 1 月到 2018 年 5 月。微硕士学位项目每一届录取的人数很少,共 30 个到 40 个学生。对于混合微硕士项目来说,在线仅通过 36 个单元的课程和 12 个单元的论文就可以了。6 月完成最后的论文。微硕士认证的学分转换有效期为 3 年。

第二节　美国马里兰大学混合微硕士项目

一、马里兰大学微硕士项目的推出

2016 年 9 月,edX 和 14 个国际合作者推出了 19 个微硕士项目,在流行的学科中提供课程,例如人工智能和使用者经验设计等专业,马里兰大学也加入其中,并提供了 4 个微硕士项目,是提供微硕士项目数量最多的院校。马里兰大学学院(University of Maryland University College,UMUC)正在和 edX 合作,提供 4 个微硕士项目,分别是生物信息学、云计算、教学设计与技术、软件测试微学位项目。这些项目由免费的硕士水平的课程组成。这些课程可以在将来的硕士学位中进行学分转换,并且给学生节省很多费用。微硕士项目的提供把马里兰大学悠久的在线学习历史和 edX 的数据分析能力结合起来。马里兰大学目前已经投入了 200 万美元。微硕士项目由 3 门或 4 门课程组成,是数字时代一个非常重要的组成部分和灵活的认证。允许任何地方的人在投入时间和费用注册硕士前尝试一下硕士课程。通过先前评估过程,那些成功完成微硕士认证项目的人能申请学位项目。学术专家估计 20%—50%的课程能够通过微硕士认证项目完成。下一步将要使毕业生在雇主那里得到认可。马里兰大学校长说,一方面使得完成硕士的途径更加容易;另一方面为雇主和学生服务。马里兰大学校长说微硕士项目与提供一个有质量的、可获得以及负担得起的教育的使命一致。通过这些项目,我们能够给工作者提供获得认证的以及通过加速获得学位改进生涯的机会。edX 的 CEO,同时也是麻省理工学院教授的 Anant Agarwal 说,微硕士项目的提供标志着我们朝着扩展高质量教育的途径的共享理念迈进了一步。edX 上的微硕士项目使得任何地方的学习者能够改变他们的生活以及提升他们的职业生涯。标志着在学习中的下一个水平的创新,微硕士项目被设计满足大学和雇主的需求,在快速变化和技术更新的世界中给学习者提供需要的知识和技能。

马里兰大学系统包括 12 个相对独立的大学及研究中心。从 1947 年起,马里兰大学就成为美国远程教育的先锋。马里兰大学在创新教育模型领域,是一个世界领导者;在工作相关领域,例如网络安全、生物技术、数据分析提供可以赢得奖励的在线学习项目。马里兰大学顺着全球的足迹提供开放路径,承担着一项特殊的使命——满足成人学生的学习需要,经常包括责任、工作、家庭和军事领域。马里兰大学正在学习科学和技术的指导下提供高质量的、可获得的、负担得起的和有价值的教育。马里兰大学的理念是通过提供综合系列的、高质量的、可获得的,以及负担得起的教育机会改善马里兰州人民生活的质量,并且使研究和学问扩展现在知识的边界。马里兰大学提供满足州和国家公民需要的以知识为基础的项目和服务。马里兰大学通过有效管理资源实现其理念。

马里兰大学的项目和活动给整个州和周边的人们创造了社会和经济利益。马里兰大学在很多领域,包括在线学习、课程设计,以及其他学术创新的组成部分,是公认的领导者。马里兰大学作为美国最大的公共性的在线大学,服务于工作者及其早期的成功。

马里兰大学学院秉持着在线学习的理念。在线学习使学生更加灵活和方便地完成教育目标。以学生的时间,没必要进入大学学习。大多数课程有一周或数周的时间完成任务,完全可以根据学生自己的情况安排学习。这是异步学习。学生可以和教师合作。在线学习并不意味着学生自己学习,学生将发现很多在线讨论和群组工作的机会,并且与同学和教授保持联系。一些项目以合作和团队的形式提供,这意味着在整个学习过程中将以小组的形式学习,帮助学生建立良好的友谊和关系网络。在线学习可以让学生接触大量的课程原材料。学生的课程原材料将包括视频、电子书、文章、游戏、测验或者其他的交互元素。此外,课程资源是免费的。一般课程给本科生提供 8 周的学习时间。而很多研究生的课程以 6 学分形式提供,因此每学期关注一门课程就可以了。很多课程不用传统的考试,而是论文、项目形式等。学生可以选择混合学习选项,一周见一次面和进行在线课程学习。

二、教学设计和技术微硕士认证

在教学技术微硕士认证中,学习者将学习如何设计和实施未来的学习平台。平均每门课程为 8 周时长。每门课程每周 4 个到 6 个小时。共有 4 门课程,属于教师教育学科。如果要得到认证,则需要花费 798 美元。该微硕士项目鼓励学生使用技术。针对现在数字技术在学生中的广泛使用,学习如何使用最新的工具和技术创造学习机会。有相关预测提出,教学设计和技术工作人员数量从 2014 年到 2024 年将增长 7%。教学技术微硕士是从职业视角开展的,针对的人员包括教学软件设计者、教育技术者、学习系统设计人员。微硕士项目的学习将对相关人员有真正的生涯影响。有 90% 的学术领导者相信大多数接受高等教育的学生在 5 年的时间里至少学习一门在线课程,是可能的或者非常可能的。这是一种发现教育。在微硕士认证中,学生将学到的东西包括:理解现代学习理论以发展在线学习经验;应用教学设计模型到在线学习经验的发展;选择、设计和评价数字媒体以支持学习;辨别、评价以及应用出现的技术支持学习;设计在线学习经历过程;在设计和评价学习经验中应用数据挖掘技术。

在 4 门课程中完成并且成功地获得一个真实的认证。对继续在学习设计和获得硕士学位的教育感兴趣的学习者可以学习在线课程。成功地获得微硕士认证的学习者以及获得了学士学位的同学,有机会申请在线学习设计和技术项目,而不需要参加 GAMT 或 GRE 的考试。如果被学习设计和技术项目接收,上述认证将转换为 12 个学分。

4 门课程分别为:教学设计和技术(学习理论),教学设计模型,教学设计(数字媒体、新工具和技术),教学设计数据挖掘。教学技术微硕士将前期获得的微硕士认证提升到下一个水平。

三、教学技术教育硕士

(一)简介

在马里兰大学教育学院,学生将学习到课程和教学的先进的技能、技术整合、K-12 学习环境中的领导力。这个项目被设计用来帮助学生发展属于现在的和出现的教学技术,获得一个对当代学校中技术角色的深层次理解,领导教师改变的努力,并且提升学生的成就。教育技术课程将帮助学习到数字时代的专家知识、使用技术、移动设备的能力和学习技术。

在此将学到:整合新兴的技术到课程和教学中,加强和改变教和学;使用技术创造和培养个人的学习网络;通过混合和在线学习扩展教室;整合和管理移动学习环境;评估技术的有效性以支持学生的学习;创造多媒体和网络产品支持教学;发展标准的技术支持的课程;给教师和其他教育者提供创新的专业发展经验;提倡领导技术的发起。

(二)课程设置

教学技术微硕士的课程针对雇主、工业专家以及学者进行设计。学习者将学习到真实世界的应用和实际立即能在工作中应用的技能的理论。具体课程包括:①导引性课程:在马里兰大学与研究生学习的情况介绍;有效的研究生写作。②核心课程:教与学技术的基础(3 学分);数字世界中教学信息和媒介素养(3 学分);网络教学和学习:设计和教学(3 学分);使用技术改变教学:研究、设计和最好的实践(3 学分);K-12 教育中的技术:同步的、异步的和多媒体技术(3 学分);技术发起的管理:计划、预算和评价(3 学分);学校中领导技术的改变(3学分);技术整合:全球的视角(3学分);K-12虚拟教育中的教和学。③总结科目:整合总结工程(3学分)。

(三)其他

全部的学位需要:必须保持GPA3.0以上。5年内完成。所有的学分转换5年有效期。研究生教育部门被国家教师教育委员会授权。总学费约为15000美元。该硕士学位的获得共需33个学分,可接受6个学分的转换。

四、教育硕士(The Master of Education,M.Ed)

通信和计算机技术的进步在传播途径、教学策略和学生行为等方面改变了教育。创新的、混合的或者翻转课堂的教学策略以及开放教育资源的使用、基于网络的资源、合作学习工具、视频资源以及移动设备能够提升学生的成就。很多教育者正期望在这个领域扩展他们的技能以变得更加创新的人将技术融入学习过程。课程聚焦于三个相互联系的方面的学习:课程和教学、教学技术整合和领导力。项目提供知识和技能,将技术有效应用在K-12课程、教学和评估中;在当今和新兴的技术中发展专家知识。

第一门课程GPA3.0,并且完成研究生学习情况导引(在前6个学分里)。课程之间是有关系的,候选人必须按顺序修完先期的8门课程。候选人要完成24学分的课时量,GPA3.0以上。完成全部的课程GPA3.0。和其他候选人以及教师的交互是教育硕士的核心。作为在线学习社区的一部分,候选人被期望在在线交谈中以及被给的多次时间里给同学和教学者回复。整体上来说,候选人期望一周每门课程花费7至12个小时,包括每州的讨论、阅读、学习小组以及个人工程。教育部门建议候选人提前考虑如何抽出7至12个小时。

教育硕士项目聚焦于在美国基础教育(K-12)中整合技术,加强和改进教与学。在学校领域的实践的经验是项目一个典型的组成部分。那些当下在学校的工作可能能积累经验。那些没有在K-12教育中任职的要有相关经验,在第一次课中将要被考查。

攻读马里兰大学教育学院教育硕士的学习者可以申请相应的财政支持,包括奖学金、雇主学费援助、军队和退伍军人福利、无息的月度付款计划以及大学生的税收优惠等。

最多接受 6 个学分的转换，但必须是在同意的学校获得的，并且和研究生课程是等价的，有研究生水平的建议和美国教育委员会的认可。认证类项目接受 3 个学分的转换。

学分转换必须要遵循下述原则：学分作为毕业学分；学分不一定用在学位中；学分必须在期限内被授予；必须获得 B(3.0)或以上才能转换，但在计算大学内学的成绩的平均值不被计算。

第三节　哥伦比亚大学人工智能微硕士项目

一、人工智能微硕士项目

哥伦比亚大学是美国享誉世界的知名研究型大学之一。哥伦比亚大学是 edX 平台首批微硕士项目的参与者，提供了人工智能微硕士项目。在计算机科学最吸引人和最快增长的领域，通过创新的在线项目获得专业知识。这个项目覆盖了人工智能及其应用的吸引人的话题。来自哥伦比亚大学的微硕士项目将带给人们一个人工智能领域严格的、先进的、专业的和研究生水平的基础。项目涵盖了哥伦比亚大学计算机科学硕士 25%的课程内容。学习者将学习到：人工智能设计；将机器学习观念真正应用到生活问题中；设计和利用神经网络；将人工智能应用于机器人学、视觉和物理模拟。在这个项目中学习者需要完成 4 门课程：人工智能、机器学习、机器人学、动画和电脑图像界面运动。平均每门课程的时间是 12 周，每周每门课程 8 个小时至 10 个小时。在每门课程中完成、通过并获得一个被证实的认证，以获得微硕士认证。成功获得微硕士认证的学习者可以申请哥伦比亚大学计算机科学硕士。微硕士认证将抵 25%的课程或者 30 个学分中的 7.5 个学分。

人工智能微硕士项目有着良好的就业前景。尽管人工智能对于高技术职业来说是一个最快的发展领域，但根据最近出版的基普林格报告，这个领域质量较高的工程还很少；机器人和人工智能将较大范围地影响人们的日常生活，同时也很大程度地影响工业领域，例如健康医疗、顾客服务以及家庭维护；人工智能专家的需要存在于每个领域,公司寻求给计算机思考、学习和适应的能力;提升职业生涯机会,如机器软件学习工程师、深度学习专家、数据科学家、自动化工程师、3D艺术家、计算机视觉工程师以及更多等。微硕士认证将带给学习者真正的职业生涯影响。

二、哥伦比亚计算机科学硕士项目

人工智能微硕士认证的课程可以转换为哥伦比亚大学计算机科学硕士的一部分学分。

计算机科学硕士项目为了加深和拓宽对计算机科学理解的人而开设。哥伦比亚大学和纽约市的环境为工业提供了优秀的职业生涯机会。项目提供了一个提升计算机学科深度学习的独一无二的机会。学院提供8个专业。计算机科学硕士毕业的要求为:完成30个学分,GPA至少2.7,满足一般要求,学习至少6个学分的技术课程,仅仅3个学分可以不是计算机科学或非技术课程。

计算机科学硕士目前有8个专业:计算机生物学,计算机安全,计算机科学的基础,机器学习,自然语言过程,网络系统,软件系统,视觉、图形、交流和机器人。获得计算机科学硕士学位总共需要学习4个学期。学习者将要参加研讨会和工作坊。

第四节　微硕士项目的特色和启示

一、微硕士项目的特色

1. 实现了教学模式的变革,优点多

该项目以慕课的形式开设研究生水平的课程,实现了教学模式的变革。第一,实现了世界顶尖优质教育资源的全球共享。这些课程一般是由世界知名大学开设,世界上任何一个地方的人都可以免费注册学习,包括学习在线视频,和名师进行交流以及参加考核等。第二,容易学习。学习者可以根据自己的时间、地点和节奏进行学习。学习也可以在移动端进行,只要接入互联网即可。第三,价格低廉。学习者完全可以免费注册学习,仅在获得认证时收取少量的费用。例如对于麻省理工学院供应链管理微硕士项目来说,获得每门课程的认证仅需 150 美元,而参加最后的综合考试获得微硕士认证仅需 600 美元到 800 美元。相比昂贵的学费,这样的价格是非常低的。

2. 功能多样

这种微硕士项目可以实现多种功能。第一,实现优质资源共享。全世界的学习者无论在什么地方、什么时间均可免费学习。这对提升学习者的相关专业水平有很好的促进作用。第二,可以作为获得世界知名大学硕士学位的一部分。获得微硕士认证后,学习者可以继续进入这些知名大学完成剩余课程的学习,从而获得这些大学正式的硕士学位。微硕士认证的课程则转换为微硕士学位相应的课程学分。第三,非学历认证功能。学习者在学习完系列微硕士认证课程外,获得的微硕士认证已被世界很多知名企业认可,可以作为进入这些企业的重要基础之一。第四,学分转换功能。目前微硕士认证中的课程被很多大学所承认,学习者通过这些课程的学习后,可以转换为这些大学的学分。微硕士丰富的功能,是推广微硕士项目的重要优势之一。

3. 时间短,针对性强

微硕士认证课程可以随时随地学习的特点,使得整个微硕士学位获得的时间大大缩短。以麻省理工学院供应链管理微硕士项目为例,整个微硕士学位的获得仅需一年的时间,这仅为获得美国一般硕士学位所需时间的一半(美国硕士学位的取得一般需要两年)。中国获得硕士学位的时间至少为两年半。同时,这种微硕士项目的针对性也非常强。由于时间短,也就要求其不能像培养普通的硕士那样,而是有针对性地培养。微硕士项目目标非常明确,主要针对在职工作者,针对有一定相关经验的学习者。微硕士项目更是一种提升类项目,为提升在职工作的职业生涯能力而设计。一个典型的代表就是微硕士项目毕业论文的撰写。微硕士项目要求学习者必须结合企业实际撰写一篇毕业论文,同时在微硕士录取时把学生毕业论文的规划和设计能力作为一项重点内容进行考查。

微硕士项目的设置很好地实现了学习时间的弹性制。学习者最短仅需一年就可完成硕士学位的学习并获得硕士学位证书。而微硕士认证成绩在 3 年内都是有效的,因此,学习者可以根据自己的时间灵活安排个人的学习进程。

4. 保证微硕士培养质量

这种微硕士项目虽然时间较短,但质量还是非常有保障的。首先,为了保证在线课程的质量,在在线学习完成后进行统一的考试,这要在监考的状态下进行,这是保证课程学习质量的一项重要举措。考试是全日制考试,将测试5门课程的知识,包括写作以及不同课程中作业类似的题目。除了统一的考试外,每门课程都要通过认证。而对于微硕士项目的正式录取也是非常严格的。其次,招生名额很少,每年针对全球仅招聘30名到40名学生。再者,有专门的审核委员会对申请者进行审核。审核委员会将严格对学习者在微硕士认证学习期间的表现、毕业论文的设计以及个人的学术潜力进行认真评估,以便做出最终的决定。

二、微硕士项目的启示

1. 尝试微硕士项目

这种微硕士有很多优点,包括实现了世界顶尖优质课程的全球共享、学习方便、功能多样等。我国也可尝试此类微硕士项目。首先,可以实现优质资源的共享。其次,此种微硕士项目针对性非常强,通过微硕士项目的推出,可以有针对性地培养社会所需人才。

2. 研究生培养单位应加强在线课程学习

一方面,普通研究生教育应加强在线课程的学习。慕课是一种典型的在线课程形式,可尝试进行慕课教学模式的变革。慕课学分转换指的是研究生选修某个慕课平台(校外或校内)的课程并且通过考核后,其所在学校给研究生授予学校正式承认的可用于毕业的学分的现象。而国外这种混合微硕士项目正是将学习者慕课学习课程转换成本校学分,作为整个硕士毕业所需的学分的一部分。慕课学习具有优质资源共享、学习灵活、费用低廉以及范围更为广泛的学习者可以研讨等优点。目前我国研究生教育中实行慕课学分转换的课程还较少,今后可尝试和探索将慕课融入日常研究生教学,不断提高我国整体研究生的教学质量和培养水平。尤其对于中西部高校来说,由于地域偏远、优质资源缺乏等,可以尝试此类授课模式。同时,将研究生课程以慕课的形式开设,任何人都可随时随地免费进行学习,这极大地促进了研究生优质课程资源共享。

另一方面,我国在职研究生教育目前大多采取的是集中面授的方式。将信息技术引入远程研究生教学中是未来的发展趋势,可以尝试将慕课引入在职研究生教育。在职研究生教育中,教学以慕课的形式提供。慕课课程具有可以随时随地学习的优点,适合在职学习者,而且还有降低学习费用等其他优点。

3. 慕课平台开设研究生教育课程

目前我国慕课平台以开设本科生课程为主,研究生课程还很少,今后可开设更多的研究生慕课课程。和本科生课程一样,研究生慕课课程同样具有实现优质资源共享、学习方便、更大范围内的交流研讨等优点。开设研究生慕课课程对于提升我国研究生教育水平具有一定的推动作用。

4. 加强在线课程质量监控,保证学习质量

虽然我国很多高校进行了慕课学分转换的尝试,但大多慕课考核的方式和其他非学历教育学习者的考核方式类似,学习者都是在无监控的情况下按规定的时间自行完成课程的学习和考试。根据笔者对部分学生的访谈看,被访谈的学生表示,在慕课学习过程的测验和在线考试中存在作弊的情形。另外,目前大多数慕课学分转换课程采取的是在线考试的方式。由于慕课学习者数量庞大以及机器阅卷等局限,在线考试较为适合客观题的考查,而不利于主观题的考查。因此要想办法避免上述现象的发生。慕课学分转换过程中教学质量的保证是一个核心问题。在在线教学的尝试中,进行学分转换的时候有必要对慕课课程监考或现场考试,以确保学分转换的质量。考试可采取现场笔试、网络摄像头监考以及生物识别技术(指通过指纹等技术确定为学习者本人)等形式。

第六章　美国慕课研究生学位

第一节　美国佐治亚理工学院慕课计算机科学硕士学位

2013 年 5 月，美国佐治亚理工学院（Georgia Institute of Technology）、Udacity 平台和 AT&T 公司共同推出了一个全新教育模式的硕士学位项目，也是全球第一个此类项目，即在线计算机科学硕士学位项目（Online Master of Science in Computer Science，OMS-CS）①。这个项目的所有课程均通过慕课的形式在 Udacity 平台提供。学习者不用到校园学习，完全通过在线学习的形式获得硕士学位。该项目获得的硕士学位和佐治亚理工学院提供的校园面授形式获得硕士学位颁发一样的毕业证书，被佐治亚理工学院正式认可。该项目自实施以来，取得了良好的效果，获得了业界的肯定。该项目具有实现了研究生教育模式的变革、实现了优质资源共享、学习灵活、费用低廉、受众面广以及展示了良好的合作等特色。项目的发展趋势包括此类项目的增加、学习支持服务的加强、不断提升此类项目的培养质量和完善管理体系等。而该项目的实施给我国带来了研究生教育模式变革、发展远程研究生教育、优质资源共享以及展开合作等启示。

美国佐治亚理工学院、Udacity 平台和 AT&T 公司共同推出的这个在线计算机科学硕士学位项目，完全通过慕课学习获得。所有的课程由美国佐治亚

---

① College of computing，Online Master of Science in Computer Science[EB/OL]，http://www.omscs.gatech.edu/home，2016-10-1.

理工学院计算机学院通过世界著名慕课平台 Udacity 提供。学习者可以在世界的任何一个地方自由选择时间和地点进行学习。如果通过所有课程的学习，最终会获得美国佐治亚理工学院颁发的正式的计算机科学硕士学位，而这和参加佐治亚理工学院传统面授方式所获得的硕士学位是完全一样的。学习者最终获得的硕士学位证书和学校面授项目获得的证书是一样的，无"online"字样。这个项目已经实施了三年，第一届学生已于 2015 年毕业。最新的一届学生于 2017 年秋季入学。以慕课形式提供计算机科学硕士学位也有着一定的现实原因。美国正面临着缺乏保持全球竞争力的员工的问题。他们缺乏必要的技能、培训和学位。该项目以传统的校园设置为标准，填补美国计算机和其他 STEM 人才培养的空缺。STEM 代表科学（Science）、技术（Technology）、工程（Engineering）、数学（Mathematics）。美国在 STEM 领域正缺乏技术工人。STEM 技术工作过去六年提升了 17%，比其他职业多出 10%。此类项目能给 AT&T 这样的公司提供更多高质量的经过 STEM 培训的工作者，并且将给学习者提供学位和认证。项目的实施取得了良好的效果并受到了业界的认可。

一、运行机制和效果

1. 运行机制

该项目的录取条件较为宽松。要求申请者获得计算机科学或相关领域（数学、计算机工程或电子工程）学士学位，并且 GPA 平均分数大于 3.0。表 6-1 是前几届被录取学生的平均 GPA 成绩。如不能满足上述条件，将依据事实进行评价。职业或者其他工作经验也支持推荐，并且能够替代一个职业认证，但是工作经验不能替代学士学位。对于国际学生来说，TOEFL 考试分数至少要在 100 分以上。该项目录取时设专门的委员会进行审核，择优录取。

表 6-1　前几届被录取学生的平均 GPA

2014 年春	3.55
2014 年夏	3.67
2014 年秋	3.39

续表

2015 年春	3. 50
2015 年夏	3. 58

获得该项目硕士学位至少需要获得 30 个学分。所有的课程使用英语授课。学生可以通过邮件以及论坛等形式进行交互。首先要通过两门课程的学习,然后才会被完全录取。完全录取后,一般一学期学习两门到 3 门课程。每门课程都和校园里的一样严格。不同的学生有不同的风格。学生可以根据自己的时间和地点进行学习。每个学习者完成整个硕士学位的总的时间也可能不一样。学习者根据自身的情况可以灵活确定读取学位的进度和总时间。一般三年即可获得硕士学位,最长的时间是六年。项目中所有的课程都进行考试,并采取监考的形式。该项目已经建立了 4500 多个监考设备,有专门的人员组织实施在线监考。学习者可以在全职工作的同时获得硕士学位。国际学生不需要办理签证。研究生课程不能进行学分转换,本科生课程可以进行学分转换,在获得佐治亚理工学院计算机学院同意的情况下,可转换成相应的学分。除了成绩和文凭,该项目也创造了一个世界范围内的计算机职业社区,学习者不仅共同讨论课程,而且形成了职业网络,共享工作机会,进行个人联系,在学习和职业生涯中互相支持。截至 2017 年 9 月,该项目官方 Facebook 已经有注册人数 1585 人,Twitter 上有 2132 人,同时 Facebook 上有 870 个学生组织,而在 Google+社区中有 2646 人。还有 56 个子社群以及专门的女学生社群。这个项目的大多数课程材料是免费的,但也有部分付费的。学习的总费用与完成学位的时间长短有关,越短越少。总共可能花费约 7000 美元就可以获得硕士学位,这相比全职校园面授学习花费少得多。同时,佐治亚理工学院还给学习者提供诸多奖学金资助,学生可以通过申请获得联邦资助。

2. 良好的实施效果

2013 年 5 月,该项目在刚开始宣布的时候,受到广泛的质疑。但事实证明,这是一个非常成功的研究生培养项目。截至 2016 年 5 月,仅仅 3 年的时间,该学位项目已接收来自世界各地的申请者一万多人,而截至 2016 年春共注册入学 3358 人,规模非常大。该项目自从宣布实施以来,项目申请者逐年上升(见图6-1)。而申请者中,美国本土学习者比例逐渐下降,国外学习者逐渐增多(见图6-2)。这说明这个项目的国际化程度逐渐增强。该项目还获得了南部地区职业和继续教育协会(Professional and Continuing Education Association,UPCEA)颁发的对职业有效项目顶级大奖,即学分项目优秀奖。

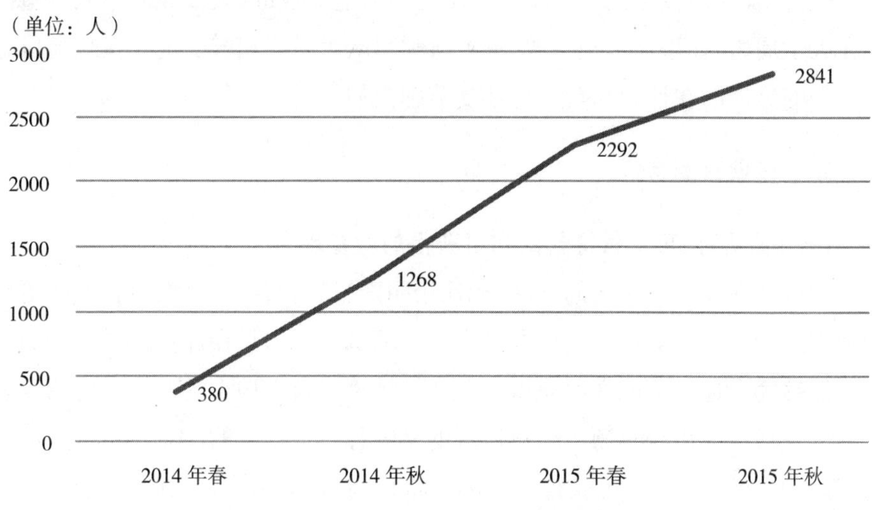

图6-1　学习者入学注册人数的不断增加

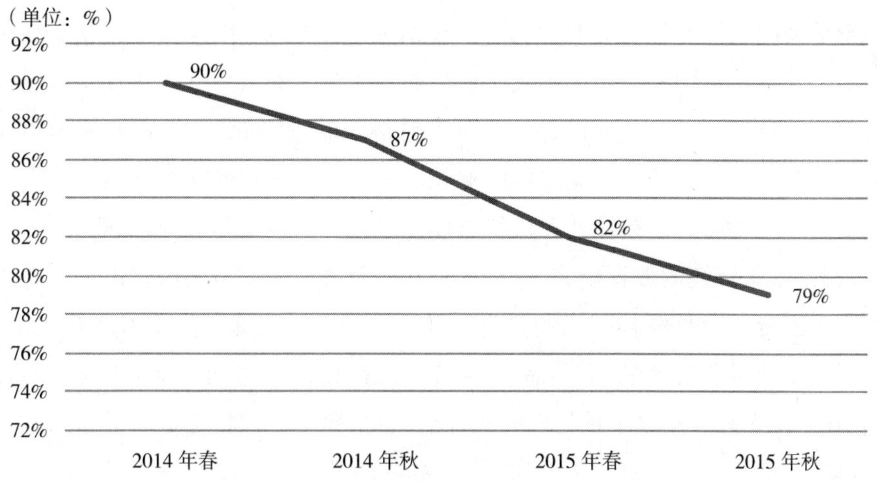

图6-2　美国学习者在所有学习者中所占的比例

2015 年 9 月,该项目第一届学生毕业了。学生的反馈是清楚的:这个项目改变了高等教育。该学位在需要更多的技能工作者的背景下是一个先进的学位项目。第一届学生 Nate Payne 表示最初的印象非常好,教师在视频制作、内容推送方面非常好。Michael Brown 是一名军人,他表示获得计算机科学硕士,一个传统的面授方式对于军人几乎是不可能完成的,大多数的军队设施都不在大学周边,如果是传统方式,学习将和军队生活不相容。这个在线项目是唯一足够灵活的在计划和费用可承受范围内的。

二、该项目的特色

(一)被认可、可支付得起的和可获得的教育理念

大规模在线教育模式的发展,相比校园面授教育,给来自世界各地的更多数量的人带来了空前扩展高质量教育路径的机会。这是在计算机科学领域第一个能够完全通过慕课学习获得职业在线计算机科学硕士的项目。佐治亚理工学院在线计算机科学硕士项目体现的是一种对被认可的(Accredited)、可支付得起的(Affordable)、可获得的(Accessible)教育的追求。“被认可”指的是该项目提供的学位具有高度的全球认可度。佐治亚理工学院作为一所享有世界声望的顶尖研究型大学,在全球有着一流的学术声誉,其代表学科是工科。该校是美国最好的理工类大学之一。佐治亚理工学院、麻省理工学院及加州理工学院并称美国三大理工学院。佐治亚理工学院的计算机学科在全世界排名前列,被全球业界人士所认可。“可支付得起的”指的是学习者能够承担攻读世界名校学位的费用。通过传统的校园面授形式获得同样的学位总共需要花费约 20 万美元,而在线计算机科学硕士学位的获得仅需要约 7000 美元,因此,相比原来传统的教育模式,这种新型在线教育所需要的费用仅占传统费用的一小部分。“可获得的”指的是学习者进行硕士学位课程的学习非常灵活,学习资源获得非常容易,学习者可以灵活选择自己的时间和地点进行学习。当 2013 年 5 月宣布这个项目的时候,支持者预测这个项目将是一个新的教育阶段的开始。这个项目的所有课程,学习者都可通过 Udacity 平台学习,学习者可以选择自己的时间和地点进行学习。对于学习者来说,在全职工作的时候,也可以获得硕士学位。而 Udacity 平台已经证明了慕课学习的成效以及学

习者的保留率。证据来自美国科学基金的研究,还有各种各样小的评价。Udacity 和别的平台的不同之处有:第一,通过交互和合作激活学生的学习和学习经历。第二,以学习指导的形式提供服务,过去学生有 100%的保留率。但该项目仍需要在后续实行中进行评价。

(二)研究生教育模式的变革

佐治亚理工学院提供的在线计算机科学硕士项目课程全部以慕课在线学习的形式提供,这实现了研究生教育模式的变革,是世界上第一个以慕课的形式开设的计算机科学硕士学位项目。相比传统的面授模式来说,这种模式以慕课这种新型在线学习方式为主,实现了教学模式的创新。这种模式的变革有诸多优点,例如学习方式灵活、费用低、受众面广等。这也符合佐治亚理工学院追求优质的、可支付得起的以及可获得的教育理念。和以往的在线教育相比,慕课可以说是一种全新的教育模式。慕课平台提供了良好的学习环境,包括课程资源的提供、论坛的讨论以及测验的进行等。以慕课形式提供计算机科学硕士学位也与计算机科学本身的特性有关。计算机科学往往有一个正确或错误的答案。答案是客观的,而不是主观的评估和评价。这是计算机科学适合慕课平台的原因之一。慕课平台的在线考试比较适合客观题,以便机器自动评阅。同时慕课选课人数非常多,教师可能无法应对主观题目评阅。

(三)实现了优质资源共享、学习灵活、交互范围广

佐治亚理工学院提供的在线计算机科学硕士项目的课程以慕课的形式提供,全部通过在线学习的形式实现。在线计算机科学学位的课程有四个模块,包括计算感知和机器人、计算系统、交互智能和机器学习,学习者可选择其中一个模块进行学习。每个模块又由多门课程组成。学习者可以根据自己的兴趣选择相应的模块。全世界任何地方的学习者都可以根据自己的时间、地点和节奏进行学习。如果不是以获得硕士学位为目的,那么任何人都可以免费注册学习这些课程。对于想要通过这些课程的学习获得硕士学位的学习者来说,也可以在世界的任何一个地方灵活学习。学习者完成学位的总时间也没有限制,只要修够所规定的学分即可获得相应的硕士学位。从已有毕业生情况来看,最快的学习者 18 个月就获得了在线计算机科学硕士学位。而学生的入学时间也较为灵活,每年的春、夏、秋季均可入学。普通面授教育仅每年的

9月有一次入学时间。这极大增加了学习的灵活性。除此之外,该项目还给学习者提供了重修和短暂离开的机会。如果一门课程没有通过,学习者可以重修这门课程。如果重修通过,则按重修取得的成绩计算 GPA。硕士学位学习者可以离开一学期,然后回来继续学习。但如果离开超过两学期以上(包括两学期),学习者就得重新申请这个项目。该项目设置了诸多网络学习社区,包括 Facebook、Twitter 以及 Google+等,来自世界不同地区的学习者可以在线上广泛交流。交互的人数和范围扩大了很多。

(四)费用低廉、受众面广

这个项目的另外一个突出优点就是学习费用低。完成整个硕士学位的学习仅需要 7000 美元,这在当今美国昂贵的学费情形下,低廉的费用也使很多学习者实现了学习梦想。该校还给学生提供各种各样的奖学金和资助,这对学生的积极性是极大的鼓舞。2015 年 3 月,时任美国总统奥巴马在视察佐治亚理工大学的时候说:"佐治亚理工大学非常适合做这个项目,因为其学生就业率高。这个项目实现了零负债的教育,是第一个提供在线计算机硕士学位的。可以作为一个减少教育费用的典范。"美国教育委员会高级副主席 Terry W.Hartle 说:"佐治亚理工大学是一个有声望的学校,为很多公司以低廉的学费培养人才。"这种学位较为适合工作者学习,但不局限于工作者,其他人员也可申请该项目提供的硕士学位。尽管这个项目开始提出的时候面向的对象较为倾向于在职工作者。从 2013 年该项目启动以来,在仅仅三年时间里,已有来自世界各地的一万多人申请了该学位项目,并且已有三千多人被录取。这和一般的校园面授学位相比,硕士学位培养的人数多了很多,为社会培养了大批工程技术人才。

表 6-2　申请该项目人数在前 20 的国家或地区

美国	巴西
印度	埃及
中国	印度尼西亚
加拿大	澳大利亚
尼泊尔	俄罗斯

续表

韩国	中国台湾
巴基斯坦	新加坡
墨西哥	英国
越南	哥伦比亚
肯尼亚	德国

(五)良好的合作

通过这个项目,教育、慕课和工业的领导者应用技术将拓宽高质量的计算机领域学习者需要的渠道。佐治亚理工学院提供的在线计算机科学硕士项目是由佐治亚理工学院、Udacity 平台和 AT&T 公司共同提出的,这充分发挥了佐治亚理工学院的学科优势、慕课平台的优点以及 AT&T 公司的技术优势。佐治亚理工学院计算机学院提供计算机交互科学硕士、计算机科学硕士、信息安全硕士以及在线分析科学硕士等方面的硕士学位,而本书中的在线计算机科学硕士即为其中的一种。佐治亚理工学院的计算机科学专业是世界上最好的计算机专业之一,口碑非常好。Udacity 是现代慕课创造的领导者,致力于提供高质量的在线教育,改善学习成效。Udacity 和服务提供了史无前例的教育规模。Udacity 也和其他大学展开了合作,例如圣荷西州立大学,渴望通过教学技术创新和拓展高等教育途径的大学合作。作为领先的全球通信公司以及教育创新的冠军,AT&T 公司将提供技术路径、连接性产品,并且提供服务和平台支持。该公司将以建议的形式支持,提供学分项目,也将训练其自己的员工。这三者实现了良好的合作,共同为世界带来了高质量的学位项目。

三、在线硕士学位发展的趋势

1. 此类项目的增多

目前,佐治亚理工学院仅提供了一个此种形式即全部课程通过慕课学习的硕士学位项目。随着这个项目的不断成功,今后可能还将推出更多类似的在线学习项目,以进一步扩大资源共享、增加受众面以及拓宽教育渠道等。佐治亚理工学院则表示,目前正专注于在线计算机科学硕士这个项目,以后还会提供更多,惠及更多人。佐治亚理工学院在线计算机科学硕士学位实现了教育模式的创新和变革,今后可能会有更多的大学加入此行列,提供更多优质的在线学习项目,向优质资源的共享、可支付得起的以及可获得的目标前进。

2. 学习支持服务的加强

佐治亚理工学院在线计算机科学硕士学位所有课程完全通过在线教育实现。虽然通过网络设区、邮件等可以进行交互,但还是存在着很多问题,例如面授不足、学生之间缺乏面对面的交互以及学生高级思维能力的培养欠缺等问题。如何有效对分布于全球各个地方的学习者学习过程进行评估等,也是未来需要考虑的问题。因此,学习支持服务的加强是未来此类项目的必然趋势。

3. 不断提升此类项目的培养质量和完善管理体系

虽然佐治亚理工学院在线计算机科学硕士学位项目已实施三年多了,但总体来说还属于新生事物,有必要对其实施的效果等进行深入分析。接下来有必要对此类项目实施的过程、效果进行实证研究,并与传统的面授项目进行对比分析,以期不断改善此类项目的教学效果。而此类项目的管理体系也须不断完善。由于学习者分布于世界各地,人数众多,如何更有效地管理也是此类项目需要不断探讨的话题。

四、启示

1. 优质资源共享

佐治亚理工学院通过在线课程实现了世界顶尖大学优质课程资源的共享。世界上的任何人在任何时间地点都可免费注册学习这些课程。对于那些不以获得硕士学位为目的的学习者,学习这些课程是完全免费的。只要具备简单的网络条件,即可在注册后学习这些慕课课程。目前我国慕课课程主要集中在本科教育阶段,研究生水平的慕课课程设置还不多。以此为启发,我国可以将部分优质研究生课程以慕课的形式开设,并向社会开放,任何人都可注册并进行免费学习,这会极大地促进研究生优质资源的共享。

2. 发展远程研究生教育

佐治亚理工学院的在线计算机科学硕士学位的所有课程都通过在线慕课的形式提供。对于攻读这个学位的学习者来说,可以在世界上的任何地点、任何时间进行学习。学习者不需要办理美国的签证。这为学习者的学习提供了极大的便利，并大幅降低了学习的费用，使一种可支付得起的、易获得世界顶尖级的研究生教育得以实现。佐治亚理工学院的在线计算机科学硕士学位设置的主要对象是在职工作者。对于在职工作者来说，这种模式是较为适合的。在职工作者一般都有较为繁重的工作，并且面临着职业的提升和改进，同时还有家庭的压力等，对于他们来说，这种项目学习灵活，满足了他们的需要。有必要大力发展远程研究生教育，针对社会需求，为社会大力培养大量相关人才。

3. 研究生教育模式变革

佐治亚理工学院在线计算机科学硕士学位的课程全部通过在线学习的形式提供，实现了教学模式的根本性变革。学生分布于世界各地，可以通过网络社区以及邮件等相互联系和沟通。将信息技术引入远程研究生教学中是未来的发展趋势，今后应不断尝试在研究生教育中实施在线教育，将慕课融入研究生教学。除了上述提到的优点之外，将慕课融入研究生教学还可以降低学习费用，适合在职研究生学习等。这种在线教育极大地扩大了研究生教育的规模，为社会培养了大量所需人才。目前我国以慕课形式开设的课程主要应用在本科教育阶段，而在研究生教育中还较少见。因此，进行研究生教育模式的变革具有重要的意义。以慕课的形式开设研究生课程，不仅本校的学生可以学习，而且其他学校的学生也可以学习，可以通过学分转换的方式实现学分互换。

4. 展开合作

各方应积极展开合作，发挥各自的优势，共同为教育模式的变革而努力。佐治亚理工学院在线计算机科学硕士学位项目给我们提供了很好的榜样。我国各个高校的优势学科可以与清华学堂在线或中国大学 MOOC 以及中国移动等较为有实力的企业展开合作，共同实现教学模式的深入变革。

目前，慕课席卷全球，正处于高校教学模式深刻变革的浪潮中，要充分发挥慕课的优势，实现研究生教育模式的变革。今后需要对此类项目的效果进一步进行验证，不断完善慕课教学模式的管理体系以提升研究生教育质量。

第二节 国外慕课专业硕士学位发展和启示
——以伊利诺伊州立大学 iMBA 学位为例

目前,国内外慕课快速发展,慕课有着诸多优点,例如优质资源共享、学习灵活以及费用低廉等,国内外高校纷纷将其试用于教学模式的变革,取得了突出效果。国外也将慕课的学习引入专业学位的学习中,实现了专业硕士学位教学模式的变革。2015 年 5 月,美国伊利诺伊州立大学香槟分校(University of Illinois at urbana-champaign,UIUC)商业学院推出了慕课 iMBA(International Master of Business Administration)学位①。该学位属于 MBA 学位。该项目第一届学生已经于 2017 年 1 月入学。第一届招收 200 个学生,这些学生的平均工作经验为 12 年。该学位的课程全部通过国外知名慕课平台 Coursera 平台以慕课的形式提供。学生不用到校园参加面授学习,全部学习均通过网络进行,包括课程的学习以及师生交流等。如果学习者顺利完成此学位的全部学习,伊利诺伊州立大学将给学习者颁发和校园面授学习一样的毕业学位证书,被伊利诺伊州立大学官方正式认可。这是一个全新的学位,是全球在专业硕士领域推出的第一个全部课程均通过慕课形式学习的学位。此类项目有着很多突出的优点,包括受益人群扩大、学习灵活以及费用低廉等。慕课专业学位的出现与市场的需求变化也是有关的。现在的企业更看重学习者学位学习的收获。该学位是专门针对工作者而设计的专业学位,尤其针对那些在职业生涯中是优秀的并认为 iMBA 可以帮助他们满足未来职业目标的学习者。该项目的推出受到了学习者的欢迎,超出了推出者的预期。自从课程推出以来,已有 950000 学习者访问了课程资源,其中活跃的学习者有 260000 人,提出缴费认证申请的有 27000 人。申请 iMBA 学位的有 1100 多人,最终第一届学生录取了 275 名,其中男生占 74%,女生占 26%。该慕课 iMBA 学位学生的保留率也很高,第一届学位班学生的保留率为 98%。对于进行非学位学习的课程学习者来说,保留率同样也很高,保留率介于 96%—100%之间。推出者计划招

① iMBA,[EB/OL],https://onlinemba.illinois.edu/,2017-5-20.

收1000人以上。自从学位推出以来,很多公司都表达了对慕课MBA培养出来的学生的招聘意愿。

一、慕课专业研究生学位的特色

(一)实现了专业学位研究生教育模式的变革,功能多样

慕课专业研究生学位实现了专业学位研究生教育模式的变革。目前,我国研究生教育(包括专业研究生教育)还是以面授模式为主,而伊利诺伊州立大学慕课iMBA学位实现了研究生教育模式的变革,全部课程均通过慕课形式进行学习,学习者和教师的交流均通过网络进行。以慕课这种方式提供MBA学位,可以实现多种功能。第一,全世界的学习者都可免费注册学习伊利诺伊州立大学MBA学位提供的慕课课程。如果不获得认证,则是完全免费的,非学位获得学习者和为了获得硕士学位学习者享有同样的学习权利,包括视频的观看、与教师的互动以及考试的参加等。第二,可以获得课程认证。学习者如果通过课程的学习(包括考试),则可获得一门课程的认证,也可获得模块的认证。该硕士学位课程采用模块化教学。目前伊利诺伊州立大学慕课iMBA学位共设置7个模块。每一个模块由5门或者6门课程组成。每一个模块是相对独立的一部分,是一个相对完整的知识点,学习者可以单独学习某一模块,考核合格后可颁发相应的证书。而获得认证则需要收取少量的费用,一门课程的认证需要收取约80美元,而一个模块的费用约为3000美元。这些收费并不算高。第三,获得学分。学习者可以随时学习这些课程,而一旦学习者决定申请MBA学位并被录取的话,已学习通过的课程将转换为学位的学分。研究生水平的学分转换课程全年在各个时段开放。学分不仅可以应用于iMBA,还可以应用于其他高校。有下述三种情况可以申请学分转换:一是打算申请iMBA学位或正在申请,想要提前学习课程或感受一下课程的难易程度;二是申请iMBA学位提升学术认证,在录取时会看学习者在学习这些课程时的表现;三是获得学分并将其转换到其他项目或大学中。由两部分组成。一部分是自我学习的,覆盖了基本的内容。这部分是在Coursera平台上学习,包括一个开放的、全球的交互和学习空间。这部分课程是免费的,但是学习者如果想要获得研究生学位的话,就需要缴纳少量的费用。学习者需要得到一

个认证,然后获得学分。另一部分是提升水平的研究生学分转换课程,这部分课程包括上面一部分的基础内容。这部分内容依据校园平台,将通过与教师的交流,以互动的班级、个人反馈、工作时间和案例学习的形式,加深对课程的理解。这种情况下,每学分为250美元。大多数课程为4学分。第二部分的课程和第一部分的课程同时进行,但是学习者可以先完成第一部分课程的学习。第四,获得一个伊利诺伊州立大学正式颁发的MBA学位。最后颁发的学位证书与面授模式颁发的学位证书是一样的,但学习方式完全发生了变化,所有的课程和交互都通过网络进行。

(二)优质资源共享、受益面广,但学费非常低廉

伊利诺伊州立大学香槟分校被《泰晤士高等教育》评选为世界最知名三十大品牌的高等教育机构,该校历史上曾有32位诺贝尔奖获得者。伊利诺伊州立大学MBA在全球MBA学位中排名前列,属于全球知名品牌,在《美国新闻与世界报道》中排名前40,已经有百年历史。目前伊利诺伊州立大学香槟分校共提供三种类型的MBA学位项目,分别是全职MBA(full-time program)、职业MBA(professional program)以及iMBA项目(online program)。全职MBA,即学生全脱产在学校学习。职业MBA,教师与学习者每周见两次,主要针对本地的学生。只有iMBA项目为完全在线学习,包括课程的学习和交互均通过网络进行。伊利诺伊州立大学慕课iMBA学位是Coursera平台提供的第一个认可的项目。

而该项目最突出的一个优点就是低廉的学费。完成整个项目的学习并最终获得硕士学位总共需要花费约2万美元,这比面授形式的MBA学位平均需要花费8万美元少多了。目前美国大学学费不断上涨,很多学生因为上学而欠下了大量债务,或者通过贷款才可以保证学习顺利进行。对于很多工作者来说,由于昂贵的学费而无法接受继续教育(例如MBA学位的学习)。该项目的推出对学习者来说,无疑是一个非常好的消息,这让很多人可以接受继续教育,完成他们的MBA梦想。慕课这种方式提供MBA学位,对于本地的和非本地的学生来说花费是相同的。由于费用非常低,管理教育领域权威Poets & Quants说这个项目是有突破的。

该项目受益面广。此项目的推出,吸引了不少新的学生。从目前已招收到的学生来看，学生生活在全世界，超过 15 个国家，在美国国内学生也分布于全国三十多个州。目前 82.5%的学位学习者为美国国内的学习者，17.5%的为国际学生。这将带给学习者实时的最前沿的观点。教师和学生定期交互，每周开会，覆盖全世界的多个时区。100%的在线意味着学生的背景多样化，包括来自非营利性组织、公司、创业者以及军事领域等，并且来自全世界。多样化的学术能力和经历将丰富学习者的合作、深化学习者的学习以及使学习者的职业生涯受益。

（三）学习灵活

该项目另外一个突出的优点就是学习灵活。学习者可以随时随地进行课程学习。全世界的学习者在任何地方、任何时间只要具有互联网就可进行学习，除了可以使用计算机进行学习外，也可使用手机、平板电脑等移动终端进行移动学习。该项目的学习者不用办理美国签证，可以在家完成整个项目的学习，并获得学位证书。该项目非常适合在职学习者，其在工作的同时可以完成学位的学习。项目实行弹性学习制，一般学习者在 23 个月至 36 个月完成学位的学习，具体多长时间可由学习者自行决定。在学习过程中，学习者可以根据自己的情况灵活选择时间完成课程的学习。项目每年有两次入学时间，分别是每年的 1 月和 8 月。

（四）质量的保证

该项目虽然以在线的形式提供课程的学习，但采取了多项措施保证教学质量，以使在线学位与面授学位获得相同的教学效果。第一，该项目有着严格的录取条件。该项目虽然形式是在线的，但是一个完全的研究学位，获得的是 MBA 学位，和面授的是一样的。有专门的委员会负责录取。录取时是有选择的。录取团队要考虑申请者的学术能力、过去的表现和未来的潜力。申请者需要取得如下的学术成就：必须获得在美国被认可的学校或在外国被认可的一个等价的学士学位；本科平均成绩点（GPA）为 3.0（A 为 4.0）；如果申请者完成了 MBA 学分转换课程或模块，录取委员会将考虑申请者在这些课程中的表现，可以确定申请者对学位的学习的准备情况。申请者还需要具有一定的专业经验。所有的申请者都被期望有三年以上的工作经历，拥有有价值的操作或管理经验，这是一个较为重要的条件，因为工作经历可以提升申请者未来的学术表现。

申请者还需提交 GMAT 获 GRE 成绩。非本地的英语居民需要提供 TOEFL 成绩。所有的申请者在录取前要选择话题提交论文。还要有三封推荐信,一封要来自申请者的管理人。目前,第一届招生人数并不多,仅为两百多人。

第二,课程安排和面授课程一样。除了完成相应规定课程的学习外,学习者必须同时完成伊利诺伊州立大学学习管理系统中其他的作业、项目。课程是严格的和结构化的,反映了真实世界使用材料的方式。在策略、经济、会计以及财政方面的核心课程,将帮助学习者提升基础的行政管理能力,专门的路径被设计提升学习者在数字市场、创新和全球化等领域的能力。未来的视野和领导力课程被模块化,能集中学习某一个主题,指导学习者在实际工作中如何使用,目标是使学习者精通商业。所有的模块都是 MBA 学位的一部分。课程包括 4 个核心模块以及 3 个领域模块:4 个核心模块分别为领导力和管理策略、管理经济和商业分析、价值链管理、财政管理;3 个领域模块分别为全球商业挑战、创新:从创新到企业家精神,以及数字市场。学习者为获得硕士学位必须完成 7 个模块中的 6 个模块的学习。学习者必须完成需要的 4 个核心模块,并且选择和完成聚焦领域的 3 个模块中的两个模块。每个模块由 3 门课程组成,每门课程有两部分:第一部分为基础水平。这部分课程的学习是自定步调的,由视频包括基础阅读和自我测验组成,也包括同伴互评的工程。教师交流是异步的。依托 Coursera 平台和技术公司(例如 Instagram)、商业学校(例如 Wharton)合作。第二部分为提升水平。这部分是交互的在线课堂,学生提问和教授以及互相之间进行讨论,也包括团队工程和互动,依托伊利诺伊州立大学在线会议系统。

第三,提供良好的学习支持服务。伊利诺伊州立大学慕课硕士学位为了保证教学质量,除了使用 Coursera 平台之外,还专门启用了伊利诺伊州立大学本校的会议视频系统,以便学生与教师进行交流。在这个系统的帮助下,学生可以和教师进行更为深入的交流,包括个人指导、案例学习等,极大地保证了学习的质量。同时,给每一个学生都安排了一个研究生助理。

二、启示

1. 尝试慕课专业学位研究生项目

发展远程研究生教育是未来我国研究生教育的发展趋势之一。我国也可以尝试开展此类慕课专业学位研究生教育项目。第一，慕课专业学位研究生项目有很多突出的优点，包括学费低廉、学习灵活等。学习灵活包括可以随时随地学习、实行弹性学制等。很多专业学位（例如 MBA）的学习者大多为在职工作者，慕课学习模式对他们来说很适合。在职工作者可以在工作的同时取得硕士学位。另外，低廉的学费可以极大地扩大专业学位的学习者数量。慕课专业学位的获得为扩大我国优质资源受益人群，提升我国整体专业学位教育水平有很大的益处。我国一些知名专业硕士学位项目可以先行试点，一些有实力的高校例如清华大学、北京大学可以先行试点慕课专业硕士学位项目，依托我国著名慕课平台清华学堂在线、中国大学慕课等，进行 MBA 等专业慕课硕士学位试点工作。第二，试点此类慕课专业硕士学位项目，不仅在学位培养方面受益颇多，还可以实现优质资源的共享。对于不以学位获得为目的的学习者来说，任何人都可以随时随地免费注册学习课程，仅在需要获得课程认证时收取少量的费用。这让很多学习者可以学习到名校的课程。第三，此类项目可以以模块的形式开设课程，每个模块相对独立和完整，代表了一个相对独立的知识块，学习者也可以对模块进行学习，进而获得知识的提升。学习者可以通过单门课程的学习或者模块课程的学习获得相应的认证。这对提升我国专业学位课程共享水平等有重要的意义。

2. 研究生教育模式变革，特别是专业学位研究生教育模式变革

这个项目给我们的另外一个启示就是实行研究生教育模式的变革，特别是专业学位研究生教育模式的变革。专业研究生学位的很多学习者为在职工作者，如果能将部分课程或全部课程以在线课程的形式开放，将带来很多益处。另外，其他学校的学习者也可通过慕课学习名校的课程，进行学分转换。学习者所在学校可以和慕课开课学校密切合作，制定相应的学分转换机制。社会学习者也可免费学习这些课程，极大地提升了优质资源的共享水平。目前，慕课数量迅速发展，例如中国大学慕课平台上的课程数量已突破 1000 余门，这些平台上的课程中大多为本科课程，研究生水平的课程还较少，今后可以增加研究生水平课程的数量，提升我国研究生整体教育水平。

3. 保证质量

虽然这种模式以慕课的形式开设课程，但仍然要采取各种措施保证教育

的质量。第一,在线课程的设置,包括课程的内容、数量以及难度等须与面授形式的课程一样。第二,在线课程的考试也与面授课程一样严格,需要学习者在监考的情况下完成考试。第三,提供有保障的学习支持服务,包括学习者与教师之间的以及学习者与学习者之间的交互等。慕课学位项目有不同的功能,针对不同的情况采取差异化的学习支持服务。第四,如果进行单门课程的学分转换,需要建立相应的学分转换机制。

三、总结

伊利诺伊州立大学慕课 iMBA 学位带给我们一个重要的启示就是,将慕课引入专业学位研究生的教学中。将慕课应用于专业学位研究生教育,符合专业硕士学位培养的特点(例如专业学位学习者很多为在职学习者等),我国完全可以参考国外慕课 MBA 学位的设置情况发展我国专业研究生学位的培养,这是未来值得我们思考的重要话题。

第七章　国外在线大学先修课的发展:从面授到慕课

慕课由于其具有的学习灵活、费用低廉等突出优点,被应用于高等教育领域,促进了高等教育模式的变革。慕课目前应用模式之一就是将慕课应用于大学先修课领域。大学先修课在国外已经有六十多年的历史,在我国也有十余年的历史。大学先修课指的是供高年级优秀学生选修的大学水平的基础性课程,是高中和大学的衔接课程。目前慕课的出现,使得国内外纷纷尝试将慕课应用于大学先修课的教学,以解决大学先修课的一些问题,例如一些学生无法承担先修课的费用以及提升先修课质量等。国外较有代表性的大学慕课先修课项目是 edX 平台发起的 High School Initiative 项目,专门以慕课的形式为高中生提供免费的大学先修课①。本章对这个项目进行了深入分析,以期为我国大学慕课先修课的发展提供一定的借鉴和参考。

第一节　大学先修课和大学在线先修课

一、大学先修课的发展

美国大学理事会(College Board)属于非营利性组织,成立于 1900 年。目前理事会会员包括世界上 6000 多个领导教育的学校。美国大学理事会主要负责美国学业能力倾向测验和大学先修课项目。第二次世界大战之后,福特

① “Get College Ready, Get Ahead, Get Learning!”, https://www.edx.org/high-school, 2017.

基金会创立了一个基金，支持教育研究委员会。这个项目在凯尼恩学院建立，后来被称为凯尼恩计划，第一项研究由三个学校和三个大学共同进行，分别是劳斯维伦斯中学、菲利普斯学院、菲利普斯埃克塞特学院，哈佛大学、普林斯顿大学和耶鲁大学。1952 年他们提出了一个关于学校教育的报告，建议允许中学中高年级的学生学习大学水平的课程并且参加考试，并且获得大学学分。第二个委员会，即免修委员会，发展和执行了这个计划并且选择课程。1952 年一个试点项目运行，覆盖了 11 个学科。设在纽约的美国大学理事会，从 1955 年开始运行大学先修课项目 Advanced Placement(AP)，这是供中学高年级优秀学生选修的大学水平的基础性课程，是美国高中和大学的衔接课程。因此，它为高中生开设了具有大学水平的课程内容，学生通过进阶先修课程，可以在高中阶段就接触到大学层面的课程内容。此外，项目还为修读完课程的学生提供考试，根据考试等级，大学先修课项目发展了覆盖各个学科领域的具有大学水平课程的教学指南。

许多中学提供大学先修课。不提供先修课学校的学生具有参加考试的一样的权利。AP 课程项目为高中学生提供了严格的大学课程与考核，为 34 门课程设定了衡量学习成绩的标准，并提供了广泛的教师专业发展。AP 课程项目是美国大学理事会创造的一个项目，给中学生提供大学水平的课程和考试。美国大学可以给考试中获得高分的学生提供学分转换。各个科目的先修课程是由相关学习领域的具有大学水平的教育者和专家创造。先修课程需要得到美国大学理事会的审定，中学才能使用。

项目逐渐成熟，不但在美国“无人不晓”，而且风靡全球。2006 年，超过 100 万的学生参加了超过 200 万个先修课的考试。2013 年，参加人数最多的“英语语言和作文”考试的学生已达 47 万余人，参加人数最少的“日语语言和文化”考试有 1169 个学生。参加先修课的学习不一定参加最后的先修课考试，2013 年，在参加先修课学习的 3938100 人中有 2218578 人参加了最后的先修课考试。几乎所有的大学先修课考试的人数都大幅增加。根据 2014 年 AP 项目参加及表现的数据统计，2013—2014 学年共有 19493 所高中提供 AP 课程，参与 AP 课程项目的学生达到 2342528 名，41 所高校认可 AP 课程成绩，共组织了 46200 场考试。大学理事会最新报告显示，我国 130 多所高中开设了美国 AP 课程,报名考试每年有 1.3 万科次,全球 114 个国家 3600 多所大学招生承认 AP 课程考试成绩。

大学先修课不局限于美国境内,目前已发展成全球学术项目,世界上已有 100 多个国家和地区的高中开设 AP 课程,美国境外超过 60 个国家和地区的 600 多所大学在录取时承认 AP 考试成绩,并酌情授予学分,它着眼于加强美国中学与大学的合作,旨在解决美国中学与大学教育之间的差距这一问题。美国大学先修课程包含 22 个学科以及领域 37 门课程(2013 年),考试成绩分为 5(极其优秀的)、4(较为优秀的)、3(优秀的)、2(可能优秀的)、1(没有建议)五个等级(3 分以上为合格)。

具体来说,大学先修课具有以下功能。1. 允许学习成绩优异的学生尽其所能地学习并升级。2008 年美国学者莱斯利·肯(Leslie Keng)和芭芭拉·G.岛(Barbara G. Dodd)对 AP 课程学生与非 AP 课程学生群体 10 门学科的大学成绩比较发现,修习 AP 课程的学生比非 AP 课程学生在大学测验中的表现更好。AP 课程项目事实上创建了高中优秀学生加速成才的课程激励机制,提供了学生学习效果预测效度的更好指标,提供了增强科学、技术、工程、数学(STEM)劳动力和保持全球经济领先地位的机制。AP 课程对高中生进入大学后的专业学习影响很大,他们往往选择 AP 考试成绩优异的学科作为专业研究和学习领域,从而在大学有更好的学业表现。然而并不是所有的大学先修课学生都参加了最后的考试,大学理事会估计有 2/3 的学生参加了考试,而加利福尼亚大学的研究显示仅有 55%—60% 的学生参加了考试。2. 美国大学招生 AP 课程诞生 60 年来,其考试成绩一直是美国精英大学招生最为看重的标准之一,大学理事会的最新报告显示,全球有超过 100 个国家的学生参加了 AP 课程考试,3600 多所大学招生承认其课程考试成绩并折抵大学部分课程学分。据《2013 年美国大学入学报告》统计,自 1993 年以来,美国高校在招生录取时特别重视申请者修习 AP 课程的表现。截至 2014 年,全球有 60 多个国家,超过 4000 所大学承认 AP 课程学分,并将其列为学生的入学参考标准,其中包括哈佛大学、耶鲁大学、普林斯顿大学、剑桥大学和牛津大学等世界名校。而在其他国家,例如德国,来自美国的中学生必须提供大学先修课程成绩才能被录取。3. 转换学分、降低费用。也是大学折抵相应学分课程或者免修相应课程的标准。2000 年,斯坦福大学超过半数的新生入学时有至少 10 个学分的大学先修课课程或者国际文凭会考课程,而 2006 年在西北大学有超过 90%的新生得到大学先修课课程折抵的大学课程学分。1961 年,参加 AP 课程的高中学校数量第一次突破 1000 所,该年柯南特在其著作《贫民窟和郊区》中写道,在麻省理工学院、密执安大学、斯坦福大学、西北大学和常青藤大学联盟的大学,学习过 AP 课程的学生数量最多,哈佛大学约一半学生修习过且几乎 10%的学生已具备大学第二年免修相应课程的资格。学习 AP 课程事实上成为高中生进入大学名校的最佳策略,避免在中学与大学里重复设置同样的课程,并且大学先修课可以帮助学生进入大学后获得各种奖学金。根据大学理事会统计,31%的美国大学在提供奖学金时要看学生大学先修课的经历。由于 AP 课程在美国大学招生录取中以及入学后的影响巨大,为了保障申请者的合理利益,规范美国各高校授予 AP 课程学分,美国教育委员会与大学委员会联合制定了"关于高校授予 AP 课程学分的建议"。一些高校出现了有免修课程,但不授予学分的现象。如维克森林大学许多 AP 课程,在成绩达到 3 分便允许免修大学相应课程,但不授予学分;弗吉尼亚大学更甚,某些 AP 课程成绩达到 4 分或 5 分仍不授予学分。AP 课程发展 60 年来,美国教育界在对 AP 课程提升精英教育质量予以肯定的同时,也对其消极教育作用进行了批评。

二、大学先修课发展中存在的问题

1. 质量降低

21 世纪,独立的教育研究者开始质疑爆炸性地增长先修课是否可以保持较高的学术标准。研究显示,大多数流行的先修课测试有着最低的通过率,这可能预示着更少的有准备的学生注册了先修课。先修课在服务大量学生的同时,而不降低质量是教育领域争论的一个话题。

2. 通过分数和大学学分

很多大学的教师表示了对大学先修课考试通过的分数的疑虑。大学先修课得到 3 分或者 4 分的学生在很少的大学被授予学分。学术部门也批评了增加的参加并通过先修课考试的学生数量,但是未达到大学的水平。

3. 学术成就

一个典型的先修课考试发现参加了科学先修课课程但考试失败的学生的大学科学课程的表现不比没参加先修课学习的学生的好。对那些选修了但考试失败的学生来说,在学习先修课的这一年并没有显得学到了任何东西,因此可能对他们来说有更好的课程。其他的一些研究均发现通过了先修课考试的学生在学术成就方面分数最高。最大的一项研究,超过 9 万个样本,也得出了同样的结论,即参加了科学先修课课程但考试失败的学生的大学科学课程的表现不比没参加先修课学习的学生的好。

4. 学校质量

通过增加先修课不能提高学校的整体水平。

三、大学在线先修课

为了更好地保障那些缺乏先修课的学校开设 AP 课程,政府大力提倡建立在线 AP 课程。许多学生进入的学校没有合适的先修课或者先修课短缺,尤其在农村地区,专家和财政资源有限①。同时,先修课的需求在不断增长。根据大学理事会报告,需求增长了 1/3。由于大学招生的需要、增加的大学费用以及全球性的经济需要更复杂的智力劳动,美国各个州和学校给所有的学生扩展获得先修课的路径,而许多转向了在线课程。

1. 在线先修课的发展

据《华尔街日报》报道,2011 年全美仅大约 5%的 AP 课程通过网络教授,然而在线 AP 课程的数量增长迅速,2012 年已有 27 个州提供在线学习 AP 课程的服务,目前在线 AP 课程的数量还在增长。在线课程中,学习者有一个老师,需要完成阅读和作业、听视频、参加考试等。不同之处是在家或学校在线参加课程。一个好的在线课程包括展示、音频、视频、动画和讨论。学生和教师之间的通信是通过电子邮件或电话在线的。许多学校通过私有公司提供,

① Education Solutions, Online Learning Takes AP Anywhere [EB/OL], https://thejournal.com/articles/2013/01/13/online-learning-takes-ap-anywhere.aspx, 2013-1-15.

例如顶点学习、Aventa Learning 学习等。由于受预算和资源的限制,不断增加提供先修课,以混合和虚拟的环境满足学生的需求。在线先修课经历了一个十年多持续的、向上的趋势。

美国大学在线先修课有三种开设方式。第一种是由中学开设。很多中学从私有公司购买或出租在线先修课课程。第二种是以美国行政州为基础的先修课项目。大多数州有虚拟学术项目,提供包括先修课在内的在线课程,例如佛罗里达虚拟学校给居民提供免费的先修课。其他的还有例如爱荷华数字学习学院、科罗拉多在线学习、伊利诺伊州虚拟学校等,每门先修课课程 75 美元到 250 美元。一些学校和地区也形成了地区联盟以提供在线先修课。美国康涅狄格州地区委员会(Capitol Region Education Council,CREC)是六个地区教育服务中心之一,给哈特福德市(美国康涅狄格州首府)35 个地区提供在线先修课。州和州不同,取决于内容的提供者。学生获得教学服务,完成课程,参加在线考试,或者独立或者教师监考在混合学习环境中。师生交互可能是异步的或同步的,通过即时通信、论坛或邮件。第三种是大学提供先修课课程。一些大学,例如加利福尼亚大学、西北大学等提供先修课的在线学习项目。一般仅仅只有州的居民适合这些项目,或者学生在注册前的资格考试中有足够高的分数。在线课程的费用不等。一些是免费的,其他的要收费。其中的典型代表有 APEX 虚拟学校、Keystone School、可汗学院以及国家虚拟高中大学等。

2. 在线先修课的典型案例:爱荷华州在线先修课学院

在美国爱荷华州,98%的学校是农村学校,学校管理者面临着困境。农村学校的学生可以获得宽泛的先修课,但农村学校太小,没有足够的先修课学生,也不能够提供课程的费用。在其他的例子中,缺乏有资格的教授大学水平课程的人员。爱荷华州的学生测试好,而且还有很大的潜力。但由于地处农村,课程是有限的。和城市没有相同的优势,这是不公平的。为了解决这个问题,爱荷华州安排了 160 万美元的拨款,推出了在线先修课学院(Online Advanced Placement Academy,IOAPA)。学院 2001 年开班,通过 Apex 提供先修课。现在服务于州的 350 个学校,覆盖 99 个国家。学员聚焦于寻找需要额外加速的学生挑战作业的机会。先修课是一种中学加速真正有效率的形式,让学生学习到大学水平的课程。通过这个学院,学校被邀请注册先修课。学生通过 Apex 学习,每所学校也有在场的通信员和指导员,在需要时提供帮助。夏天,学院训练老师如何教先修课。对于有限的在线先修课课程注册来说,Apex 收取 200 美元。可注册全职的虚拟学校,费用是 350 美元。自从学院推出先修课项目以来,注册的学生数量增加了 5 倍,一万多个学生参加了 Apex 课程,完成和通过率是每年 89%—96%,564 个教师接受了教师培训的资助。2010 年,65.4%的爱荷华州学生参加了大学理事会先修课考试,得分是 3 分或更高,在美国各州中排名第六,高于全国 62%的平均水平。完成和通过率与爱荷华州学校关注学生的方式有关。通过作业,学生的一天贡献于课程,像一个标准的班级。包括在时间和空间上支持学生做作业,也意味着在学校获取额外的计算机。一些学校设置合适的实验室。一周一个到两个晚上,并且通过在线形式或学校面授形式提供帮助。

除了农村地区,城市地区也有在线先修课的需要。通过面授提供先修课的地区也增加了在线先修课。亚历山大公共学校提供大概 25 门虚拟先修课。但不包括专门的人类历史、中文、比较政府等课程。2007 年,地区管理者通过州运行的弗吉尼亚州虚拟在线项目增加了额外的课程。联合会和虚拟中学联合提供会员地区在线教学,并且收取一定的费用。现在有 1000 多个学生注册了这个项目。他们使用学校提供的笔记本电脑。大多数学生通过在线学习来学习,指导员在学校帮助学生。虚拟教师和学生通信通过论坛等进行交互。地区在线学习的协调者 Mary Fluharty 表示,这个项目帮助学生扩展了他们的项目水平。学生有时间管理概念以及相应的信息技术水平,这个机会提升了知识基础。在线先修课给了学生很大的灵活性,很多青少年需要参加在线课程,当他们进入大学的时候,这使他们为将要面对的做好了准备。这个项目取得了良好的效果,将进行扩展以便更多的孩子加入进来。

第二节　在线先修课的新发展:大学慕课先修课

一、慕课先修课的发展

2013 年 12 月,edX 组织领衔启动 High School Initiative 项目,专门以慕课

的形式为高中生提供免费的大学先修课。这些大学慕课先修课是来自顶尖高中、初中和大学的专门设计的课程,帮助中学生为大学先修课考试和大学水平的考试(College Level Examination Program,CLEP)做准备,还有帮助中学生了解一些大学入门的课程。大学先修课是要填补高中学习和大学学习的不同空白。这里给学习者提供免费的在线测试,提前学习大学入门课程,使学习者为大学做好准备。目前在 edX 上有 15 万学习者是高中学生,edX 通过发展高质量的、吸引人的、交互的课程,专门满足这些学生。这些课程将为学生打开学习新知识和规则的大门。研究表明,几乎 60%的美国大一新生没有为大学的学习做好准备。这种空白在大学的灵活性和准备上不仅对学生而且对家庭和学校都是有较大代价的。大学先修课的提供帮助减轻这些昂贵的差距,同时满足 edX 的学习者。根据 2013 年 edX 的调查,已有学习者表达了对大学入门级课程提供的兴趣。这些课程也能够提供终身教育的路径,学生在通过慕课或者其他先修课参加了第一年的科目后,进入大学校园学习两年,然后开始工作并获得真实世界的技能,参与整个职业生涯需要的慕课、社区学院课程或者其他的在线课程。

学习者免费注册学习 edX 大学先修课,edX 向学习者提供分类认证。在他们的中学已经注册先修课学习的学生可以学习新的 edX 课程,edX 课程给他们提供了学习的额外的实践和材料。大学慕课先修课由世界上一些最好的大学和部分中学开设,包括麻省理工学院、乔治敦大学、莱斯大学、韦尔斯利学院、波士顿大学、加州大学伯克利分校和西部公共高中。大部分先修课由大学教师开设,也有小部分先修课由中学教师开设。edX 慕课先修课引导全球大学创造先修课程。为了开发最好的课程,edX 给会员和非会员学校提供高达 5 万美元的基金和支持服务。edX 收到了来自 22 个学校的 75 份建议书,最终从 14 个学校选择了 26 门课程。韦特海默等基金会资助新的中学课程以及 edX 内容和平台的发展。还有 edX 将通过培训服务,包括教学最好的实践、媒体顾问和视频制作支持中学课程提供者。目前 High School Initiative 项目共推出了 26 门大学慕课先修课,涵盖多个科目,包括英语语言、作文、微积分、统计学和计算机科学等。通过慕课先修课的提供,使得学生获得大学先修课考试的资源和指导,课程是通过远程在线的形式提供,并且不需要额外的帮助。这些课程属于大学先修课,是被大学理事会审核通过的。这里提供的所有大学先修课满足或者超过了大学同样的课程的期望。慕课先修课面向全球中学生。大学先修课给全世界的学生获得高质量课程和材料提供了机会,全世界的学习者都可免费注册进行学习。而且学习者可以随时随地根据自己的节奏进行学习。学习这些课程一般是免费的,只是在参加考试和获得认证的时候收取少量的费用。教师也可以使用这些材料实现翻转课堂并且进行讨论。

K-12 教学教育技术市场是相当活跃的,先修课提供了一个吸引人的生态系统。先修课经常覆盖导引性的大学课程。大学慕课先修课有如下特色:第一,实现了优质资源共享。首批 edX 大学先修课课程是经过严格遴选的课程,由很多世界知名大学开设,包括麻省理工学院、加州大学伯克利分校以及波士顿大学等。第二,不仅参加大学先修课考试的学生可以学习,不参加先修课考试的世界上的任何地方的学生都可以随时随地根据自己的节奏进行学习。已有统计显示,在注册学习大学先修课的中学生中,有很大一部分人并没有参加最后的大学先修课考试。第三,增加了覆盖范围,扩大了人群范围。慕课先修课大大降低了费用,解决了很多地区师资缺乏、很多学生无法承担先修课费用等问题。慕课先修课和原来的在线课程相比,覆盖的范围更加广泛。以往的在线先修课往往针对一个地区或州,而慕课先修课面向全世界。对于很多中国学生来说,也可以通过慕课的形式学习到国外的大学先修课,并为先修课考试做准备。而慕课先修课的费用也比以往的在线课程更加低廉。第四,先修课存在测量效率的标准,增加了额外的利益。上述两个项目利用了标准的分数或者国家统计,测量项目整体的效率。这样的数据在大多数慕课的研究中一直是缺失的,那是由于缺乏大量的高等教育的标准化数据。

二、典型的大学慕课先修课案例

美国的学校正在利用慕课尝试可选择的模型。edX High School Initiative 项目中有两个较为出名的工程,分别是 Davidson Next 和 Project Accelerate。每一个都在进行独立的大学先修课的挑战。而且,每个工程都展示了适应 edX 平台的方式,满足了中学教师和学生。

1. Davidson Next:一个教师主导的翻转或混合教学的慕课模型

Davidson Next 是美国戴维斯学院(Davis College)支持的工程,提供免费先修课材料,意味着改善对较难的先修课课程内容的掌握,并且给老师提供高质量的能够用于翻转课堂或混合教学的先修课内容。Davidson Next 提供的先修课内容包括三个科目,分别是微积分、宏观经济学和物理。以三种不同的方式将大学先修课课程提供给学习者:第一种方式是 Pilot(试播集)的方式。戴维斯学院制作相关的视频等教学材料,然后中学教师可以试用这些材料。戴维斯学院为夏洛特市(北卡罗来纳州)中学的 34 个教师和 1200 个学生提供了混合和翻转学习的机会。在夏洛特市,试播项目取得了成功,34 个教师提供了关于课程内容的严格的反馈,1200 个学生提供了能够和先修课考试表现相联系的交互数据。分数以及其他数据被收集上来,用于测量效率。数据显示,学生先修课考试的表现和先修课内容的使用相关,每增加一小时的先修课内容的使用,先修课考试分数增加 0.08 分。对于学生不同的使用方式,先修课考试成绩的差异是显著的($p<0.05$)。第二种方式就是以 edX 平台慕课的形式提供大学先修课课程,并向全世界的学习者开放。第三种方式是 CCX(Custom Courses on edX)的形式,即给全国密集设置的 261 个教师和 4400 个学生提供私有慕课课程的形式。Davidson Next 正在致力于使用一个新的麻省理工学院提出的定制课程工具,允许教师创造私有慕课,他们可以对课程的参数,例如数据、内容进行设置以及获得学生成绩单。

2. Project Accelerate:大学作为先修课获得的支持系统

波士顿大学团队做了一项奇妙的工作,解决全国范围内提供先修课的问题。Project Accelerate 是一个波士顿大学和当地不提供物理先修课的中学之间的合作项目。这个项目使用 edX 平台作为手段,给这些中学的学生提供先修课课程。波士顿大学的物理部门使用 edX 平台给缺乏大学先修课物理项目的中学提供物理先修课项目。许多城市的、农村的、郊区的社区服务水平低的中学学生不能获得先修课课程,原因是缺乏训练的老师,受限或没有先修课项目,或者一个低参与的历史学校,特别是在低收入的学生中。波士顿公共学校系统数据特别引人注目:34 个中学服务 16165 个学生,仅仅两个中学提供基于数学的物理先修课。在 2014 年到 2015 年,仅仅 60 个公共学校的学生参加了物理先修课的考试。

在波士顿大学提供的物理慕课先修课课程中,学生在上学时间段能够学习慕课课程,并且能够使用波士顿大学的实验室进行学习。每周还有见面辅导课,由波士顿大学主修物理的大学生提供重要的见面教学。在这个项目的第一年,4 个波士顿公共中学和三个马萨诸塞州社区合作,共有 24 个合作的学生。这些学生 67%是黑人或者西班牙后裔,75%是受资助的学生。21 个学生完成了这个项目,强度评价是 0. 53。中学到波士顿大学有通勤车,35 周的见面课的出席率是 90%。Project Accelerate 项目进入第二年,已经有 11 个学校计划参与。上述两个项目的团队正在准备让更多的学生参与进来,并且收集更多的数据以对先修课的开设进行分析。

上述两个项目根据各自的情况采取了灵活的先修课授课模式。Davidson Next 大学先修课采用翻转课堂或混合学习的方式进行,由戴维斯学院提供大学慕课先修课课程,而中学教师则可以以翻转课堂或混合学习的模式使用这些课程材料。戴维斯学院提供的慕课包括 MOOC 和 SPOC 课程两种。Project Accelerate 大学慕课先修课则采用面授和在线学习的方式进行。首先由波士顿大学教师提供慕课课程,学生可以在线学习。同时每周波士顿大学的大学生给中学生提供见面辅导,中学生也可以使用波士顿大学的实验室。专门设了中学和波士顿大学之间的通勤车,以方便学生前往波士顿大学。

开放在线课程有很多优点,对于学校仍然有很多机会利用 edX 进行创新。先修课就是一个这样的例子,提供无数的机会,使教师和学生使用开放在线内容。慕课先修课效率研究是可能的,可以鼓励慕课分析模型更加普遍。

三、我国大学先修课的发展和启示

(一)我国大学先修课的现状

我国大学先修课最早起源于 2003 年。2003 年华东师大二附中与上海交大联手将部分大学必修课搬到高三年级,为一些学有余力的优秀学生开设"大学先修课课程"。该校先期开设的大学先修课课程为高等数学、线性代数、外语和信息科学共 4 门,由上海交大选派相关教授到校执教。选修的学生通过考试后,如进入上海交大学习,交大将承认其相应的学分;如果进入其他高校,也可持交大出具的有关证明申请免修这4门课程。

中国大学先修课这一术语是2011年3月清华附中校长王殿军提出的,希望借鉴美国AP课程的理念和管理模式、经验和思路,发展有中国特色,符合人才培养需求的中国大学先修课课程体系,以丰富现有高中课程体系,丰富人才选拔标准,推进大学、中学的衔接。2012年,上海理工大学、北京大学、复旦大学、同济大学与上海理工大学附中合作进行中国大学先修课的实践探索。2014年3月18日,在中国教育学会的推动下,中国大学先修课试点项目启动,清华、北大、北师大、华东师大等国内多所知名大学,及全国100所优质高中,尝试开设了中国大学先修课。2014年8月中旬,微积分、线性代数、通用学术英语3门课程在64所高中进行线下教学试点。2015年3月,增开概率统计、文学写作、物理力学。2015年12月,增开微观经济学、宏观经济学两门课程。目前,已先后开设8门大学先修课,进行了三轮试点。北京大学2013年1月率先推出中国大学先修课慕课,在185所高中试点。

(二)中国大学慕课先修课程

我国大学先修课未经历在线先修课的发展阶段,而是直接进入慕课先修课的阶段。目前我国大学慕课先修课主要由两个平台提供,一个是爱课程网的中国大学慕课平台,另一个是清华大学“学堂在线”平台,这两个平台是目前我国规模最大、最具代表性的慕课平台。

1. 爱课程网中国大学慕课平台的大学慕课先修课

2014年3月,中国教育学会联合高等教育出版社共同发起并组织实施了“中国大学先修课程(CAP)试点项目”①。该项目旨在探索加强高中与大学教育的衔接,促进拔尖创新人才培养的有效形式,为不断深化我国高中教育教学改革先试先行。项目邀请国内多所知名高校和教育科研机构的专家、学者,在学习、借鉴先进国际课程理念和经验的基础上,着力研发、开发一套适合我国高中教育实际、具有鲜明中国特色的大学先修课课程,使学有余力的高中生能根据自身的兴趣和能力自主选择、自愿学习,提前接受大学的思维方式、学习方法,发展在学科专业学习和研究方面的潜能,帮助其为大学学习乃至未来的

① 中国大学MOOC.CAP中国大学先修课[EB/OL],http://cap.icourses.cn/#cap_about。

职业生涯做好准备。

目前,中国大学 MOOC 平台先修课基本上由大学教师进行讲解。自 2015 年 4 月以来,已经成功组织了 3 次近 5000 人次的全国性考试,覆盖全国二十余个省、自治区和直辖市共四十余个考点。目前参与的有 15 所高校,全部为“985”高校,覆盖全国 27 个省份和几百个中学。中国大学慕课平台还开设有专项课题 SPOC 课程。同时,还组织对中学教师进行培训,近千名中学教师接受了相关培训。

2. 清华大学“学堂在线”平台的慕课先修课

为促进教育公平、提高教育质量、提升科学选才水平,加强我国高等教育与基础教育的衔接,2015 年 11 月 28 日,由教育部有关部门、近 20 所大学以及近 30 所中学共同发起,中国慕课大学先修课(MOOCAP)理事会在清华大学成立。理事会与中国教育学会合作。首批 6 门“学术志趣类”课程在“学堂在线”平台推出,一个月后累计报名听课人数已突破 6 万,让先修课课程从教室走向信息化平台。目前,开设有微积分、线性代数、概率论与数理统计、物理力学、物理电磁学、大学化学、普通生物学、通用学术英语、微观经济学等先修课程。

“学堂在线”先修课已覆盖全国 31 个省份,几百个中学。全国有 31 个省份均有中学成为大学先修课的会员,而参与的高校有 20 个左右。MOOCAP 课程由 MOOCAP 理事单位的教育教学专家和学科专家共同审定,分为“学术志趣类”、“素质拓展类”、“专业导论类”三类课程。MOOCAP 课程开展以机考和笔试相结合的线下考试方式。采取线上与线下相结合的教学形式。各校在线下教学的基础上根据本校具体情况选择线上慕课资源辅助教学。教师具有大学先修课教师资格证(初级或中级均可)。MOOCAP 所有课程的在线授课、作业批改、线上答疑和线上考试均免费,不收取任何费用。2015 年清华大学宣布 MOOCAP 将与清华培养、招生环节衔接,大学选修课里面考核特别优秀的学生,经专家组考察过后,可直接在自主招生中获得优惠认定;考核优秀的学生也可跳过一些环节进行自主选拔。在培养环节,经过一定程序,通过的学生进入清华后可获得相应的学分或者免修相应的课程。MOOCAP(中国慕课大学先修课)定期组织线下教师工作坊。“学堂在线”先修课授课有两种方式,一种是大学教师和中学教师共同讲解,另一种是大学教师进行讲解。

(三)国外在线先修课的发展给我国带来的启示

1.深入推动大学在线先修课和慕课先修课的发展

大学先修课对于提升中学生的学习水平、对中学生未来成绩的预测以及大学费用等方面有着重要的意义,应深入推动大学先修课在我国的发展。美国大学先修课的发展已经六十余年,取得了良好的效果。目前我国的先修课存在着覆盖面窄、资源有限等突出问题。我国大学先修课主要集中于一些省市重点中学,农村、边远、贫困等地区由于软硬件的限制、资金的缺乏等问题而无法学习到大学先修课。对于采取面授的方式开设先修课的大学来说,往往采取假期集中面授的方式进行,这大大限制了大学先修课的发展。目前国家大力提倡“互联网+”的应用。《国家教育事业发展“十三五”规划》指出:“推进优质教育资源共建共享。着力加强‘在线开放课程’等信息化教育教学和教师教研新模式的探索与推广,加快优质教育资源向农村、边远、贫困、民族地区覆盖。”慕课的出现给教育模式的变革带来了前所未有的机遇。慕课具有学习灵活、优质资源共享以及费用低廉等突出优点,使得大学先修课课程可以实现随时随地根据自己的节奏学习、优质资源共享、扩大覆盖范围及受益面等,对解决当下大学先修课面临的问题有着重要的意义。慕课先修课的开设对于提高教育公平也有着重要的意义。

2.完善慕课先修课政策体系

目前我国大学慕课先修课属于先行试点阶段,相关政策体系还不健全。有必要进一步完善我国大学先修课的政策体系,以保证大学先修课的深入推进。如果不能很好地完善先修课的政策体系,包括授课模式的选择、大学招生制度的建设以及学分转换标准的完善等,势必影响学生进行先修课学习的积极性。第一,加强大学招生中对先修课的考核。目前,我国还没有一所高校正式出台关于大学先修课的招生政策。先修课的学习情况可以作为学生今后选择大学方向的重要参考依据之一。先修课的表现对于学生未来的发展具有一定的预测作用。大学先修课的表现已成为世界各地名校招生时的重要参考依据之一。相关实证研究也表明往往学生选择向先修课表现突出的方向发展,未来的发展会更好一些。因此,可以将先修课成绩作为大学招生时的重要参考依据之一。第二,完善先修课的考试和学分转换制度。目前先修课的考试由各个组织负责,国家并没有统一的标准。美国先修课的考试由大学理事会组织的由大学和中学人员共同组成的考试发展委员会负责,是具有一定权威性的。因此,我国也可以成立专门的机构负责大学先修课的考试,并对考试成绩予以国家承认。另外出台相应的国家学分转换文件。为了推动大学先修课的深入发展,制定相应的学分转换标准是非常必要的。第三,安排相应的专项资金进行支持。包括各省市的教育部门以及中学,应安排专项资金,用于支持大学先修课的发展。

3. 灵活选取先修课教学模式

未来,项目还将逐步摸索适合于高中学生的教学模式,建立和更多的大学的联系,以帮助中学生适应大学的学习,促进高等教育与中学教育的衔接。美国慕课先修课根据情况采取了不同的教学模式。我国慕课先修课也可根据情况采用合适的教学模式。在条件允许的情况下,可以以翻转课堂的形式进行,同时大学也应该给中学提供一定的见面课程,中学生也可利用大学的条件(例如实验条件)进行学习。对于偏远地区等不具备相应条件的中学,则以混合学习或翻转课堂学习的模式进行,并由当地中学负责指定相应的教师对学生进行线下的辅导。由大学对中学教师进行培训。同时,允许教师开设 SPOC 课程。SPOC 课程专门针对相应的学生,具有较强的针对性,有利于实现个性化的教学以及更好地满足先修课的需求。中学教师也可根据自己所在中学的情况,灵活选取先修课的学习方式。大学应和中学密切配合,共同保证先修课的顺利进行以及取得预期的良好效果。

4. 提升先修课的学科覆盖范围

美国先修课目前覆盖二十多个学科(见图 7-1),门类比较齐全。覆盖学科广泛可以让学生有更多的课程选择,学生可以根据自己的情况选修相应的先修课,这样才能更好地发挥大学先修课的作用,其中包括提升中学生对大学课程的体验,真正起到先修课的预测作用以及在大学招生中发挥更好作用等。

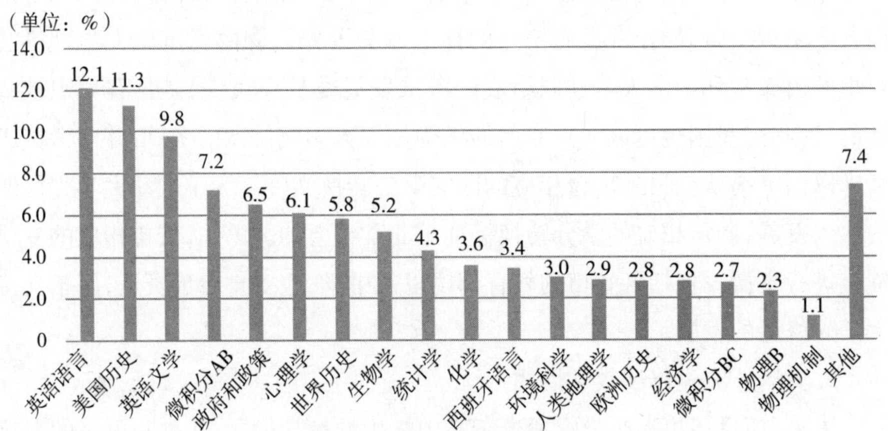

图 7-1　美国先修课覆盖范围

第八章　其他慕课学分转换项目

第一节　其他一些有代表性的项目

一、美国教育委员会可选择学分项目

（一）概况

美国教育委员会（The American Council on Education，ACE）2014 年推出可选择的学分项目（Alternative Credit Project，ACP）。美国教育委员会是美国最大的和最有影响力的高等教育协会，代表着 1700 多个被认可的、授予学位的学校。长时间地创新帮助成人追求和完成学位。将和 50 多个学校合作，面对 310 万的美国成人学生，主要针对完成了一些高等教育课程，但缺乏学位或认证的学习者。这个工程创造了低费用或无费用。这个项目通过慕课的形式提供在线课程，覆盖 20 多个学科。学习者可以利用低费用的在线课程取得学位。参加的大学同意接受这些课程的学分转换，并且接受四年学习中最多两年的学分转换。可接受学分转换的项目类型：一些是完全在线的；一些是混合学位；一些是校园的或面对面的项目。在学分工程系统里选课，创建账号。选择一门课程开始学习，和其他人通过在线联系。从开课学校接受一个官方的认证，被教学者签发。证书可以用于简历，也可用于学分转换。ACE CREDIT 推出已经 30 多年，2000 多所大学考虑其提供的课程学分转换。通过 ACE CREDIT 获得大学学分或学分替代，也可被用来进入一个新的雇用领域、工作提升、薪水提升以及个人评估。

(二)课程

课程有下述类型。①自定步调的。在线以及按学生自己的计划。所有的材料在期限内随时适合学习者的使用。②指导课程。课程是自定步调的,但有指导者指导学生课程的材料。③教学者指导。在线教但教学者和学生有见面时间。每门课不超过300美元,不同的课程价格不一样,包括文字材料和其他材料。

(三)学分转换

一门课程进行学分转换需要花费15美元,可获得联邦资助。不同的大学可转换的学分总量可能不同,这由各个大学自行决定。例如美国公开大学最多转换90学分。ACE提供建议,但决定权不在ACE,学校才有决定权。每个学校可能政策不一样。如果反对接受,原因有可能是课程内容不合适,或者学位没有空间转换,或者已达到转换的上限,但是如果理由是反对任何非学校的学分,则可向学术部门申诉。

通过ACE CREDIT可获得学分的项目类型有假期认证、大专、学士学位以及研究生学位。

假期认证:在至少一年的认证或学历项目中一般包括作业,被设计提供给学生职业技能。在许多两年制的学校,课程中也有作业,为的是技术项目中相关的学位。课程内容是专门的,强调现实的技能。

大专:这个包括项目中的作业,为了艺术学位、科学学位、应用科学副学位,还有介绍性水平的作业,在学士学位项目中。这个强调学习基本原则有很宽的应用。

学士学位:包括作业,在学士学位的最后两年,包括理论和分析。

研究生学位:包括独立的学习、原始的研究、典型分析,以及专门的知识。

可选择学分项目有专门的学分建议服务(Credit Recommendation Service, CREDIT),帮助成人在非传统学习下获得学分。学分转换国家指南(National Guide)包括政府和军队的商业和联盟组织提供的正规的课程或考试的学分建议。目前提供学分建议的有很多组织,例如联盟学位服务有限公司(Align Degree Services LLC)、美国银行协会(American Bankers Association)以及美国外语教学委员会(American Council on the Teaching of Foreign Languages)等。这些组织对提供课程的时长、日期以及学分建议等都进行了详细说明，学习者可以从网上查阅。转换的步骤：第一，可以通过课程搜索搜索课程；第二，通过组织的名字搜索；第三，课程的详细信息，包括提供的日期、位置、学分推荐。

（四）案例

1. The American Council on Education's College Credit Recommendation Service（CREDIT）

课程和考试由来自商业、联邦到政府和军事等各类组织提供。

2. edX 目前有 3 门课加入，分数必须在 70%以上才可进行学分转换。

3. ACT Education Solutions

ACT Inc 是一个最重要的教育测试提供者（包括标准化的大学入学考试）。目标是帮助人们完成教育和工作成功。ACT Education Solutions, Ltd.（AES）是 ACT Inc 的一个子组织，2005 年建立。总部设在澳大利亚悉尼，在中国、新加坡和印度尼西亚有地方办公室，在墨西哥和韩国也有办公室。The Global Assessment Certificate（GAC）是一个以基础学习为依据的代表能力的认证，被澳大利亚技能质量机构承认。全世界 16 个国家有 250 多个教学中心。项目目标是让国际学生在美国严格学习本科学位课程。

例如，ACT Education Solutions 的一门课程为社会科学：社会中的身份和交互：

学分类型：课程

ACE 课程编号：0014

课程长度：12 周（20 个小时）

提供日期：12/1/2015—11/30/2018

首要条件：商业、科学和社会科学：交际技能

目标：让学生能够证明、理解个人身份、社会身份和国家身份之间的关系。

学习成果：学完课程之后，学生可以理解社区和国家内的个人身份，世界中他们的国家。描述存在的社会中交互和行为的范例影响。应用主动权和分析技能完成研究任务。使用有效的和恰当的学术形式和语言交流信息和观点。

说明：教学方法包括声音视觉材料、案例研究、实践联系、学习展示、演讲、

讨论、计算机为基础的训练。一般的课程话题包括身份的概念、国家身份、社区身份、个人身份;社会研究;范例和研究;社会中的女性;冲突的原因;政府系统和操作、法律学习、教育系统、文化传统。

评估:评估的方法是测验、案例研究、小组展示、论文、表演、领域工程、70分以上。

学分建议:学士学位或副学位。

二、美国学术共同体(Academic Partnerships,AP)

学术共同体是美国公共大学在线学习最大的代表。这个企业是由社会企业家建立,有着18年的经历,发展创新性学习方法改善教育。学术共同体以下述原则为指南:对美国和全球学生来说,通过远距离学习使高等教育更加容易获得和可完成。

许多学院和大学关心的一个问题是,当他们自己的学生要求将从其他学校获得的慕课学分转换的时候该如何做。问题在增多,因为在这个时代如此平常,学生从一个学校转学或停止学习。

学术共同体和公共大学合作,提供慕课学分,这是获得一个免费学位的开始。通过这种新的开始,在线学位中的课程将转换为慕课。每门慕课和面授课程将有同样的学术内容,并被同样的教师教授。参与的大学通用原则,每个人都获得学术学分。

学术共同体帮助大学将他们传统的学位项目转换为在线形式。服务于40多个州的学校。学术共同体将鼓励更多的学生开始学位项目。学术共同体目前与美国40多个公共大学合作,提供慕课学分。发起学术共同体计划的包括美国佐治亚州立大学、亚利桑那州立大学以及克利夫兰州立大学等知名高校在内的诸多高校。

获得慕课学分不是自动的,必须学习完材料。

承认学术共同体慕课学分的项目被称为MOOC2 Degree项目。第一个MOOC2 Degree项目的课程是2013年春季推出的。通过这种新的开始,在线学位中的课程将转换为慕课。这将鼓励更多的学生开始学位项目,并且对未来成功有很大的影响,将潜在地吸引更多的有资格的学生进入他们的学位项目。

以美国辛辛那提大学为例。学术共同体发起者之一辛辛那提大学正在提供一门慕课《创新和设计思考》，这门课程在商业和工程学院的硕士学位中被认可。辛辛那提大学副校长 Larry Johnson 说："通过在我们的学位课程中承认慕课，我们能够给学生提供一种全新的不通过一整学期体验我们课程的方式。我们有信心，一旦学生开始和我们的专家教师和同学交流，他们将在大学内形成一个持续的教育关系。"学术共同体项目获得了一些荣誉，例如在美国在线学校中心评选中，德克萨斯大学护理和健康学院的创新在线项目在顶尖的 20 个在线护理学位项目中排名第七。

学术共同体的建设者和主席说，这是免费的开始，为了鼓励很多工作者注册一个学位项目，并对未来成功有很大的影响。

三、其他的获得学分的路径

慕课平台 Coursera 还在 2013 年 2 月与安提亚克大学成为合作伙伴，由 Coursera 向该校学生提供两门宾夕法尼亚大学开设的文学课程，安提亚克大学会为通过课程学习的学生授予学分（安提亚克大学，2013）。2013 年春季，慕课平台 Udacity 也与圣何塞州立大学合作为该校学生开发了三门可获得大学学分的数学课程（Cheal，2013）。这两个项目都没有运行多久就终止了，安提亚克大学没有报告慕课学习的结果（Wiener，2013），圣何塞州立大学则发现慕课学习者通过课程率较传统课程更低（Hill，2013）。经过此番挫折后，Coursera 和 Udacity 暂时放弃了为慕课授予大学学分的努力，集中开发能够帮助学习者提高职业能力的慕课。目前，三大平台中只有 edX 与查特欧克州立学院建立了学分合作关系，该大学同意为 edX 上加州大学伯克利分校开设的两门计算机课程授予学分（查特欧克州立学院，2015）。查特欧克州立学院是美国康涅狄格州政府设立的一所向成人学生授予硕士、学士和副学士学位的公立在线大学（Public Online College），该大学同时还会为 ACE 推荐的慕课课程授予学分。

为解决慕课学分面临的困境，2015 年 4 月和 10 月，慕课平台 edX 分别与亚利桑那州立大学和麻省理工学院采用自授学分的方式退出了全球新生学院

(Global Freshman Academy)和微硕士项目(Micro Master Program)。亚利桑那州立大学目前在 US News 全美大学排行榜上名列第 129 位,在校本科生 41800 名,学费约为 1 万美元(本州学生)和 2.5 万美元(外州学生)。麻省理工学院目前在 2016 年世界大学学术排行榜上位列第三,在校研究生 6800 名。两所大学所处的层次不同,授予慕课学分的方式也有差异。

全球新生学院现有 10 门亚利桑那州立大学开设的大学一年级慕课,任何人都可以自由学习这些课程。通过课程考核的学习者支付 49 美元获得 edX 颁布的课程证书后,可选择按每学分 200 美元的价格取得亚利桑那州立大学授予的学分。取得学分的学习者不一定要进入亚利桑那州立大学进行学习,他们可以把学分转移到承认该校学分的其他大学(edX,2015b)。全球新生学院先修慕课上大学的模式,让高等教育变得触手可及。任何人可以在任何地方以更加灵活、经济的方式开始大学的学习。大学一年级基础课程的内容已经相当稳定成熟,只要亚利桑那州立大学精心制作慕课,坚持按照校内课程的标准严格考核学习者,该校授予的慕课学分就可以在市场上确立信誉。慕课学分的价格优势不仅能为亚利桑那州立大学带来更多的生源,也会迫使其他大学考虑是否应当接受慕课学分以免被淘汰。不开设慕课的大学将来需要开发能帮助学生提高知识运用能力和思辨能力的高级课程,才能吸引学完基础慕课课程的慕课学习者到校进行学习。

edX 的创新之举开辟了慕课转换大学学分并通向正规学位的新途径,加速了全球慕课学分认定的新途径。2016 年 5 月,英国慕课平台 Futurelearn 与利兹大学(University of Leeds)、开放大学(The Open University)合作,推出了类似可让学习者获得大学学分的在线课程项目。例如,利兹大学的环境挑战(Environment challenges)项目包含 5 门课程和 1 门毕业评估课程,价格分别为每门 59 英镑和 250 英镑。学习者付费完成所有的课程后,可从利兹大学获得 10 个学分。开放大学的商业和财务基础包含 8 门课程和 1 门毕业评估课程,学习者完成后可从开放大学获得 30 个学分。

同为 edX 合作伙伴的澳大利亚昆士兰大学、澳大利亚国立大学、加拿大英属哥伦比亚大学、美国波士顿大学、荷兰代尔夫技术大学和瑞士洛桑联邦理工大学正在酝酿建立一个国际慕课学分转换联盟,互相认可彼此开设的慕课并为之授予学分。联盟内各大学的学生只要学习联盟认可的慕课就可获得学分。目前这六所大学的 edX 发布的课程有 138 门。

第二节　韩国学分银行和学士学位自考制度的变革对慕课学分转换的启示

进入新世纪以来,社会经济、科技和文化都发生着日新月异的变化,国际竞争力导向逐渐由资本转向科技和人才。世界各国在科技创新的同时不忘推动教育的持续发展和改革,注重教育质量的逐步提升。终身教育作为韩国国家教育发展战略的重要组成部分,也在适应社会对高质量教育的要求而不断变革。2016 年 9 月,韩国对终身教育重要组成部分的“学分银行制”和学士学位自学考试制度进行了再次改革,以适应社会发展对教育质量和教育公平的诉求。

一、韩国终身教育缘起

20 世纪 80 年代末期,韩国结束了长达四十余年的军事独裁制,正式进入民主时期。由于之前学习环境沉浮动荡,有大量高考落榜生没有办法进入大学深造,而民众的求学愿望又十分强烈。在这种背景下,韩国于 1989 年成立了由总统直接领导的“韩国教育政策咨询委员会”。政府更加重视教育在国民经济、社会、发展中的作用,把终身教育写入了宪法之中,并被教育改革定位为“四大国策”指标之一。教育改革以“全人教育”和“国民精神教育”两个理念,与科学技术教育与终身教育两大原则为出发点,并且把改革的着力点放在了现代科学技术教育和终身教育上。韩国于 1990 年 4 月正式颁布了《学士学位自学考试法》,建立了韩国本土特色的学士学位自学考试制度,学习者可根据自身的学习情况合理安排学习时间,按照规定参加考试,考试合格后即可获得学士学位,为广大学习者提供了接受高等教育的机会。随后为了适应以市场为主导和以人为本的理念,1995 年,韩国公布了“5·31 教育改革法案”,确定了以教育供给者为中心向教育需求者为中心转变。制定了“学分银行制”,建立了更加开放的终身教育制度。2000 年 3 月,韩国的《终身教育法》正式实施,作为过去《社会教育法》的替代,在获取学位、开办终身教育机构、加强综合协调及调动学习积极性等方面具有明显改进,进一步完善了韩国国民接受终身教育的法律体系。在学士学位自学考试制度和学分银行制经历了20多年的执行和发展过程中,韩国教育部也对其限制终身教育发展的相关条款进行不断地调整和补充。

二、当前韩国终身教育整体情况以及改革目的

韩国终身教育始终伴随着社会经济发展而发展。从“扫盲运动”到朝鲜战争结束后的“重建运动”,再到20世纪70年代兴起的“新村运动”,80年代把“终身教育”写入宪法,90年代设立了“终身教育法”,2000年颁布了《终身教育法》,经过了几十年的发展,从起初的大学生参与的教育社会活动到今天结构完整、发展势头良好的终身教育系统经历了曲折的发展变化过程。在这一过程中诞生了具有韩国本土特色的学士学位自学考试制度、学分银行制和K-MOOC教育体系。这些都推动了韩国终身教育的不断发展。然而随着韩国高等教育水平的不断提升,这些年大学招生考试录取率普遍维持在80%以上,说明韩国已进入到高等教育的普及化阶段。那么终身教育的主要参与者集中在退休的老年人和需要补充专业知识的在职人员等。学士学位自学考试制度和学分银行制在实施后出现了获取学位时间长、信息公开不够透明化等问题,造成参与终身教育的人数逐年减少的情况,特别是2011年以后,经过官方认证的终身教育机构和终身教育在学人数都呈现下降的趋势。表8-1显示,2014年认证的终身教育机构数量较前一年减少了20%,学生总数减少了11%。

表8-1　终身教育机构数量变化

	2011年度		2012年度		2013年度		2014年度		2015年度	
	数量	下降比例	数量	下降比例	数量	下降比例	数量	下降比例	数量	下降比例
机构数	87	1%	83	5%	79	5%	63	20%	13	80%
学生数(成人)	18121	4%	16217	11%	15026	7%	12995	14%	12602	3%

续表

	2011 年度		2012 年度		2013 年度		2014 年度		2015 年度	
	数量	下降比例	数量	下降比例	数量	下降比例	数量	下降比例	数量	下降比例
学生数(其他)	23650	5%	20726	12%	19375	7%	17653	9%	15981	9%
学生数(总计)	41771	4%	36943	12%	34401	7%	30648	11%	28583	7%

韩国是较早实行学分银行制的国家。学分银行制以学分认证为基础。在经过认证的教育培训机构所取得的学分都可存入自己的学分银行中。这种完全学分制度将学分投入到市场进行市场化运作,加剧了教育提供者之间的竞争,也为韩国构建具有自己特色的开放终身教育体系奠定了坚实的基础。

(一)学分银行制概况

学分银行制度为想要继续接受高等教育的社会群体提供一种没有时间限制和空间限制的学习方式。教育形式也从相对固定的全日制在校学习转变为具有弹性的在职学习,有效促进了学习方式多样化和教育机会均等化的发展。学分银行制调动了教育行政机构、大学、教育培训机构、教师和学生等广泛参与到终身教育中来,让不同的教育资源之间相互沟通协调,把有限的教育资源充分利用使得教育成果和利益最大化。

根据韩国学分银行相关法律规定,学分银行制(credit bank system)是在学校及在其他学校教育机构进行的多样化、多层次的学习和获取资格、资质,进而学分管理机构进行学分加权换算和认证,学分累积到一定数值便可以换取相应学位的制度。能够提供学分银行制课程的机构分为正式的和非正式的教育机构两类。正式的教育机构包括大学、国家批准的私立教育机构和职业教育中心。非正式的教育机构若想开设学分银行制课程,需要经过教育行政部门的认证和认可。这些教育机构虽然在其网站上公布开设课程等信息,但学校的硬件设施、教师人数、发展计划等信息并未公开。学分的来源主要有6个渠道,分别为评价认证课程、时间登录制、重要非物质文化遗产、学分认证许可学校、资格证书和学士学位自学考试。韩国终身教育振兴院的学分银行本部负责学分的登录和认证。修满相应学分后(见表 8-2),即可获得相应的学位。

表 8-2　获得学位所需学分构成表

构成	学士学位	专门学士学位(副学士学位)	
		2 年制	3 年制
总学分	140 学分	80 学分	120 学分
专业课学分	60 学分	45 学分	54 学分
通识课学分	30 学分	15 学分	21 学分
大学校长授予学位学分基准	84 学分以上	48 学分以上	65 学分以上

(二)学分银行制的改革

学分银行作为一种开放的教育体系,从建立之初至今已经走过了 20 多个年头。学分银行制拓宽了学习者的学习途径和渠道,打破了时间和空间的限制,让学习方式变得更为多样和灵活。在以市场为主导的社会经济制度下,进一步提高了教育市场的竞争力,使教育消费者有了更为个性化的选择。尽管学分银行制为韩国终身教育的发展做出了贡献,但在其发展的过程中也暴露出一些需要尽快解决的问题。例如,学分银行制教育机构经过官方认证后的后续监督问题、学分银行制教育机构的信息不够公开透明、社会对学分银行制所取得的学位认可度不高等。为了规范学分银行教育机构经过官方认证后的教育行为,让教育机构信息公开化、透明化,进而提高学分银行制在社会中的认可度和公信力,对不良机构进行行政处罚,促进学分制教育质量进一步提高,韩国教育部对学分银行的相关法律条令做了进一步的调整。

加强教育机构信息公开化程度,定期公示法律规定的相关内容。学分银行制教育机构要对其八个方面的信息定期在网上公示。公开的主要信息包括:教育机构的运营规则、硬件设施等基本情况;通过评价认证运营课程基本情况;学生数和学生学习现状;教授和讲师的基本情况;学费及财务审计情况;学分银行相关法律评价认证取消情况;机构发展计划;教育保障部门运营情况。表 8-3 说明了各类信息公示通常为每年 1 次到 2 次,并规定了公示的具体时间。

表 8-3　公示信息情况表

公示项目	公示内容及范围	公示次数	公示时间
教育机构的运营规则、硬件设施等基础情况	机构运营、认证课程运营相关规则规定	规则、规定修订后	规则、规定修订后立即公示
	校舍等硬件设施	1次/年	每年2月
	远程教育设施设备	1次/年	每年2月
通过评价认证课程情况	评价认证课程现状	1次/年	每年2月
	年度课程运营日程	1次/年	每年2月
学生数和学生学习情况	学习课程、年级和学生人数	2次/年	每年3月、9月
教授和讲师基本情况	教授和讲师总人数	2次/年	每年3月、9月
	教授和讲师减少人数	1次/年	每年3月
	教授和讲师开设课程情况	2次/年	每年3月、9月
	教授和讲师教案	1次/年	每年3月
学费和财务审计情况	各项课程学费	1次/年	每年2月
	预算和决算	1次/年	(预算)每年6月
			(预算)每年8月
	奖学金现状	1次/年	每年8月
评价认证取消情况	违反内容和采取措施情况	措施实施后	措施实施后立即公示
机构发展计划	机构发展计划和特色化发展计划	1次/年	每年9月
教育保障部门运营情况	职员人数	1次/年	每年9月
	学费退换情况	1次/年	每年9月

通过对教育运营当中主要要素的公示，一方面，让学生清楚自己所选择的学分银行制教育机构当前的运营情况和未来的发展方向，学习者根据自己对未来发展的规划和要求选择适合自己的教育机构，避免了盲目的选择和金钱的浪费。另一方面，通过公示让社会舆论来监督学分银行制教育机构，从而促进机构的自律化发展方向，避免不良教育机构的出现，保障学习者的受教育权利不受侵害。

建立对不良教育机构的处罚机制，保障学习者的合法权益。学分银行制对教育机构和教育项目的认定,指的是对教育机构及其提供课程的评估和认定。当教育机构的课程被认定,标志着其课程在质量上等同于大学所开设的课程,学习者学习课程后即可获得相应的学分。这标志着学分银行制教育机构有着学分授予权,它的教育质量的高低直接影响着学习者的学习质量。学分银行教育机构不正当的违法行为如果得不到有效的惩处和控制,必将扰乱终身教育市场秩序,影响终身教育人才培养质量。因此,韩国教育部在此次改革中,加入了对学分银行制教育机构不良行为的处罚办法。该办法采用“罚分制”,对不同的违法行为扣去不同的分数,当分数累积到一定数值,该机构要受到限制听课乃至于取消认证的处罚(见表8-4)。

表8-4　资格等相当严格的处罚

<table>
<tr><th rowspan="2">构成</th><th rowspan="2">违反事项</th><th rowspan="2">违反内容</th><th colspan="3">次数和分数</th></tr>
<tr><th>1次违反</th><th>2次违反</th><th>3次违反</th></tr>
<tr><td rowspan="4">评价认证事项变更</td><td rowspan="4">终身教育法第三条第3项和第三条第5项评价认证步骤和基准变更准则</td><td>教授和讲师变更步骤</td><td>5分</td><td>10分</td><td>15分</td></tr>
<tr><td>教育基本设施变更步骤</td><td>5分</td><td>10分</td><td>15分</td></tr>
<tr><td>课程内容变更步骤</td><td>5分</td><td>10分</td><td>15分</td></tr>
<tr><td>课程评价轻微事项变更</td><td>1分</td><td>2分</td><td>3分</td></tr>
<tr><td rowspan="3">评价认证基准</td><td rowspan="3">未达到评价认证基准的课程运营</td><td>教授和讲师的资格未达到要求</td><td>10分</td><td>20分</td><td>30分</td></tr>
<tr><td>教育设施设备未达到要求</td><td>10分</td><td>20分</td><td>30分</td></tr>
<tr><td>课程内容未达到要求</td><td>10分</td><td>20分</td><td>30分</td></tr>
<tr><td rowspan="6">评价认证课程运营规则</td><td rowspan="2">招生规则</td><td>未遵守招生方式规定</td><td>5分</td><td>10分</td><td>15分</td></tr>
<tr><td>招生广告夸大化</td><td>5分</td><td>10分</td><td>15分</td></tr>
<tr><td>退换学费规则</td><td>未遵守学费退换规定</td><td>5分</td><td>10分</td><td>15分</td></tr>
<tr><td rowspan="3">课程运营规则</td><td>课程运营管理不当</td><td>1分</td><td>2分</td><td>3分</td></tr>
<tr><td>出席率管理不当</td><td>1分</td><td>2分</td><td>3分</td></tr>
<tr><td>课业成绩管理不当</td><td>1分</td><td>2分</td><td>3分</td></tr>
</table>

对于违反的各个条目所罚分数累加，两年以内对于违反同一条目的罚分按照次数进行罚分，例如某机构当年违反学费返还规定，罚 5 分，第二年再次违反学费返还规定，罚 10 分，并且两次罚分累计。在一个评价认证周期内罚分超过 30 分以上，就要对相应的机构进行行政处罚，主要的处罚分数和手段如表 8-5 所示。行政处罚的方式主要有停止教育机构的课程评价认证申请、禁止课程教育机构运营（即停课）和取消评价认证（即停业）。一个评价周期内罚分超过 30 分就会受到相应的行政处罚，罚分超过 66 分该教育机构就会被取消评价认证资格，强制其停业。

表 8-5　处罚分数和手段

		30—35 分	36—40 分	41—45 分	46—50 分	51—55 分	56—60 分	60—65 分	66 分以上
行政处罚	停止评价认证申请	1 年	1 年	2 年	2 年	3 年	3 年	3 年	3 年
	课程运营禁止		6 个月	6 个月	1 年	1 年	1 年 6 个月	2 年	
	取消评价认证								取消评价认证

三、韩国学士学位自学考试制度及其最新改革动向

韩国学士学位自学考试制度建立已有二十多年，它始终秉承着让所有国民享有接受高等教育的权利的教育理念，坚持为学生个人发展提供智力支持的目的，发展多元化的自学考试模式，为韩国经济和社会发展输送了一批合格劳动者。

（一）学士学位考试概况

1990 年 6 月，在中央教育评价院中设立了学位考试部，作为学士学位自学考试的主管部门来管理和实施学士学位自学考试。2008 年设立了国家终身教育振兴院来负责韩国整个终身教育体系的管理工作，具体负责学分银行制的学分认证管理、学士学位自学考试的组织实施以及 K-MOOC（韩国慕课）

的管理工作。学士学位自学考试现今共设有 11 个社会需求量相对较多的专业,主要为韩国语言文学、英国语言文学、心理学、经济学、法学、行政学、学前教育学、计算机科学、情报通信学和护理学。韩国教育部指定各专业的学习内容,学生可根据自身情况合理安排自学,参加"四阶段"考试,考试成绩合格可进入下一阶段的学习和考试。符合相应免考条件的学生最多可以免除前三阶段的考试,直接进入第四阶段的考试,考试合格后即可获得学士学位。具体"四阶段"考试的考试领域和参试条件如图 8-1 所示。

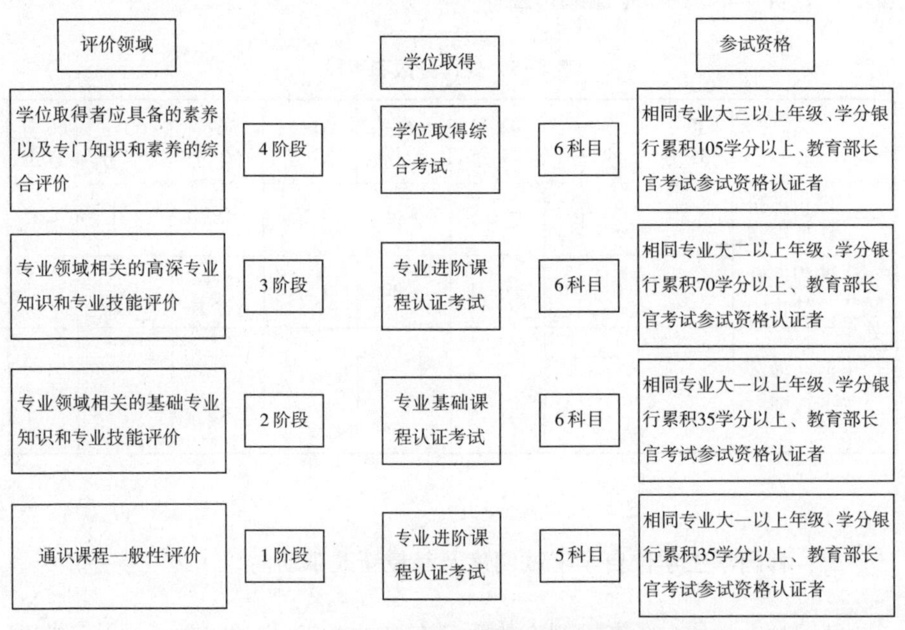

图 8-1 "四阶段"考试

"四阶段"考试是韩国学士学位自学考试制度中的主要评价方式和手段。每年的 1 月左右会在国家终身教育振兴院的网站上公布"四阶段"考试的具体时间。

(二)学士学位自学考试改革主要内容

参加学士学位自学考试的考生只有通过当前阶段的考试才能进入下一阶段的学习和考试,并且考试时间相对固定,每一阶段的考试每年只举行一次,这就导致取得学士学位的时间被无限拉长,一定程度上削弱了考生取得学位的信念和意志。为了解决这一问题,教育部决定取消机械化的考试方式,除了第四阶段的"学位综合考试"之外的其他三阶段考试,不论其他阶段的考试是否合格,都可以参加下一阶段的考试。这样一来,考试的组织形式更加灵活,有利于学生根据自己的实际情况灵活参加考试,节约了时间成本和人力成本。

过去在"四阶段"考试中的作弊行为,无论情节轻重,考生都要承担三年内禁止参加考试的处罚。这样的处罚措施过于刻板化,虽然考生的作弊行为是错误的,但法案规定中没有权衡作弊行为的情节轻重,采取同样简单化的处理方式,影响了考试的公平性和客观性,过度侵害了考生的考试权利。针对这样的弊端,此次改革方案中,对作弊行为的处罚做了详细的规定。要根据作弊行为的轻重来采取不同的处罚措施(见表8-6)。

表8-6　作弊行为具体惩罚措施情况表

	作弊行为故意	由过失导致对考试过程和结果产生重大影响的作弊行为	由过失导致对考试过程和结果产生轻微影响的作弊行为
1. 考试过程作弊行为 (1)考试开始前提前查看阅览试题等院长确定的轻微作弊行为	当次考试无效并且3年内禁止参加考试	当次考试无效并且1年内禁止考试	当次考试无效或当次考试科目无效
(2)除(1)以外的作弊行为	当次考试无效并且3年内禁止参加考试	当次考试无效并且2年内禁止考试	
2. 考试资格作假行为	当次考试无效并且3年内禁止参加考试	当次考试无效并且2年内禁止考试	当次考试无效

注:院长对由于过失产生的作弊行为,根据行为对考试和结果的影响程度、行为的类型、作弊者自我反省和检讨程度可决定不禁止作弊者参加考试。

作弊行为惩罚措施的改革,改变了过去对于作弊行为整齐划一的处罚方式,考虑到作弊行为产生的具体原因,将作弊行为分为主观故意和客观过失;考虑到作弊行为对考试过程和结果的影响,将作弊行为分为有重大影响的作弊行为和有轻微影响的作弊行为。相应的惩罚措施也有区别:主观故意行为惩罚措施重,客观过失行为惩罚措施轻;重大影响的作弊行为处罚措施重,轻微作弊行为的处罚措施轻。这样一来,法律承认了作弊行为产生原因的多样性和复杂性,根据不同作弊者的目的和具体行为对考试影响程度的不同采取差别化的惩罚措施,在作弊行为得到了应有处罚的同时最大程度上保证了考生的参试权利。特别需要指出的是惩罚措施在法律制度层面给予了一定的裁量权,在《学士学位自学考试法》规定的范围内对当事行为人给予何种处罚的权力。综合作弊者行为的主观故意性、对考试过程和结果的影响以及行为人自我反省等因素,可免除对作弊者的惩罚。惩罚的主要目的不是剥夺行为人的参试权利,而是要让作弊者认识到自己的行为是违反相关法律制度的,行为后果侵害了他人考试公平、教育公平的权利。这种差别化的惩罚措施保障了其他参试者的考试公平,让作弊者得到了相应的惩罚,同时也避免了单一的、机械化的惩罚措施对行为人的参试权利的过度侵害,最大程度上贯彻了韩国终身教育以人为本的教育理念。

四、困境和抉择

随着学习型社会不断变化完善,终身教育系统有效构建和健康发展对学习型社会的形成发展发挥着举足轻重的作用。韩国终身教育体系已搭建完成,下一阶段的核心任务应该是追求终身教育质量的提升。互联网技术的不断发展,正深刻改变着学习者的学习方式,网络课程数量飞速增长,教育机构互相抢夺生源,加剧了教育机构之间的恶性竞争,导致学分银行课程和学士学位自学考试课程质量下降。韩国教育部意识到为了方便民众不断学习提高自身修养必然要提供多种形式的学习方式,但高质量的终身教育不能靠课程数量和多样化的学位获得方式取胜,终身教育未来健康发展的保障是教育质量。因此,韩国教育部决定对学分银行制和学士学位自学考试制度进行改革,以确保社会所提供的终身教育客观上有良好的质量保证。笔者从政府政策导向、学生自身发展和社会效应三个方面进行论述。

(一)实施整体提高教育质量战略,促进教育质量稳步有序发展

2011 年以后,韩国的终身教育机构和终身教育在学人数开始逐年减少。从社会民众的普遍反映来看,虽然学分银行制和学士学位自学考试的学习方式灵活,但教育机构所提供的课程质量等并不高,教育机构中授课教授多为兼职,全职教授比例很低,普遍认为学分银行制和学士学位自学考试所获得的学

位社会认可度不高。因此,韩国教育部开始设法解决这些问题。2013 年,韩国政府为加快建设一流高等学府,实现韩国高等教育跨越式发展,开始实施 BK21 plus 计划。强调学校及各类教育机构要加强责任意识,培养高质量人才。现阶段韩国教育发展方向格外强调质量的提升,此次学分银行制和学士学位自学考试制度的改革,都从加强人才培养质量入手,通过严格规定教育机构的硬件设施、人员配置等基础办学条件,对不良办学机构的违法行为进行处罚,加强教育机构的主体责任意识,推动办学机构教育质量提升。

(二)坚持以人为本、弘益人间的教育理念,构建开放民主的终身教育管理体系

韩国终身教育的适用群体相对广泛,例如没有进入大学的高中毕业生、大学辍学者、需要补充专业知识的在职人员以及退休的终老群体都能参与其中,更为没有接受过高等教育而又迫切需要相关专业知识和学位的人员提供了获得知识和学位的途径,保障了公民接受教育的机会和权利。韩国教育发展受欧美教育影响较大,人本主义思想深入人心。终身教育体系在促进国家和社会发展的同时更加注重未来的个人发展。与此同时,对于终身教育的参与者来说,新的改革充分考虑到参与者的时间成本,破除之前机械化的规定导致学位取得时间的延长化问题,废除了“四阶段”考试不能跨级参试的硬性规定。这些举措都印证了以人为本、弘益人间的教育理念在终身教育领域的贯彻和实施。

(三)依法依规发展终身教育机构,注重终身教育的社会效应

知识化和信息化时代的到来,加快了社会发展和产业结构变化,从终身教育的萌芽到扫盲运动,再到一线工人技能培训的职业教育都为终身教育的发展奠定了坚实的基础。然而终身教育的发展同样离不开法律的保障。从 1982 年实施的《社会教育法》到 1995 年提出的《树立主导信息化时代教育体系改革实施方案》再到 2000 年正式公布的终身教育法,这些法律法规为韩国终身教育的健康可持续发展保驾护航。韩国终身教育体系开放程度高,课程设施灵活,学习方式多样,不仅有学分银行制和学士学位自学考试制度,还有近期韩国终身教育振兴院设立的韩国慕课即 K-MOOC 系统。一方面,政府考虑到国民需要;另一方面,考虑到开放的终身教育体系所带来的社会效应。完善的终身教育体系不仅能够为社会补充提供产业人才,也能带动社会形成良好的学习风气,为构建学习型社会奠定坚实基础。

五、启示

韩国学分银行制和学士学位自考制度的变革对我国慕课学分转换也有着一定的启示。

韩国学士学位考试过程中的惩罚措施带给我们一定的启示。为了规范学士学位自学考试过程,韩国制定了相应的考试作弊惩罚措施。根据不同的情况采取不同的惩罚措施。这为我国慕课学分转换过程中制定相应的惩罚措施提供了一定的借鉴和参考。为了慕课学分转换过程的规范进行,保障慕课学分转换的真实性,有必要制定相应的监考和惩罚措施。

学分银行的公示制度和惩罚措施也为我国慕课学分转换的顺利进行提供了一定的借鉴和参考。我国也可建立对慕课学分转换相关情况的公示制度,包括相关规则、评价认证课程以及发展计划等。同时,建立相应的惩罚措施,如果不符合要求,则进行相应的惩罚。这是保证慕课学分转换质量的重要措施之一。

第九章　慕课学习者交互研究

第一节　慕课论坛中学生提问与成绩的关系研究

——以“学堂在线”《心理学概论》课程为例

学习的过程总是伴随着各种各样的问题，当学习者遇到矛盾信息，在完成学习任务的过程中遇到阻碍，发现自己不确定或存在明显的知识漏洞时，会产生困惑、怀疑、焦虑、探究的心理状态，这种心理状态驱使他们不断提问（宋振韶，2003），提问可以引发学习者之间的信息交流和观点共享，多轮的提问和回答又构成了讨论。然而，如果提问不能得到及时有效的回复，学习者的情绪会由困惑逐渐转为沮丧、厌倦甚至失望，最终很有可能选择放弃课程。

在传统的课堂教学中，教学者和学习者可以通过课堂和课下面对面的交流完成提问和答疑等活动。而在慕课课堂中，学习者的主要学习方式是“看视频、做练习”，完全摆脱了空间和时间的束缚，通过课程论坛与教学者和同伴学习者建立联系。当学习者遇到困难或产生疑惑时，可以在论坛中发帖进行求助，教学者和同伴也可以通过回帖的方式对学习者的提问给予有效的回馈或总结。提问反映学习者的实际需求、思维加工能力，问题的深度则体现了学习者的认知加工深度，因此，提问与学习效果相关，不同成绩水平的提问者会表现出问题行为上的差异。本书旨在探索慕课论坛中的学生提问现状，以及不同学习者的提问差异，从而促进慕课学习者的提问行为和对慕课教学设计针对性地提出建议。

一、文献综述

提问是指个体在思维活动过程中,从发现、形成到主动提出问题的行为模式。它作为一种教学练习有着悠久的历史,至少可以追溯到苏格拉底时代,至今被大多数的教育者所使用。在教育和认知科学领域,提问通常被认为是一个基础的认知过程,潜存于理解、问题解决、推理创造力和其他认知活动中。在课堂参与形式中,学生提问比回答问题、参与讨论等具有更高层次的认知卷入度,它可以反映学生主动学习、构建知识、好奇心和学习过程的深刻程度。

提问也可以促进学生对知识的理解和记忆,通过训练学生提好问题的能力,会提高其学习和读写成绩以及解决问题的能力。不同成绩水平的学习者在提问行为上存在差异。哈珀等人认为,针对概念、一致性和应用范围提出更深层次问题的学生,有较高的概念成绩。格雷泽和珀森(Graesser & Person, 1994)发现经过家教辅导后,学生的成绩与学生提问的质量呈现正相关,而与提问的频率不相关,即有高水平成绩的学生能提出较高比例的知识漏洞和深度推理问题,而在提问的频率上没有显著差异。卡亚(Kaya,2015)发现有高水平成绩的学生总体上提出了更多的问题,并且有更多的高水平问题。

在传统课堂中,学生提问是一个罕见现象。丛昌平(2006)指出中国的课堂中,学生普遍害怕提问,不懂装懂,不会装会,不管是在课堂上还是在课后都很少主动提问。格雷泽和珀森(1994)发现,德国、美国、尼日利亚等国家的课堂中,学生每小时的提问数量在 1.3 个到 4 个之间,中位数是 3,平均每个课堂有 26.7 位学生,因此,每位学生每小时的提问数仅为 0.11 个。此外,学生提问的质量也受到批判。奥特罗和格雷泽指出大部分的学生提问都是浅显的问题,即可以从材料和课本等资源中找到答案,且是答案比较简短的问题,而需要推理判断、知识应用、信息整合和评估等深层次认知加工的深度问题则比较少见。科尔伯特等在学校的大型导论课程中也发现只有少数学生参与了提问活动,不仅问题数量少,而且很多是与深入学习课程内容无关的问题,例如,“考试考什么内容?”、“作业是如何评估的?”、“您能再说一遍吗?”等。

有多种原因造成了上述现象。王坤(1998)强调了教师对学生提问的影响,指出教师的心理负担是阻碍学生提问的因素。教师一是怕“误事”,认为提问会浪费教学时间;二是怕“冷场”,认为学生需要先读书和思考才能提出问题,这样会让课堂气氛显得沉闷;三是怕“难堪”,如果学生提出的问题一时回答不上来,教师会丢面子。格雷泽和珀森(1994)则从学生的角度提出了三个阻碍学生提问的因素:一是除非学生拥有大量的专业知识,否则他们很难发现自己的知识漏洞,他们会难以监测到矛盾信息,或者无法辨识解决问题所必需的缺失数据,也难以从必要信息中区分冗余信息;二是由于提问涉及教学过程中的社会交往,当学生提出差的问题时,会感到被忽视和丢面子,即使提出了好问题,也会打断教师的讲话或改变对话的主题;三是学生没有较高的提问能力,在学习过程中,学生没有接受提问能力的训练,并且大多数的教师也不能为学生提供提问的良好榜样。

慕课为学生提问创造了条件,也带来了挑战。首先,在线技术为学生提供了一个安全的场所,慕课中的学习者不需要实名注册,这使他们避免了面对面提问时的焦虑,可以在论坛中自由地阐述疑问。其次,慕课论坛主要采用异步的讨论模式,即网络中的所有参与者可以不受时间和地点的限制,通过文本进行交流。相比于课堂讨论,这种讨论方式通常会花费更长的时间,因为参与者需要花费更多的时间来阅读、思考、准备回复,并输入书面答案。因此,异步讨论有助于鼓励深度思考和引发深度讨论,学习者在这种情境下更可能提出高认知水平的问题。然而,异步讨论由于缺少了面对面交流中的手势或面部表情等非言语因素,单纯的文字表达更容易产生误解。最后,慕课论坛中的教师投入是影响提问产生的重要因素。由于缺乏和教师及同伴群体的近距离接触,学习者不得不借助论坛建立归属感,更好地理解课程内容。然而,由于慕课的注册人数众多,讨论数据庞大,教师很可能会忽视学生的这些帖子,这会对学习过程产生不利的影响并加剧学习者的流失。

综上所述,慕课作为一种新型的在线学习平台,使用了异步讨论的交互模式。学习者如何使用课程论坛进行提问活动,论坛是促进还是阻碍了学习者的提问行为值得探究。其次,提问作为一种基础性的认知过程可以促进学习者的学习,提升学习者的学习效果,不同成绩水平的学习者在提问行为上存在何种差异也值得关注。因此,本研究的第一个问题是探究慕课论坛中学生的提问现状,是否与传统课堂中的学生提问行为存在差异;第二个问题是比较不同成绩水平的学习者提问行为上的差异。

二、数据来源和分析方法

(一)研究对象

本研究以清华大学"学堂在线"作为研究平台,从2015年春季开设的过程中,综合报名人数、论坛的发帖和回帖总数筛选出一门热门课程。

(二)研究方法

1. 筛选问题

关于问题的界定,格雷泽和珀森(1994)指出不能只从语法和语义标准来进行判断,问题的形式可能是询问,可能是疑问语气以问号结尾,或者两者都具备。因此,我们把句子中的问号作为句子中的标记之一。但并不是所有的问题都是直接询问或以一个问号结束,因此我们也考虑了表示问题的关键词,如句子的开头中含有"是否"、"能否"、"是不是"、"有没有"、"为什么"、"怎么"、"如何"、"难道"、"请问"、"谁"等词语,或以"是什么"、"哪里"、"多少"、"吗"等词语为结尾,都可以作为问题的线索。此外,我们将一些与问题相关的固定表达,如"我很困惑/疑惑"、"我不懂"、"我不理解"等也作为问题的标志。由两名研究者根据上述标准用人工标注的方法分别对论坛中的帖子进行筛选,然后对彼此的筛选进行比较,不同之处则反复讨论直到意见统一。分别标注阶段的归类一致性指数是86%(1029个帖子中有880个帖子筛选结果一致)。

2. 问题分类

将筛选出来的提问帖根据提问的内容将其分类。已有研究对问题分类采取了不同的定义方式。布林顿等(Brinton et al.,2013)曾将慕课论坛中的讨论分为三类:第一类是与课程内容无关的小对话(例如自我介绍或发起一个学习小组);第二类是课程管理(如什么时候交作业,如何下载视频资料等);第三类是与课程内容有关的问题,可以是非常具体的问题也可以是开放式的。目前还没有学者对慕课中的学生提问进行分类。

在本研究中,两名研究者以布林顿等(2013)的分类方法为基础,结合该门课程论坛中的提问帖数据,共同商讨制定了新的分类标准,最终将慕课论坛中的提问帖归纳为以下五类。

(1)课程管理类问题,即学习者提出的与课程设计、时间安排、学习资源等有关的问题(如"总分究竟是怎么确定的?"、"何时更新课程?"、"怎么下载讲义?"等)。

(2)课程内容类问题,即学习者对学习材料或习题产生的理解性问题(如"如何理解六度分离理论?")。

(3)与课程内容无关的交流性问题,即学习者在学习中互相交流经验、学习方法和情感的问题(如"我看第三小节,小伙伴呢?")。

(4)平台操作类问题,即学习者遇到的平台故障或操作方法类问题(如"移动端是否能够提交作业?")。

(5)其他,即学习者表达不清晰或与课程学习无关的课程(如"中间动画用什么软件做的?")。

这五种问题在布林顿等(2013)对慕课论坛讨论分类的基础上添加了两类。一类问题是平台操作类问题,这是在线学习所特有的问题,主要是学习者在使用慕课平台进行课程学习时产生的,可能是平台系统的问题,也可能是学习者对平台的功能和操作方式不熟悉所引起的。另一类问题是无意义问题,主要是学习者表述不清或者与课程无关的问题。两名研究者在确定了问题分类后,将这751个提问帖进行梳理,判断其所属类别,进行分类整理。分别标注阶段归类一致性指数是82%(751个提问帖中有613个帖子的分类结果一致)。

3. 数据统计与分析

将参与发帖活动的每个学习者按成绩(满分为1分)进行分组,成绩在0.6—1分区间的为合格组,拥有申请该门课程认证证书的资格,共225名学习者;成绩在0—0.6分区间的为不合格组,不具有申请认证证书的资格,共344名学习者。使用Excel中对学习者的提问帖进行数量上统计,包括总的提问帖数量、各类提问帖的数量以及所占比例,合格组和不合格组学习者的总提问帖数量、各类提问帖的数量以及所占比例。使用SPSS 17.0进行独立样本t检验以及方差分析,比较合格组和不合格组在提问帖数量及类别上的差异。

三、研究结论

(一)慕课论坛提问现状

1. 提问数量

该门课程由569名学习者发布了1029个帖子,占注册学习总人数的1.65%。两名研究者从所有发帖中一共筛选出751个提问帖,约占总帖数的73%,说明学习者在慕课论坛中的活动以问答形式为主,慕课论坛更类似于一个问答平台。然而考虑到发帖总人数,人均每周发帖数仅为1.3;考虑到课程的更新时间,则人均每周的发帖数为0.05。这说明慕课论坛的数据虽然庞大,但主要是由于学习者的基数大造成的,事实上只有相当小比例的学习者参与了论坛活动,并且这些学习者的提问积极性不高,甚至低于传统课堂(传统课堂中平均每个学生每小时提问数为0.11)。

2. 提问类别

学习者各类提问帖的数量以及所占比例见表9-1。课程管理类和课程内容类提问帖所占比例较大,其中课程管理类提问帖最多,占总提问帖的44.5%,说明学习者对于课程的更新、安排等存在大量的疑惑。课程管理类中的很多问题是学习者反复提出的,如“如何下载课件和讲义?”、“期中和期末成绩怎么还没出来呢?”、“什么时候能够拿到证书呢?”,这些问题通常需要教师或助教进行解答。然而在整个过程教师没有参与论坛活动,社区助教和管理员均由学生担任,总发帖数为24,占总帖子数的2.3%,总回复数为130,占总回复数的4.4%,这种低参与度造成学生提出的问题在很长的一段时间里不能被解决。虽然课程的组织者对某些事项已经在“课程信息”里进行了阐述,但是由于解释说明不够详细、全面,引起学习者的困惑,如“总分究竟是如何确定的?”、“期中考到第几章啊?”;有一些则是教学者的课程更新、材料安排出现了问题,如“积极心理学为什么没有作业?”、“老师,怎么讲义链接打不开啊?”还有一些是由于学习者对慕课学习模式不熟悉造成的,如“上课是否严格按进度进行,才能合格?”、“是否可以在这个时间段内,随时观看?”

我们最希望学习者提出的课程内容类问题,仅占所有提问帖的 33.0%,见表 9-1。学习者提出的大部分问题是做习题过程中遇到的,如“课后题第一题,A 为什么属于心理学的研究?”、“课件讲表象是直观的形象,具体直观性这一特点,为什么题目中水花溅起这种直观看到的不是表象呢?”。

表 9-1 各类提问帖的数量及比例

提问帖类别	提问帖数	占总提问帖数的比例
课程管理类	334	44.5%
课程内容类	248	33.0%
与课程内容无关的交流类	49	6.5%
平台操作类	111	14.8%
其他类	9	1.2%

(二)合格组和不合格组的提问差异

1. 合格组和不合格组的提问数量差异

研究者设计了合格组和不合格组学习者的人数、帖子总数、提问帖总数、提问帖比例以及人均提问帖数(见表 9-2),发现虽然合格组学习人数比不合格学习人数少,但帖子总数、提问帖总数以及人均提问帖数却要高于不合格组学习者,而提问帖的比例则基本相同。对合格组学习者(225 人)和不合格组学习者(344 人)的提问帖进行卡方检验,结果表明合格组和不合格组学习者的提问帖数存在显著差异,$\lambda^2(10)=60.785, p<0.001$,即合格组学习者的提问帖数量显著多于不合格组,这说明合格组学习者在论坛中提问的积极性要高于不合格组。

表 9-2 合格组和不合格组的各项差异

成绩区间	人数	帖子总数	提问帖总数	提问帖比例	人均提问帖数	提问帖标准差
合格组(0.6—1)	225	547	396	72%	1.76	1.6864
不合格组(0—0.6)	344	482	355	74%	1.03	0.9966

2. 合格组和不合格组的问题差别类

合格组(225 人)和不合格组(344 人)在五类提问帖上总的数量分布大致相似(见表 9-3),课程管理类提问帖数量最多,其次是课程内容类提问帖,而另外三类提问帖数量均很少。这说明合格组和不合格组学习者在课程学习中都最为关注课程管理类问题和课程内容类问题。但合格组学习者的课程管理类提问帖总数多于不合格组学习者。

表 9-3　合格组和不合格组五类问题分别所占比例

	合格组(0.6—1)		不合格组(0—0.6)	
	提问帖总数	所占比例	提问帖总数	所占比例
课程管理类	191	48.2%	143	40.3%
课程内容类	124	31.3%	124	34.9%
与课程内容无关的交流类	20	5.1%	29	8.2%
平台操作类	58	14.6%	53	14.9%
其他类	3	0.8%	6	1.7%

忽略最后三类问题,比较合格组(225 人)和不合格组(344 人)学习者在前两类提问帖数量上的差异,经过卡方检验,结果发现两组学习者在课程管理类提问帖上的差异显著($\lambda^2(5) = 43.728, p < 0.001$),而在课程内容类提问帖上的差异不显著($\lambda^2(7) = 12.028, p = 0.1$)。即合格组学习者的课程管理类提问帖数量显著多于不合格组,而在课程内容类提问数量上两组并无显著差异。用 Wilcoxon 符号等级检验比较合格组学习者在课程管理类和课程内容类提问帖上的差异,结果发现差异不显著(Z=-0.31,p=0.19),即合格组学习者的课程管理类提问帖数量显著多于课程内容类提问帖,而不合格组中课程管理类和课程内容类提问帖数量不存在显著差异。

四、讨论和建议

本书通过分析发现,只有少量的学习者在慕课论坛中进行了提问,且人均提问数较少,与传统课堂的研究发现一致。学习者在论坛中的提问有一半都是针对课程管理，只有约 1/3 的提问是针对课程内容。这说明慕课作为一种新型的在线学习平台，异步讨论的学习模式并没有促进学习者的提问活动，正如郎恩等(Lonn et al.,2011)所强调的，工具本身并不能决定学习是否发生，因此，学习者提问数量少的主要原因还在于教学者和学习者自身以及对论坛的使用方式。

从学习者的角度讲，提问是长期被忽视的行为之一，在我国的中小学教育中，仍然以知识输入、教师讲解为主导，大部分教师虽然在课堂中进行了提问，但却忽视了提问的质量，偏重于具体形式和技巧，既不能促进学生思考，也不能为学生提问作出良好的示范，学生的问题意识和主动思考能力得不到锻炼，提问的积极性也随之降低。因此，随着年龄的增长，学习者也越来越少地提出信息寻求问题，他们通常更期待回答问题，而不是主动提问(宋振韶,2003)。慕课论坛也出现了类似的现象，学习者回帖数是发帖数的 3 倍。另外，学习者的交互并不全部发生在论坛中，他们同时使用了 QQ 等其他工具进行交互，这弱化了论坛的作用，虽然本研究使用的论坛数据并不能涵盖学习者之间的全部问答数据，但已充分反映了学习者慕课论坛中的基本问答行为。

从教学者的角度来讲，由于慕课中的教师与学习者的活动是时空分离的，缺乏面对面的交流，这样会弱化学习者的社会化交互。教师在慕课平台开设课程，大量的时间和精力都放在了前期的课程制作上，而开课期间教师在论坛中投入的时间和精力十分有限，没有为学习者制定论坛活动的行为规范，没有引导和鼓励学习者在论坛中的问答行为，也没有对学习者的发帖提问进行及时有效的指导和反馈。这样就造成学习者因为问题得不到及时解决而丧失提问热情，影响学习者的学习积极性，甚至中途退出课堂。同时，课程论坛由于缺少教学者的监控和指导，造成相同的课程管理类问题因得不到回复而被学习者反复提出，而课程内容类问题由于可以被有经验的学习同伴解答，进行更深层次的交互，避免了相同问题的反复提出。

合格学习组和不合格学习组在提问行为上的差异主要体现在提问帖的数量上，不论是在提问帖的总数还是类别如课程管理类提问帖数量都显著多于不合格组学习者，这充分体现了论坛发帖对学习成绩的影响，与已有的慕课论坛研究结果相符,有研究者发现学生在讨论区发布的帖子数量与期末成绩显著相关,在线课程的异步讨论讨论数量能够预测学生的成绩。合格组和不合格组学习者在课程内容类提问帖的数量上差异不大,可能是由于合格组学习者虽然人数上少于不合格学习组学习者,但课程完成度高,指出的课程内容类问题分布在整个课程阶段,而不合格组学习者则有较高的辍学率,只有前期提出了较多的课程内容类问题,因此,导致两组差异不显著。不可否认的是,提问作为一种有效的认知策略,在学习者学习中体现重要作用,它可以促进学习者对学习内容的记忆和理解,帮助学习者提高学习效果和效率。此外,合格组学习者的课程完成度高于不合格组学习者,所以遇到的课程管理类问题也会更多。

为了更加充分利用慕课论坛来提高学习者的提问能力,促进学习者的学习,下面提出几点建议供教学者和平台管理者参考。

1. 提高论坛的可用性

学习者提出的问题,要及时给予解决。慕课论坛中的教师投入是影响提问产生的重要因素之一。考虑到回复的时间和数量对提问产生的影响,如果至少有一名教师或助教定时在线,尽快回复学习者的提问,会让学生体验到论坛交互的有效性,也可以鼓励同伴学习者回答问题来提高学习者的论坛参与度,增加提问的回复率。孙洪涛等(2016)发现大多数的慕课交互水平较低,教师没有积极参与答疑辅导和组织论坛互动,而交互水平高的课程,则更多是学生之间的交互发挥了重要作用。将积分奖励体系引入慕课论坛中,对学生及时、高质量的回复给予奖励,可以增加每个帖子的回复数量,缩短回复周期,并且改善学习者的论坛学习体验。

2. 培养学习者的提问能力

培养学生提问的能力是中小学缺失的一个环节,然而在线教育可以解决这一问题,教学者可以将学习者的提问作为成绩的评价指标体系之一,把学习者提问的数量和质量纳入考核的内容,这样可以激发学习者的提问行为。为了提高学习者的提问能力,尤其是提出好问题的能力,教学者可以在教学设计中向学习者提供问题的评价标准和样例,让学习者了解好问题的构成并不断练习。

总的来说,在慕课教学中采取相应的措施来促进学生提问,虽然教育者需要花费更多的时间和精力,但这为提高慕课论坛的互动,促进学习者的深入学习,改善慕课的教学质量有着深远的影响。

第二节 基于慕课的学习者虚拟社区交互意向影响因素研究

社会建构主义理论可以作为网络学习社区中社会性交互的基本出发点。慕课虚拟社区成员根据兴趣爱好与学习需求发起或者参与不同课程,通过成员间的交流探讨,进行知识建构,完成各自项目任务。由于网络的时空跨越性,学习者必须在网络环境中积极地探究和交流才能完成知识建构过程,进而实现有效学习。郑勤华等(2016)对 Coursera 平台上的一门课程论坛交互情况的分析发现持续交互者较少,参与论坛交流的学习者在第 1 周有 4000 人,而到第 5 周只剩下 791 人,而参与全部 5 周论坛交流的学习者仅 163 人,这说明很多人并没有持续参与论坛的交流。郑勤华等(2015)通过对国内 14 个慕课平台的 622 门课程进行分析,发现目前慕课虚拟社区学习者交互还很不理想。已有大量研究表明,慕课交互与学习效果呈正相关。郑勤华等(2015)还指出学习支持服务的常态化和社会化是改进慕课教学的最重要因素,需要在慕课平台中更多地引入社交网络,促进社会化学习。潘丽佳(2015)通过实证研究得出学习者参与度与慕课学习绩效呈显著正相关,而学习参与度包括行为维度、情感维度和认知维度,行为维度又包括参加论坛讨论等。冯雪松等(2015)提出国外慕课评估报告也指出,学习者利用不同的社会媒体平台进行线下交流,并且参与线下交流的学习者其学习效果明显比较好。对于课堂交互质量的评价越高,学习者的满意度就越高(Kuo,Walker,2014)。慕课教师与学生之间缺乏互动肯定会损害课程的质量(尤众喜等,2015)。Nabeel Gillani(2014)对交互与学习成绩的关系也进行了分析,发现论坛参与者的最后成绩的平均分数显著高于其他学习者最后成绩的平均分数,学生在论坛中的参与与学生在课程中的表现呈显著正相关。

潘丽佳(2015)通过实证分析得出了慕课的自主性、多样性和互动性与慕课参与度呈显著正相关。郑勤华等(2015)同时指出教师参与是慕课整体交互水平提升的关键,教师参与程度远远不足。孙洪涛等(2016)选取国内14个慕课平台的622门可获取内容的课程,发现我国慕课交互水平总体偏低且严重不平衡,20%的课程产生了约90%的交互;教学模式对交互水平影响较大,探究型课程交互水平较高,提供丰富学习支持和评价认证方式的课程交互水平较高等,郑勤华等(2016)对慕课平台上学习者论坛交互中心度与交互质量的关系进行了实证研究。Jian-Syuan Wong 等(2015)对某个论坛学习者的交互现状进行分析得出论坛活跃者通常对论坛讨论有积极的贡献。Hauang(2014)研究了 Coursera 上多个论坛中有较大贡献的使用者的行为,结果显示一半以上的“超级发帖者”是男性,年龄在20岁到34岁之间。而且“超级发帖者”通常比普通论坛使用者有更好的学习表现。Wen,M 等(2014)对慕课论坛的讨论分析后,得出慕课辍学行为与学生的论坛发帖有关。Stephens-Martinez(2014)研究显示,论坛的讨论给教学者推动课程进步提供有用的信息。目前国内外关于慕课虚拟社区交互影响因素的研究总体来说还较少,比较零散,仅在一些文章中涉及,还缺乏系统深入的分析,包括理论分析和实证研究都还很缺乏,未发现从相关模型的角度对影响因素的分析,从理论和实证方面都需要进一步进行分析。

一、模型构建和研究假设

Venkatesh 和 Morris 等(2003)提出技术接受和使用整合理论(UTAUT 模型,见图9-1),该模型是在已有8个相关模型(包括 TAM 模型、TAM2 模型、TRA 模型、MM 模型以及 MPCU 模型等)的基础上构建的,对行为意向的预测力达到70%。UTAUT 模型提出了影响行为意向的4个原始变量以及4个调节变量(见图9-1)。戴维斯(1986)提出了 TAM 模型,后来发展到了 TAM2 模型,再后来文斯卡特等(Venkatesh et al.,2008)提出了 TAM3 模型(见图9-2)。TAM3 模型保留了 TAM2 模型中所有的变量,并且增加了新的变量,即影响易用性感知的六个变量。TAM3 模型既具有影响变量的全面性,又具有可操作性(Venkatesh et al.,2008)。

TAM3 模型框架提出了两个中介变量(包括有用性感知和易用性感知)以及四个方面的原始变量(分别是个人差异、系统特征、社群影响和促成条件)。本书认为 UTAUT 模型存在着没有中间变量等缺点,而 TAM3 模型则具有原始变量不够明确等缺点。本书综合 UTAUT 模型和 TAM3 模型的优点,并结合慕课虚拟社区学习者交互的特点构建了学习者慕课虚拟社区交互影响因素模型,包括三个中间变量和四个原始变量(见图 9-3、表 9-4)。

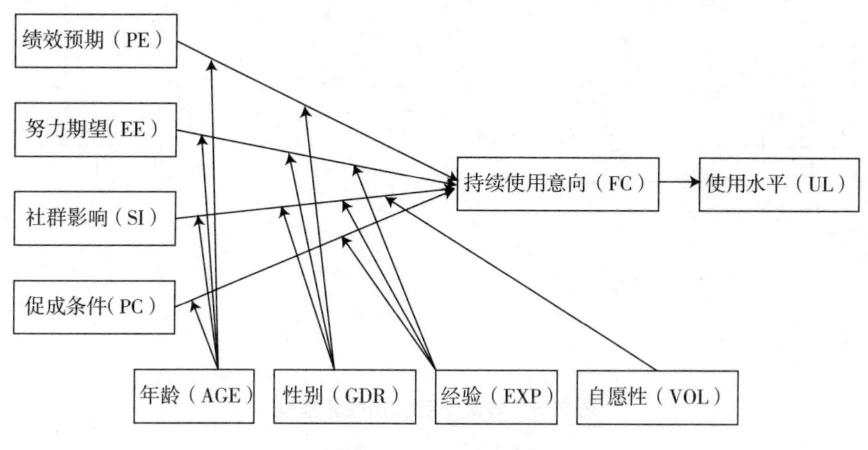

图 9-1　UTAUT 模型

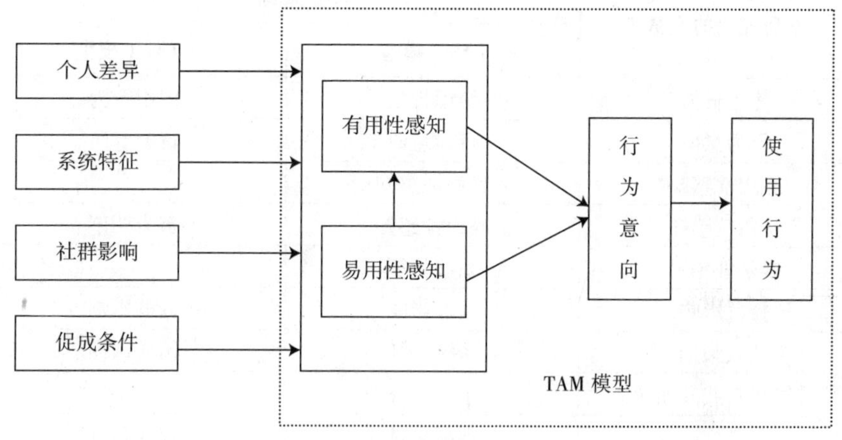

图 9-2　TAM3 模型

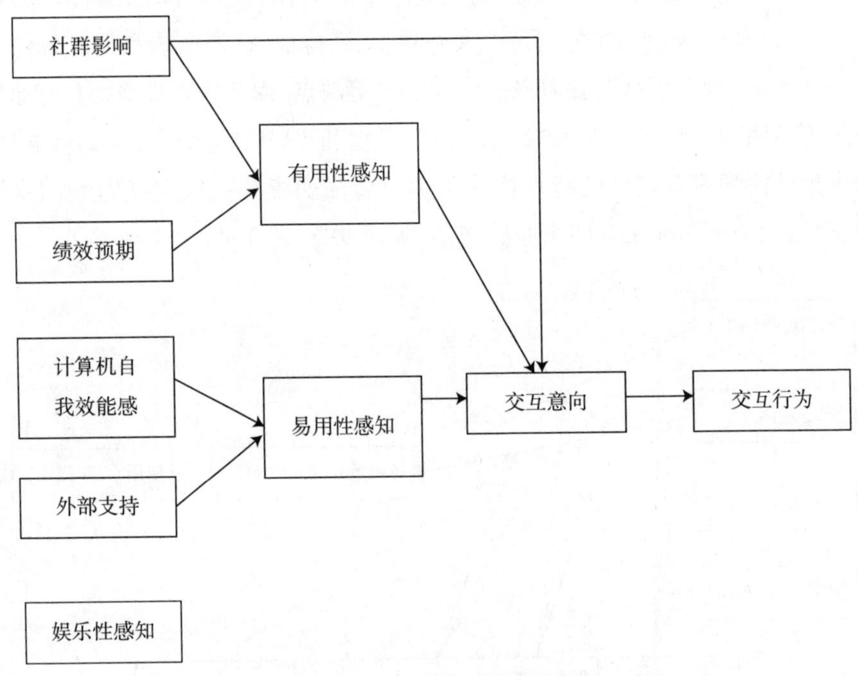

图 9-3　慕课交互影响因素模型

表 9-4　模型变量来源

本研究中的变量	来源	
	TAM3 模型	UTAUT 模型
使用行为	使用行为	使用行为
行为意向	行为意向	行为意向
有用性感知	有用性感知	
易用性感知	易用性感知	努力期望
娱乐性感知	系统特征	
社群影响	社群影响	社群影响
绩效预期	系统特征	绩效预期
计算机自我效能感	个人差异	
外部支持	促成条件	促成条件

慕课虚拟学习者社区交互意向指的是学习者打算在慕课虚拟社区(例如

慕课交互论坛、QQ 群等）进行交互的程度。学习者慕课虚拟社区交互行为可以从多个指标进行测量，包括学习者发帖（包括主题帖和回复帖）的数量，交互的内容以及交互内容的层次等。UTAUT 模型和 TAM3 模型均提出信息技术的行为意向与使用行为之间相关系，这和目前大多数的相关研究一致。高峰（2012）通过结构方程模型的方法得出高校教师网络教学方式持续使用意向与使用水平之间正相关；Venkatesh（2008）通过对工作场所工人对信息技术的使用和意愿的实证研究中得出行为意愿和使用行为显著正相关等。基于上述研究，本书提出假设 H1，即当学习者有着更强的在慕课虚拟社区交互意向的时候，其交互行为也会得到显著改善，即有可能会进行更多的交互以及更高质量的交互。

假设 H1：慕课虚拟社区学习者交互意向与交互行为正相关。

已有大量研究表明使用者对信息技术的有用性感知与信息技术的使用意向正相关。通过慕课虚拟社区的交互，学习者的问题可以获得解答，也可以获得其他课程信息等。当学习者感觉在虚拟社区交互越有用的时候，其交互意向就越显著提升。在上述理论的基础上，本书提出假设 H2。

假设 H2：学习者慕课虚拟社区交互有用性感知与交互意向正相关。

慕课虚拟社区社群影响指的是学习者认为对他重要的人（例如慕课教师、其他学习者等）认为他应该进行交互的程度。UTAUT 模型中提出社群影响与行为意向正向关联，TAM3 模型提出主观规范通过有用性感知间接影响行为意向，同时也会直接影响行为意向以及地位感知通过影响有用性感知间接影响行为意向。而在 Venkatesh（2003）提出 UTAUT 模型的时候，社群影响这个变量的来源之一就是之前 TAM2 模型中提出的主观规范和地位感知两个变量。时蓉华（2001）指出，从众心理即指个人受到外界人群行为的影响，而在自己的知觉、判断、认识上表现出符合公众舆论或多数人的行为方式，实验表明只有很少的人保持了独立性，没有从众，所以从众心理是大部分个体普遍所有的心理现象。当学习者认为对他重要的人认为他应该进行慕课交互时，为了避免脱离群体，学习者的交互意愿就会随之上升。方旭（2015）通过实证研究得出主观规范与慕课学习行为意向之间呈正相关的结论；李玉斌等（2012）得出主观规范与大学生网络学习行为和学习态度均呈显著正相关关系；柏宏权（2013）得出社群影响与中小学教师虚拟社区使用意图呈正相关关系等。Venkatesh(2008)也通过实证研究得出主观规范与工作场所工人对信息技术的使用意向呈正相关,并通过影响有用性感知间接影响行为意向。本书在上述研究的基础上,提出假设 H3,即当学习者认为他所认为重要的人(例如慕课教师等)认为他应该进行慕课交互的时候,学习者交互意向就会显著上升。

假设 H3:社群影响与慕课学习者虚拟社区交互意向正相关。

UTAUT 模型中提出努力预期与行为意向正相关。在 Venkatesh(2003)提出 UTAUT 模型的时候,努力预期这个变量的来源之一是之前 TAM 模型中提出的易用性感知这个影响变量。TAM3 模型中提出易用性感知通过影响有用性感知而间接影响信息技术的使用行为意向。还有其他大量研究表明,易用性感知与信息技术使用意向和行为显著正相关。因此本书提出假设 H4,即当学习者觉得交互越容易进行的时候,其交互意向也越强烈。

假设 H4:易用性感知与慕课学习者虚拟社区交互意向正相关。

娱乐性感知指的是一个人认为除了由于系统的使用产生的结果之外,独立地使用一个专门的系统的活动是愉快的(Venkatesh,2000)。TAM3 模型中提出娱乐性感知通过影响易用性感知而间接影响信息技术的使用行为意向(Venkatesh,2008)。将娱乐性感知视为系统的特征之一,属于相关的调节变量,被认为是在一个人对新系统获得经验后的一个重要的影响易用性感知的决定变量。Webster 和 Martocchio 认为娱乐性是计算机交互过程中一种重要的心理现象,它表现为个体在与计算机发生关系时存在的自然且不断创新的交互影响倾向。Moon(2001)等研究 TAM 模型在 WWW 领域的适用性时,也发现除有用性感知、易用性感知外,娱乐性感知是影响用户网站行为意向的重要因素。还有其他大量研究表明,娱乐性感知与信息技术的使用意向之间存在着正向关联关系。谭光兴等(2015)得出高校学生娱乐性感知水平通过影响易用性感知而间接影响其网络教学接受意向。李玉萍(2011)实证研究得出感知娱乐性对网上顾客重购意愿有显著的正向影响。基于上述研究,本书提出假设 H5,即娱乐性感知与交互意向呈正相关。

假设 H5:娱乐性感知与慕课学习者虚拟社区交互意向正相关。

当学习者认为对他重要的人认为他应该进行交互的时候,例如慕课教师希望他进行交互或者其他学习者交互比较积极时,学习者可能会受到影响,其对交互的有用性感知会随之上升,因此本书提出假设 H6。

假设 H6:社群影响与有用性感知正相关。

绩效预期指的是学习者认为慕课交互可以让他的学习表现得更好的程度。UTAUT 模型中提出绩效预期与信息技术使用意向之间正相关。在 Venkatesh(2003)提出 UTAUT 模型的时候,社群影响这个变量的来源之一就是之前 TAM 模型中提出的有用性感知这个影响变量。TAM3 模型中提出绩效预期通过影响有用性感知而间接影响信息技术的使用行为意向。国内外也有很多研究证明了绩效预期与信息技术的使用行为意向之间存在正相关。本书基于上述研究提出假设 H7,即当学习者认为慕课交互可以让他们的学习表现更好的时候,他们进行交互的意向就会更加强烈。

假设 H7:绩效预期与慕课学习者虚拟社区交互意向正相关。

当获得同样的绩效时,所花费的努力越少,学习者就会越觉得交互有用,相反,如果获得同样的交互效果而需要花费大量的精力和时间,则学习者交互的有用性感知就会快速下降,因此,本书提出假设 H8,这与以前的很多研究一致,即获得同样的绩效时,努力越少,有用性感知也就越强。

假设 H8:易用性感知与交互有用性感知正相关。

TAM3 模型中提出计算机自我效能感通过影响易用性感知而间接影响信息技术的使用行为意向。计算机自我效能感指的是一个人相信他使用计算机完成一项专门的任务或工作的能力的程度(Compeau & Higgins,1995a,1995b)。计算机自我效能感是代表着个人在计算机和计算机使用一般信念的不同(Venkatesh,2000)。已有大量研究表明,计算机自我效能感是影响信息技术使用易用性感知的重要变量。邬锦锦(2014)通过相关性分析得出网络学习共同体中自我效能感与概念交互、操作交互和信息交互均呈显著正相关。谭光兴等(2015)通过实证研究得出高校学生计算机自我效能感水平通过影响易用性感知而间接影响其网络教学接受意向。当学习者越有信心完成慕课虚拟社区交互时,其就越愿意进行交互。本书在上述研究的基础上,提出假设 H9。

假设 H9:计算机自我效能感与慕课学习者虚拟社区交互易用性感知正

相关。

促成条件指的是环境中使得一项行动包括提供计算机支持相关的服务容易做的客观的因素(Thompson et al.,1991)。UTAUT 模型中提出促成条件与行为意向正相关。TAM3 模型中提出外部支持(促成条件)通过影响易用性感知而间接影响信息技术的使用行为意向。谭光兴等(2015)得出便利条件与网络教学易用性感知正相关,并且通过易用性感知间接影响其网络教学接受意向;高峰(2012)通过实证研究得出便利条件与高校教师网络教学方式的采纳呈显著正相关等。UTAUT 模型中提出便利条件与使用正相关。根据上述理论,本书提出假设 H10。

假设 H10:促成条件与慕课学习者虚拟社区交互易用性感知正相关。

UTAUT 模型中提到四个对模型路径可能起到调节的变量,分别是年龄、性别、经验和自愿性,而 TAM3 模型中提出了两个调节变量,分别是经验和自愿性。本研究结合上述理论以及慕课学习者虚拟社区交互的情况提出 4 个对模型路径可能起到调节作用的变量,分别是年级、性别、使用经验以及自愿性。

由于男性更偏向于使用计算机和网络,因此,对于男性来说,有用性感知对行为意向的影响要比女性大,还有研究表明绩效期望对行为意向的影响在不同年龄和性别上会有显著的差异,通常年轻男性较为显著等。因此,本书提出假设 H11a,同理,可提出假设 H11b—H11g。

假设 H11a:性别在有用性感知对行为意向的影响中有一定的调节作用。

假设 H11b:性别在社群影响对行为意向的影响中有一定的调节作用。

假设 H11c:性别在绩效预期对有用性感知的影响中具有一定的调节作用。

假设 H11d:性别在社群影响对有用性感知的影响中具有一定的调节作用。

假设 H11e:性别在易用性感知对有用性感知的影响中有一定的调节效果。

假设 H11f:性别在易用性感知对行为意向的影响中有一定的调节效果。

假设 H11g:性别在外部支持对易用性感知的影响中具有一定的调节作用。

高年级的学生接触互联网时间相对较长，网络经验相对较多和信息素养相对较高。而低年级的学生往往接触互联网和计算机的时间相对较短，有的是在上大学之后才开始接触，因此外部支持可能对于高年级的学生影响更大一些，当外部支持一样的时候，往往高年级的学生感觉更容易进行，而交互意向也更积极强烈一些，因此本书提出假设 H12a—H12c。

假设 H12a：年级在外部支持对易用性感知的影响中具有一定的调节作用。

假设 H12b：年级在易用性感知对有用性感知的影响中具有一定的调节作用。

假设 H12c：年级在娱乐性感知对行为意向的影响中具有一定的调节作用。

当计算机效能感一样的时候，使用经验越丰富的学习者，其对系统的了解也越多、操作熟练程度也越强，因此易用性感知也越高，因此本书提出假设 H13a。

假设 H13a：使用经验在计算机自我效能感对易用性感知的影响中具有一定的调节作用。

当使用经验越丰富的学习者进行交互时，其对交互的有用性也越了解，因此其有用性感知也越强，因此本书提出假设 H13b。

假设 H13b：使用经验在易用性感知对有用性感知的影响中具有一定的调节作用。

当易用性感知一样的时候，学习者使用经验越丰富，对系统的了解也越多，对系统的有用性和易用性有更深入的了解，因此其行为意向也越强烈，据此，本书提出假设 H13c。

假设 H13c：使用经验在易用性感知对行为意向的影响中具有一定的调节作用。

以往的一些研究也证明了上述结论，例如在促进条件对使用行为的影响方面（Venkatesh et al.，2003），研究发现，其影响程度会因不同年龄和经验而有所差异，特别是具有使用经验的年长者更显著。当外部支持一样的时候，学习者进行网络交互经验越丰富的时候，其对系统的了解程度也会越强，其有用性感知和易用性感知也可能越强,因此,其交互的行为意向也越强。以往的一些研究也证明了上述结论,例如在促进条件对使用行为的影响方面(Venkatesh et al.,2003),研究发现,其影响程度会因不同年龄和经验而有所差异,特别是具有使用经验的年长者更显著,据此,本书提出假设H13d。

假设H13d:使用经验在外部支持对行为意向的影响中具有一定的调节作用。

当学习者进行交互时,具有同样的社群影响时,越自愿进行交互的学习者往往进行交互的行为意向也越强,因此本书提出假设H14a。

假设H14a:自愿性在社群影响对行为意向的影响中具有一定的调节作用。

二、问卷发放和数据处理

(一)信效度检验

首先根据模型进行问卷设计,具体题项见表9-5。各变量测量题项参考了已有的较成熟的量表,或者在原有量表的基础上结合慕课交互的特点进行了修改。本研究进行了问卷的预发放,根据30名填写者的意见对问卷进行了改进,同时对专家进行咨询,然后形成正式问卷进行发放。本课题采用当面发放和网络发放两种形式发放和收集问卷。本研究采用分层抽样(对不同性别、年级、专业、地域以及职业进行抽样)和随机抽样发放问卷。网络发放采用问卷星在线填写、QQ群发放等形式。本研究对西部、中部以及东部相关高校和工作人员进行发放。共回收网络问卷163份,纸质问卷280份,将可疑问卷剔除(例如一勾到底、填答不全等),最后得到有效问卷356份,有效率为80.4%。数据的人口学分布见表9-6。Mueller(1997)认为单纯的SEM分析,其样本大小标准至少在100以上,200以上更佳,如果从模型观察变量数来分析样本人数,则样本数与观察变量数的比例至少为10∶1至15∶1间(Thompson)。本特勒和周(Bentler & Chou,1987)提出在结构模型分析中,研究人员可能至少应当做到每一个待估参数能有5个样本,而对于每个潜变量来说,最好有15个以上样本。本研究的样本数满足了上述要求。初步构建慕课虚拟社区学习者交互影响因素结构方程模型(见图9-4)。

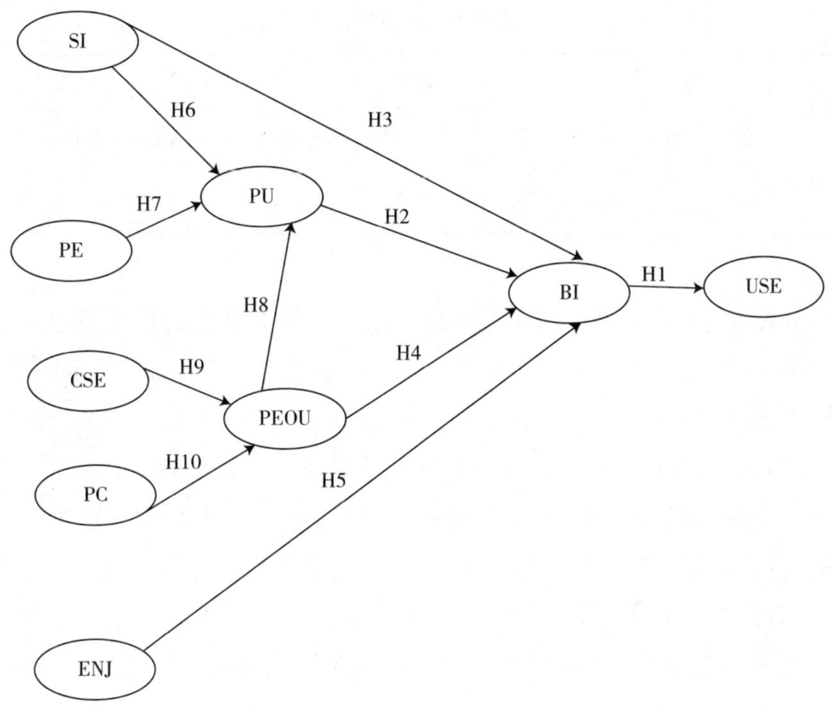

图 9-4　结构方程模型图

表 9-5　测量题项

交互行为(USE)	3	Thompson S.H.Teo(2001);Venkatesh 等(2008)
交互意向(BI)	3	Venkatesh 等(2003);Venkatesh 等(2008)
有用性感知(PU)	3	Venkatesh 等(2008)
社群影响(SI)	4	Venkatesh 等(2003);Venkatesh 等(2008)
绩效预期(PE)	3	Venkatesh 等(2003);Venkatesh 等(2008)
易用性感知(PEOU)	3	Venkatesh 等(2003);Venkatesh 等(2008)
计算机自我效能感(CME)	3	彭华茂等(2006);Venkatesh 等(2008)
娱乐性感知(ENJ)	3	李玉萍(2011);Venkatesh 等(2008)
促成条件(PC)	3	Venkatesh 等(2003);Venkatesh 等(2008)
经验(EXP)	2	Venkatesh 等(2008)
自愿性(VOL)	1	Venkatesh 等(2008)

表 9-6　人口学分布

变量	性别		年级						专业		
	男	女	大一	大二	大三	大四	研究生	工作者	理科	文科	工科
百分比(%)	42.9	57.1	28.9	14.3	15.7	16.7	23.3	3.5	31.8	39.8	28.4

首先进行信度检验。使用 Cronbach α 一致性系数进行信度检验。荣泰生(2010)指出,当 Cronbach α≥0.7 时,属于高信度;当 0.35≤Cronbach α<0.7 时,属于尚可;Cronbach α<0.35 时则为低信度。经过 SPSS 17.0 计算,问卷总的 Cronbach α 一致性系数为 0.792,所有分问卷的 Cronbach α 一致性系数均大于 0.7(见表 9-7),表明问卷具有良好的信度。我们对问卷进行效度检验,包括聚合效度和区分效度的检验。聚合效度也称之为收敛效度。一般认为,当各变量的因子载荷大于 0.5,组合信度大于 0.7 以及平均萃取方差大于 0.5,则认为问卷具有良好的聚合效度(吴明隆,2010)。使用 SPSS 17.0 进行探索性因子分析,可得 KMO=0.867,Sig=0.000,适合做因子分析。对模型进行验证性因子分析。使用 AMOS 21.0 进行计算,可得各变量的因子载荷、组合信度(CR)以及平均萃取方差(AVE)(见表 9-7)。由于 PC3 的因子载荷小于 0.5,将 PC3 删除,其余各测量题项的因子载荷均大于 0.5。从表 9-7 中也可以看出,各潜变量的组合信度(CR)大于 0.7,平均萃取方差(AVE)都大于 0.5,可见此次问卷具有良好的聚合效度。当各变量平均萃取方差的均方根大于各变量与其他变量的相关系数的时候,则认为问卷具有良好的交互效度。经检验,本研究中各潜变量平均萃取方差的均方根都大于各变量与其他潜变量的相关系数(见表 9-8),可见此次问卷具有良好的交互效度。

表 9-7　信度和效度检验

	均值	标准差	因子载荷	Cronbach α	CR	AVE
USE1	2.2822	1.06459	0.76	0.815	0.7778	0.5392
USE2	2.7944	1.05921	0.76			
USE3	2.4983	1.00305	0.68			

续表

	均值	标准差	因子载荷	Cronbach α	CR	AVE
BI1	2. 9686	. 99072	0. 67	0. 738	0. 7605	0. 5148
BI2	3. 2125	. 97169	0. 75			
BI3	3. 0314	. 95843	0. 73			
PU1	2. 2918	1. 0711	0. 79	0. 828	0. 7549	0. 509
PU2	2. 8112	1. 0661	0. 72			
PU3	2. 0847	0. 9960	0. 62			
SI1	3. 1010	. 88513	0. 68	0. 795	0. 7721	0. 5324
SI2	3. 1812	. 88218	0. 82			
SI3	3. 2265	. 86558	0. 68			
PE1	3. 3589	. 87313	0. 60	0. 766	0. 7667	0. 5267
PE2	3. 0418	. 87206	0. 74			
PE3	3. 1812	. 86214	0. 82			
PE4	3. 4983	. 93821	0. 77			
PEOU1	3. 1986	. 91545	0. 66	0. 762	0. 7577	0. 5119
PEOU2	2. 8293	. 91345	0. 79			
PEOU3	2. 8711	. 80694	0. 69			
CSE1	3. 2927	. 80517	0. 77	0. 848	0. 8044	0. 5822
CSE2	3. 4983	. 42924	0. 63			
CSE3	3. 2195	. 87140	0. 87			
PC1	3. 4390	1. 00468	0. 81	0. 776	0. 7511	0. 6019
PC2	3. 1185	. 93863	0. 74			
ENJ1	3. 1847	. 76919	0. 70	0. 739	0. 7673	0. 5239
ENJ2	3. 0557	. 83856	0. 76			
ENJ3	3. 3240	. 84635	0. 71			
EXP1	2. 9477	. 88146	0. 69	0. 737	0. 7668	0. 6253
EXP2	2. 8955	. 88670	0. 88			

表 9-8 交互效度检验

	USE	BI	PU	PE	PEOU	SI	PC	CSE	ENJ	EXP
USE	.734									
BI	.418	.717								
PU	.523	.442	.713							
PE	.186	.308	.324	.726						
PEOU	.250	.323	.369	.226	.715					
SI	.363	.403	.439	.296	.306	.730				
PC	.175	.215	.204	.098	.218	.232	.776			
CSE	.167	.286	.220	.193	.377	.329	.312	.763		
ENJ	.274	.318	.424	.166	.317	.324	.282	.275	.724	
EXP	.144	.071	.209	.161	.084	.115	.039	.218	.312	.791

(二)拟合度检验

根据荣泰生(2010)提到的方法,可以看出,本次问卷的数据拟合度良好(见表 9-9)。

表 9-9 模型拟合度检验

		评价标准	实际值	
绝对拟合度指标	X^2/df	小于 3.0	2.113	通过
	GFI	大于 0.9,越接近 1 越好	0.923	通过
	RMR	小于 0.5,越接近 0 越好	0.163	通过
	RMSEA	小于 0.1,越接近 0 越好	0.086	通过
增值拟合度指标	AGFI	大于 0.9,越接近 1 越好	0.971	通过
	NFI	越接近 1 越好	0.926	通过
	CFI	越接近 1 越好	0.982	通过
	IFI	越接近 1 越好	0.985	通过
精简拟合度指标	AIC	越小越好	121.319	通过
	ECVI	越小越好	2.172	通过

(三)路径图分析

经过 AMOS 21.0 的计算,得到本研究最后的结果(见表 9-10,图 9-5)。

表 9-10　标准化回归系数和显著性

			Estimate	p	假设	是否通过
USE	<——	BI	.674	***	H1	是
BI	<——	PU	.673	***	H2	是
BI	<——	SI	.145	.073	H3	否
BI	<——	PEOU	.238	.010	H4	是
BI	<——	ENJ	.191	.014	H5	是
PU	<——	SI	.232	.002	H6	是
PU	<——	PE	.703	***	H7	是
PU	<——	PEOU	.239	.004	H8	是
PEOU	<——	CSE	.652	***	H9	是
PEOU	<——	PC	.288	.001	H10	是

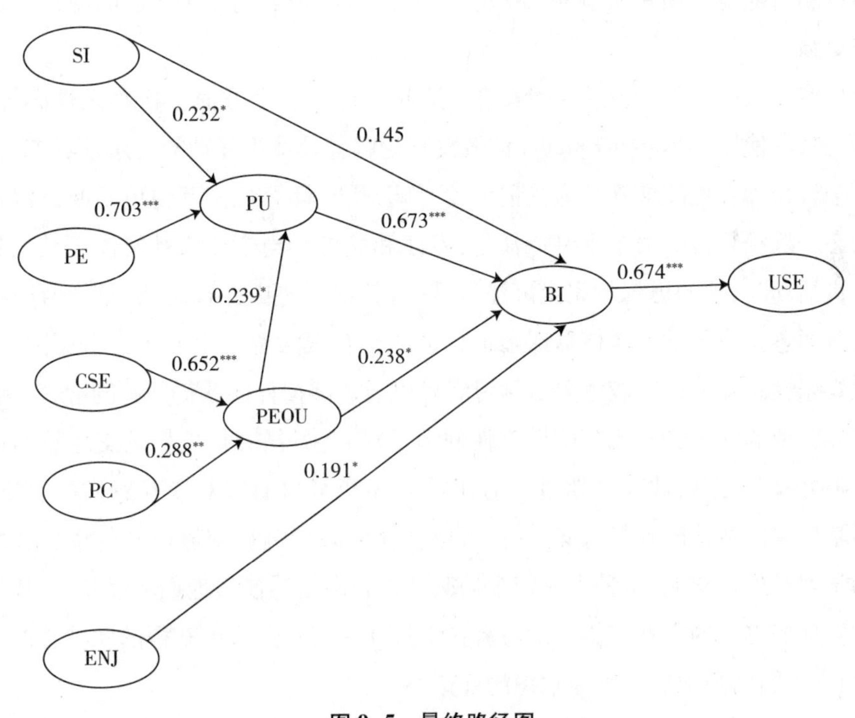

图 9-5　最终路径图

注：* p<0.05，** p<0.01，*** p<0.001。

1. 交互意向与学习者慕课虚拟社区交互行为呈显著正相关

当学习者在虚拟社区交互意向提升后,其交互行为也会显著改变。慕课交互并需要太多的计算机技能,所需的外部条件支持也不多,对学习者交互的限制也不大(只要符合基本的道德和法律规范,发帖的数量、内容等都不受限制),只要学习者愿意,就可以随时随地登录论坛或者 QQ 群等进行交互,包括发帖、回帖以及进行更为深入的交互等,因此,只要改变学习者虚拟社区交互意向,其交互行为也会得到改善。

2. 有用性感知、易用性感知以及娱乐性感知均与学习者慕课虚拟社区交互意向呈显著正相关

现在慕课虚拟社区主要以网络论坛的形式呈现,但也有一些课程建立了 QQ 群等。通过笔者的调查,在网络论坛中交互的数量还较少,而在 QQ 群中交互则较多。QQ 群在交互时比网络论坛具有很多优势,例如更方便,学习者可以随时随地使用手机登录 QQ 群进行交流,学习者对于 QQ 群的易用性感知更强。

谭光兴等(2013)从专注感、愉悦感和好奇心三个方面分析娱乐性感知。谭光兴等使用 Caikszentimihalyi 的沉浸理论解释计算机互动的娱乐性状态,认为个人与计算机的交互行为受情境的影响,是对计算机交互情境不断沉浸的状态。沉浸状态的两个主要特征是:专注和愉悦。当个体全神贯注于某项计算机活动时,他的思想将完全沉浸于其中,其他思想因此被忽略,且会暂时丧失时间感。由于学习者在慕课虚拟社区的交互很大程度上是出于自愿的,因此娱乐性感知显得比较重要。学习者可以通过虚拟社区获得问题的解答。和世界各地的学习者交流中获得更强的满足感和愉悦感时,他们的交互意向也会随之显著提升,这甚至超过了有用性感知和努力期望对交互意向的影响。当学生在虚拟社区中进行交互时,可以就任何问题进行交流以及与世界各地的学习者进行交流,这种交流带来的刺激感和满足感使得他们沉浸其中,从而激发他们更大的交互愿望。学习者在虚拟社区交互过程中获得的各种心理满足,会不断增强他们对其他知识的好奇心。

3. 社群影响、绩效预期两个变量与交互有用性感知正相关

当学习者发现其他学习者都非常积极地进行交互时,这可能会让学习者感

到交互的有用性,学习者的有用性感知就会随之提升。当交互者对交互带来的绩效不清楚时,其他人的行为会为他提供参考,进而提升有用性感知。当学习者感知慕课教师认为他应该进行更为积极的交互时,学习者由此对交互的有用性感知可能也会得到提升。当学习者在慕课虚拟社区交互有更大的绩效感知时,例如可以提升他们的知识理解水平、解决他们的学习方面或者非学习方面的问题以及可以获得更高的成绩等,他们的有用性感知就会增强,就会为了更大的绩效而进行交互。这与赵呈领等(2016)的研究结果一致,即结果预期与知识共享行为显著正相关。这也得到了慕课论坛相关数据的支撑。以中国大学慕课为例,中国大学慕课论坛讨论区分成三个模块,分别是教师答疑区、课堂交流区和综合讨论区。教师答疑区是发表关于作业、测试、课件内容希望能够得到老师回答的疑问;课堂交流区呈现的是在课件中作为教学内容的讨论;综合讨论区可以发表任何希望与大家分享的经验及想法,关于本课程、学习、工作、生活等一般性话题。通过调查可以发现,将被计入期末成绩的课堂交流区发帖很多,每个主题帖均有非常多的回帖,而其他两个部分即教师答疑区和综合讨论区的发帖情况并不计入最终成绩,这两个讨论区很多主题帖并没有任何回复。导致上述现象一个很重要的原因就是发帖情况是否计入期末成绩。

4. 计算机自我效能感、促成条件这两个变量与慕课虚拟社区交互易用性感知呈显著正相关

当学习者计算机自我效能感越强的时候,其交互易用性感知也就越强。当学习者促成条件感知越强的时候,其交互易用性感知也越强。这均与以前的很多研究一致。

5. 标准化总效应和回归系数差异性检验

通过对变量间影响总效应的计算,可知对于交互行为影响最大的变量是有用性感知(标准化总效应为 0. 454),而对于交互行为意向影响最大的也是有用性感知(标准化总效应为 0. 673),在所有最初的变量中,绩效预期对交互意向的影响最大;对有用性感知影响最大的是绩效预期(标准化总效应为 0. 703),而对易用性感知影响最大是计算机自我效能感(标准化总效应为 0. 652),这使得我们在制定相关对策的时候可以有所倾斜,即首先重点改善影响较大的相关变量的感知水平(见表 9-11)。

表 9-11　模型变量间标准直接效应、间接效应和总效应

		外因变量					中间变量		
		PEC	ENJ	CSE	PE	SI	PEOU	PU	BI
直接效应	PEOU	.243		.691					
	PU				.709	.199	.260		
	BI		.220			.202	.170	.616	
	USE								.660
间接效应	PU	.063		.180					
	BI	.080		.228	.437	.123	.160		
	USE	.053	.145	.151	.288	.214	.218	.407	
总效应	PEOU	.288		.652					
	PU	.069		.156	.703	.232	.239		
	BI	.115	.191	.260	.473	.300	.398	.673	
	USE	.077	.129	.175	.319	.202	.269	.454	.674

注：空格表示变量间影响效应不存在。

6. 回归系数差异性检验

通过回归系数差异性检验，发现有用性感知对交互意向的影响显著大于易用性感知和娱乐性感知对交互意向的影响，而绩效预期对有用性感知的影响显著大于其他变量，计算机自我效能感对易用性感知的影响显著大于其他变量（见表 9-12），因此有必要重视对学习者交互娱乐性感知的提升。

表 9-12　回归系数差异性检验（差异临界比率值）

	H1	H2	H3	H4	H5	H6	H7	H8	H9	H10
H1										
H2										
H3		2.054								
H4		-1.980	-0.879							
H5		2.063	-0.234	1.022						
H6							2.611			
H7										

续表

	H1	H2	H3	H4	H5	H6	H7	H8	H9	H10
H8						-0.754	3.056			
H9										
H10									2.224	

注:根据荣泰生 2009 年出版的《AMOS 与研究方法》中讲到的回归系数差异性检验方法,即在 p=0.05 的水平下,当差异临界比率值绝对值>1.96 的时候,即认为具有显著差异。

(四)调节效应

通过调节效应的计算,发现部分调节效应得到检验。

1. 性别的调节效应

社群影响对交互意向的影响被性别这一变量所调节,社群对男性(标准化回归系数为 0.032)交互意向的影响要显著小于社群对女性交互意向的影响(标准化回归系数为 0.339),这与前面的一些研究一致。通常女性较易于受上级、同事的影响,特别是非自愿使用且缺乏经验的女性较为显著,但这种影响会随着经验的积累而逐渐消失(高峰,2012)。绩效预期对有用性感知的影响方面男性要比女性大,这可能与男性整体上更偏向于使用计算机等有关,见表 9-13。

表 9-13　性别的调节效应

研究假设	临界比率值	是否通过
H11a	-.215	否
H11b	2.980	是
H11c	-2.423	是
H11d	-.371	否
H11e	1.189	否
H11f	1.158	否
H11g	.300	否

注:根据荣泰生 2009 年出版的《AMOS 与研究方法》中讲到的研究方法,即在 p=0.05 的水平下,当差异临界比率值绝对值>1.96 的时候,即认为不同群组回归系数之间具有显著差异,下同。

2. 年级的调节效应

假设 H12c 得到检验,即年级在娱乐性感知对行为意向的影响中具有一定的调节作用,娱乐性感知对于低年级学生来说对行为意向的影响要比高年级的大,这可能是由于刚入校的新生对于网络的接触时间较短,一开始较为注重使用网络的娱乐性感知,见表 9-14。

表 9-14 年级的调节作用

研究假设	临界比率值			是否通过
H12a	-0. 124	1. 293	0. 976	否
H12b	-1. 223	1. 069	-0. 765	否
H12c	-0. 662	. 573	-2. 069	是

3. 经验的调节效应

在使用经验的调节效应方面,假设 H13b 和 H13c 得到检验,即使用经验在易用性感知对有用性感知的影响中具有一定的调节作用,使用经验在易用性感知对行为意向的影响中具有一定的调节作用,见表 9-15。

表 9-15 经验的调节作用

研究假设	临界比率值	是否通过
H13a	-1. 737	否
H13b	-2. 311	是
H13c	2. 516	是
H13d	1. 216	否

4. 自愿性的调节效应

假设 H14a 得到检验,即自愿性在社群影响对行为意向的影响中具有一定的调节作用,见表 9-16。

表 9-16 自愿性的调节作用

研究假设	临界比率值	是否通过
H14a	-2. 797	是

（五）模型解释力

通过 AMOS 21.0 的计算可知，此次所构建的模型对交互意向（BI）的解释力为 68.8%，交互行为的解释度为 55.5%，对所要解释的变量的解释度均超过了 40%，可见本次构建的模型具有良好的解释力，见表 9-17。

表 9-17　复相关系数（R^2）

变量	BI	USE	PU	PEOU
R^2	0.688	0.455	0.604	0.508

（六）去除不显著路径后的路径图

将不显著的路径删除，重新计算，可得最终路径图（见图 9-6）。

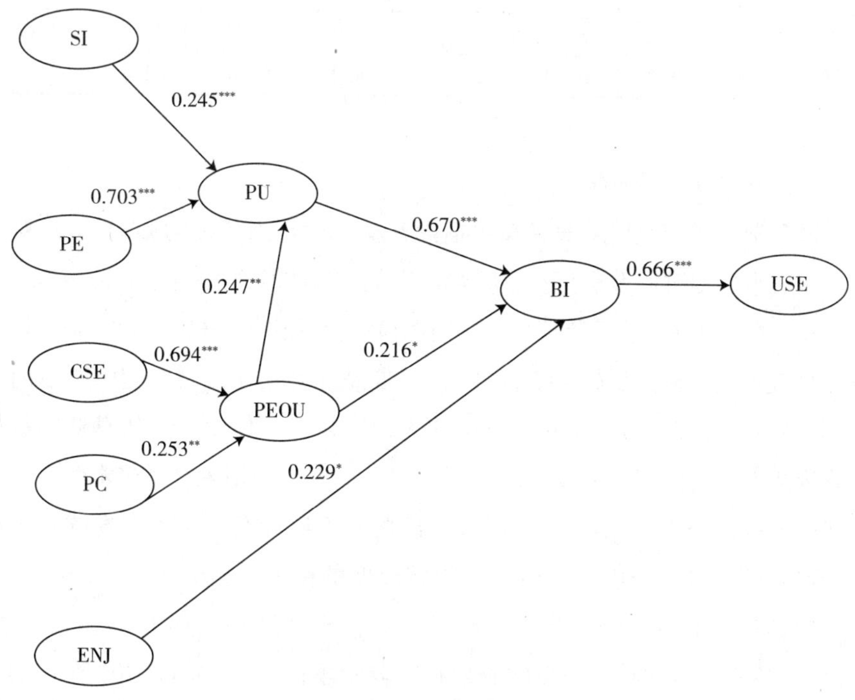

图 9-6　最终路径图

注：* p<0.05，**p<0.01，***p<0.001。

三、相关探讨

经过计算,本次调研中慕课交互行为均值仅为2.52,换算成百分制仅为50.4分,可见目前慕课交互现状并不理想。其余的变量数值经计算见表9-18。可以看出,学习者慕课交互的绩效预期、易用性感知、社群影响感知以及娱乐性感知的均值都比较低,有必要提升这些变量的数值,进而改善学习者的交互行为。根据前述研究结果,绩效预期对交互意向的影响最大,并且对有用性感知的影响显著大于其他变量的影响,应首先着重提升学习者交互的绩效预期,然后提升社群影响感知以及易用性感知等。

表9-18 各变量均值

变量	USE	BI	PE	PU	PEOU	SI	ENJ
均值	2.52	3.07	3.27	2.40	2.97	3.17	3.19
百分制得分	50.4	61.4	65.4	48.0	59.4	63.4	63.8

1. 提升交互绩效感知

提升学习者交互的绩效感知包括提升交互对学习成绩的影响、交互对学生认知水平的提升以及交互在解答学习者问题等方面的作用。从目前慕课论坛交互的情况来看,学习者对纳入成绩考核的交互比较积极。因此,制定相关的交互激励机制显得比较重要,可以进一步提升交互在最终成绩中所占的比例,考虑将学习者在整个交互论坛中的表现纳入考核体系。应从发帖的数量和质量两方面对学习者交互情况进行评价。应充分使用大数据技术对学习者交互情况进行分析,包括计算学习者的出度和入度以及对学习者发的帖子进行内容分析。内容分析可采用国内外较成熟的模型进行分析。Gunawardena(1997)改进了Henri模型,进而提出了一套基于建构主义学习理论的线索解析模型(1997),具体包括信息的分享和比较阶段;发现观点、陈述中存在的分歧,并分析阶段;协商讨论和知识的共同建构阶段;对新建构的观点进行检验和修订阶段;达成共识、运用新建构的意义。可以使用上述模型对交互情况进行深入分析。

应充分发挥教师(尤其是助教)在论坛讨论中的作用。郑勤华等(2015)指出,教师参与是慕课整体交互水平提升的关键,但目前教师参与程度远远不足,应进一步发挥助教在交互中的作用,包括更加积极地回答学习者提出的问题,做交互的引领者等。例如课程开始,助教可以在论坛中引领大家介绍自己,平时鼓励学员更加积极地参与讨论等。现在的一个现象是一些学习者发帖求助后,并不能得到其他学习者或教师的回应,很大程度上打击了发帖者的积极性。应鼓励大家积极回复其他学习者的发帖,自己有问题也积极在论坛中向别人求助,形成大家互相帮助、共同提高的良好氛围。应培养意见领袖。Jian-Syuan Wong 等(2015)研究得出,论坛活跃者通常对论坛讨论有着积极的贡献,很多文献中已经证明了意见领袖对于论坛交互的重要作用。不能只重视知识内容方面的交流,还要重视情感方面的交流,这对形成稳定的交互、交互的持续性以及交互的深入发展都有着重要的意义。除了物质方面的奖励之外,精神方面的激励也很重要。要鼓励学习者之间互相帮助、积极进行知识共享。对那些在论坛交互中表现积极、为论坛的交互做出积极贡献的学习者应进行公示,颁发荣誉证书,例如可以对交互排名靠前的学习者进行网上公示,其他学习者可以向他们学习等。

组建交互小组可以起到很多作用。由于慕课学习者数量众多,地域、年龄、学历等分布广泛,鼓励成立学习小组可以增强学习者的归属感、稳定性以及进行更为有效的交互。可以对学习小组实行一定的激励机制,例如增加对学习小组的考核,可以视学习小组的交互情况给学习小组一个整体评价,赋予一定的分值,并算进每个小组成员期末总分中。

2. 提升社群影响感知

将虚拟社区交互情况纳入期末考评体系可以提升学习者交互的社群影响感知,这表明教师希望学习者在论坛里充分发表自己的看法。教师应经常提醒学生进行更多更有意义的交互。对于前面提到的在慕课论坛中不同区域的发言有很大区别的一个原因,就是学习者的不同社群影响感知,对于那些交互强的区域,学习者并没有很强的社群影响感知,主要可能是很多学习者认为在哪些区域交互不交互对个人的学习成绩并无太大影响。

3. 提升易用性感知

建立多种形式的交互形式和空间。各种交互空间都有其优缺点,单一的网络空间不利于学习者交互的深入发展。现在慕课普遍设有交互论坛,少数慕课建立了 QQ 群等其他形式的交互空间。实践证明,QQ 群等是非常好的交互空间,学习者的交互非常积极。钟志荣(2011)指出学生普遍认为,网络学习共同体的教学方式新颖,QQ 群平台简单易懂、操作技能要求低、方便自己的使用,有利于提高自己的学习兴趣和积极性。不同的交互空间有利于学习者根据自己的需要进行选择。例如 QQ 群等有利于随时随地进行交流,比较适合同步交流,但也存在着一些问题,例如不适合异步交流、空间狭小等;而课程论坛则适合异步交流,适合更大规模的交互等。现在存在着多种形式的虚拟社区,除了课程论坛、QQ 群等,还有微信群等。应尝试多种形式并存的讨论形式,这有利于慕课交互的发展。

4. 提升娱乐性感知

根据前述研究的结果,娱乐性感知对交互意向的影响显著大于易用性感知和社群影响感知对交互意向的影响,所以应首先提升学习者娱乐性感知水平。建立多种形式的虚拟社区交互空间可以提升学习者对交互的娱乐性感知。不仅要有知识方面的讨论,还要有情感方面的沟通。应倡导来自各地的学习者创造相互交流的良好氛围,这些都能很好地促进娱乐性感知。

第十章　慕课教师教学影响因素研究

第一节　高校教师教学大数据技术行为意向影响因素研究

目前,教育大数据技术和微课、慕课以及智慧教育等一同成为国内外关注和研究的热点之一。教育大数据包括教学大数据、管理大数据等,教学大数据是教育大数据的一个组成部分,是教育大数据在教学应用中的具体体现。教学大数据指的是学习管理系统和各类移动设备所记录下来的各类海量数据,成为分析教学过程的重要来源。这些数据包括记录学习过程的行为数据、记录学习结果的评价数据以及学习形成的社会网络关系数据等。各国纷纷进行大数据技术的规划和布局,教育大数据的发展已是未来发展的重要趋势之一。美国教育部为推动"大数据"教育应用,于 2012 年 10 月发布了《通过教育数据挖掘和学习分析促进教与学》,指出要重点发展教育数据挖掘和学习分析技术,通过对教育大数据的挖掘与分析,促进美国高等院校及 K-12 学校教学系统的变革(陆璟,2013)。目前,我国教育部正在大力推进两级(国家、省)教育数据中心的建设,国内部分市、区也在大力发展区域教育大数据中心平台的建设与创新应用(杨现民,2015)。国内外对教育大数据的定义、作用以及障碍等进行了一些研究(胡弼成,2015;杨现民,2016;Ben Daniel,2015);也有一些研究对教育大数据的具体应用案例进行了分析(施佺,2016;Ellaway,2014);还有对教育大数据教学评价、学习预警模型等进行了进一步的深化探讨(李葆萍,2016;王林丽,2016);还有对高等教育大数据进行了探讨(李馨,2016);等等。国内外对教育大数据技术在教育中的应用集中于对教育大数据的定义、应用方式和作用等方面进行理论分析以及对一些应用案例的分析,而关于高校教师教学大数据的应用现状、影响因素等方面的实证研究还较少见。当前的教育大数据应用还比较零散,处于起步探索阶段,大数据在教育领域究竟该如何全面“落地”,有无可推广的成熟应用模式,仍是困扰教育界的一大难题(杨现民,2016;王娟,2016)。本章将对教育大数据应用的影响因素进行理论和实证研究,进一步丰富相关理论体系,为大数据在教育中的应用和推广提供一定的实践依据。

一、模型构建

我国很多高校已建立了网络教学平台,这些网络教学平台大都具有一定的大数据分析功能。本章以高校教师为例,对教师教学大数据的行为意向的影响因素进行研究。本章首先选取约 20 名高校教师进行访谈,对其教学大数据使用情况和影响因素进行初步分析。通过初步分析,教师目前在教学大数据方面存在着认识不清和不够深入、使用较少以及缺乏软硬件支持等问题。由于教师在使用大数据技术过程中需要使用计算机以及网络等信息技术对数据进行采集、统计分析等,因此这里针对技术接受模型和个人计算机使用影响因素模型来构建教师教学大数据技术采纳影响因素模型。

(一)TAM 模型与 MPCU 模型

戴维斯提出了技术接受模型(Technology Acceptance Model,TAM,见图 10-1)(Davis,1986)。TAM 模型提出了信息技术系统使用行为受到行为意向的影响,而行为意向又受到有用性感知和使用态度的影响,使用态度受到有用性感知和易用性感知两个变量的影响,而这两个变量又受到很多外部变量的影响。后续大量实证研究证明了 TAM 模型的有效性。汤普森等将之前提出的行为影响因素模型应用于个人计算机使用领域,提出了个人计算机使用影响因素模型(MPCU 模型,见图 10-2)(Howell,1991)。该模型提出了影响计算机使用的 6 个变量,分别是结果感知、工作适用性、复杂性、情绪、社群影响和促成条件。

(二)研究假设

本章在参考上述模型和访谈的基础上提出如下研究假设。

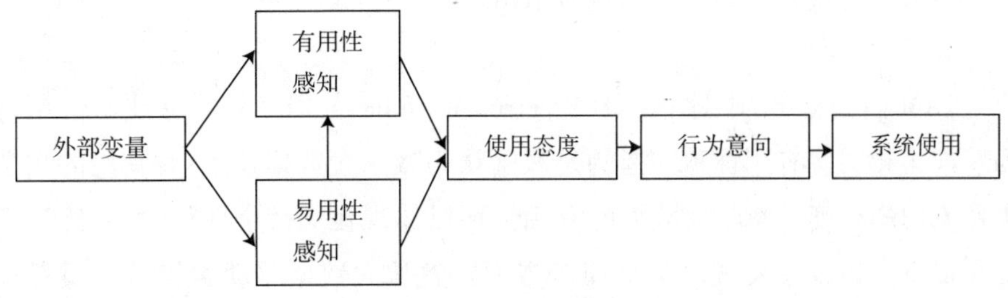

图 10-1　技术接受模型

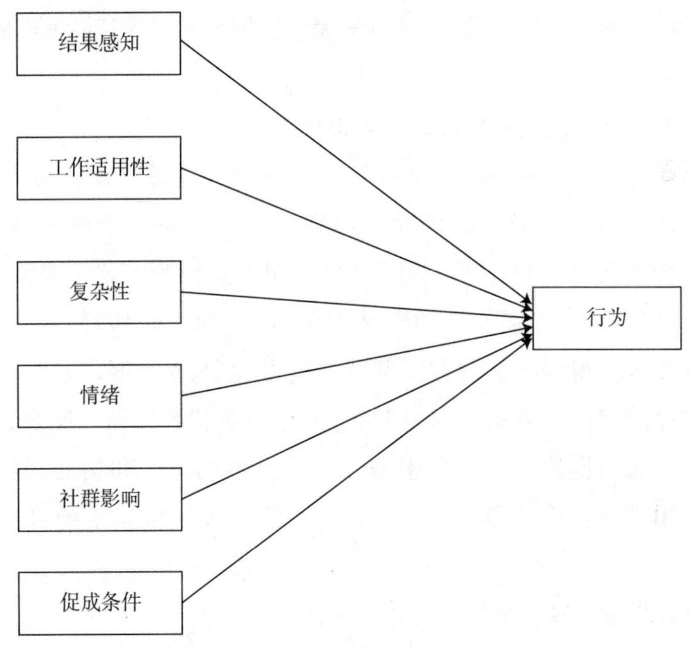

图 10-2　个人计算机使用影响因素模型

1. 使用行为

教师教学大数据技术使用行为可以从多个方面进行衡量，包括教师使用教学大数据技术的频率、深度等。教师教学大数据技术使用行为意向指的是教师愿意使用教学大数据技术的程度。TAM 模型提出了信息技术使用行为(USE)受到行为意向(Behavior Intention，BI)的影响，同理，教师教学大数据技术使用行为意向与使用行为正相关，即假设 H1。

假设 H1:行为意向与使用行为正相关。

2. 行为意向

TAM 模型提出有用性感知(Prceived Usefulness,PU)与信息技术使用行为意向正相关。有用性感知指的是教师认为教学大数据技术对他/她的教学工作有用的程度。教学大数据的有用性可以体现在支持个性化学习、给教学优化提供支撑以及发现教学规律等方面。教学大数据驱动学校教育质量提升、驱动课程体系与教学效果的最优化以及教学大数据驱动个体的个性化发展。当教师认为教学大数据技术的采用对他/她的教学工作更有用,显然,其越愿意采用教学大数据技术,即其教学大数据技术的行为意向就会越强,提出假设 H2。

假设 H2:有用性感知与行为意向正相关。

易用性感知(Perceived Ease of Use,PEOU)指的是教师认为使用教学大数据技术需要付出的努力的程度。TAM 模型提出了易用性感知和信息技术使用行为意向之间存在着正相关关系。MPCU 模型提出了复杂性这个变量显著影响使用行为,而复杂性即易用性感知(Howell,1991)。如果教师使用大数据技术获得同样的效益所花费的努力越少,包括时间和精力越少,教师就会越愿意使用大数据技术,即其行为意向也就越强烈。反之,如果教师在使用教学大数据技术的过程中需要花费过多的时间和精力,教师教学大数据的使用意向就会下降,从而影响其对教学大数据技术的采纳,提出假设 H3。

假设 H3:易用性感知与行为意向正相关。

MPCU 模型提出了社群影响(Social Influence,SI)与使用行为之间存在着正相关关系。社群影响指的是教师认为对他/她较为重要的人认为他/她应该使用教学大数据技术的程度。社会心理学研究表明,当一个人处在群体的环境中时,行为往往会和群体保持一致,因为如果背离群体的话可能会受到惩罚,同时个体也有与群体保持一致的需要(宋超英,2002)。例如,当领导认为教师应该使用教学大数据技术时或其他很多教师都在使用教学大数据技术时,教师使用教学大数据技术的意愿就会得到提升,因为如果教师不使用教学大数据技术的话,可能会背离群体而受到惩罚,提出假设 H4。

假设 H4:社群影响与行为意向正相关。

MPCU 模型提出情绪(Affect)与使用行为之间正相关。Triandis 将情绪定义为个人进行一项特定行为的高兴或愉快的感觉,或者沮丧、不愉快或憎恨的感觉,即娱乐性感知(Triandis,1979)。已有很多研究表明,娱乐性感知与行为意向正相关(Moon,2001;谭光兴,2012)。当教师在使用大数据技术的过程中是愉快的,其使用大数据技术的行为意向就会上升,提出假设 H5。

假设 H5:情绪与行为意向正相关。

3. 有用性感知

MPCU 模型提出社群影响与使用行为正相关。心理学研究表明,从众行为产生的原因之一是行为参照(宋超英,2002)。当周围的教师都进行大数据技术的时候,教师会认为教学大数据技术比较有用,其他教师作为教师行为的一种参考,即教师的有用性感知随之提升,提出假设 H6。

假设 H6:社群影响与有用性感知正相关。

MPCU 模型提出工作适用性(Job Fit)和结果感知(Long-Term Consequences of Use)两个变量与有用性感知正相关。工作适用性指的是个人认为使用计算机能够改善其工作表现的程度(Howell,1991)。结果感知指的是长时间使用的结果。这两个方面均指的是计算机使用带来的绩效结果,因此,将其归结为一个变量,即绩效感知(Output Quality,OUT)。绩效感知指的是教师认为教学大数据技术的使用可以使他/她的工作任务做得更好的程度。教师对教学大数据采纳的绩效可以从多方面进行衡量,例如通过教学大数据技术的采用可以提升学生的学习效果和教师的教学效果,以及对教师的评优评奖和职称评定有好处等。当教师采用教学大数据技术的绩效感知越强时,其对教学大数据技术的采用的有用性感知也会越强,提出假设 H7。

假设 H7:绩效感知与有用性感知正相关。

TAM 模型提出信息技术使用易用性感知与有用性感知正相关。当教师得到相同的绩效,使用教学大数据技术越容易,其会感觉教学大数据技术越有用;相反,如果教师得到相同的绩效,所花费的时间越长、精力越大,其对教学大数据技术的有用性感知就会下降,提出假设 H8。

假设 H8:易用性感知与有用性感知正相关。

4. 易用性感知

计算机自我效能感(Computer Self-Efficacy,CSE)指的是教师认为他/她使用大数据技术完成教学的能力的程度。如果人预测到某一特定行为将会导致特定的结果,那么这一行为就可能被激活和被选择(Bandura,1977)。当教师计算机自我效能感越强的时候,其越有信心在教学中使用大数据技术完成相关任务,从而行为意向也会得到提升。相反,如果教师对应用大数据技术持怀疑态度,即不能确信自己的使用行为能够达到预期的结果,其行为意向可能会显著下降,最终有可能会放弃大数据技术的使用,提出假设 H9。

假设 H9:计算机自我效能感与易用性感知正相关。

Triandis(1980)将促成条件(Facilitating conditions,FC)定义为能够让一项行动变得更加容易的客观因素(Triandis,1979)。教师在使用大数据技术的过程中可能会遇到一些障碍,例如相关的知识以及技术障碍等,如果能给予教师及时的支持和解决,可能会使教师顺利完成使用教学大数据技术辅助教学的任务,相反,如果教师在使用大数据技术的过程中碰到问题时,无法得到及时的帮助,这可能使得教师完成使用教学大数据技术的任务变得困难,从而教师对使用教学大数据技术的易用性感知显著下降,进而行为意向也会下降,提出假设 H10。

假设 H10:促成条件与易用性感知正相关。

综上,提出教师教学大数据技术采纳影响因素模型(见图 10-3)。

二、实证研究过程

(一)问卷的信度和效度

首先参考国内外已有问卷形成此次调研的初始问卷。此次调研所使用的题项参考了已有信效度较好的问卷,并对部分题项进行了修改,每个变量采用 2 个至 4 个题项进行,然后进行问卷的预发放。通过教师的反馈意见,对问卷进行修改,最终形成了本次调研的正式问卷。此次调研问卷全部通过问卷星发放。问卷星发放问卷具有填写方便、易统计等优点。此次问卷全部针对清华学堂在线慕课授课教师发放,共回收 156 份问卷,剔除其中可

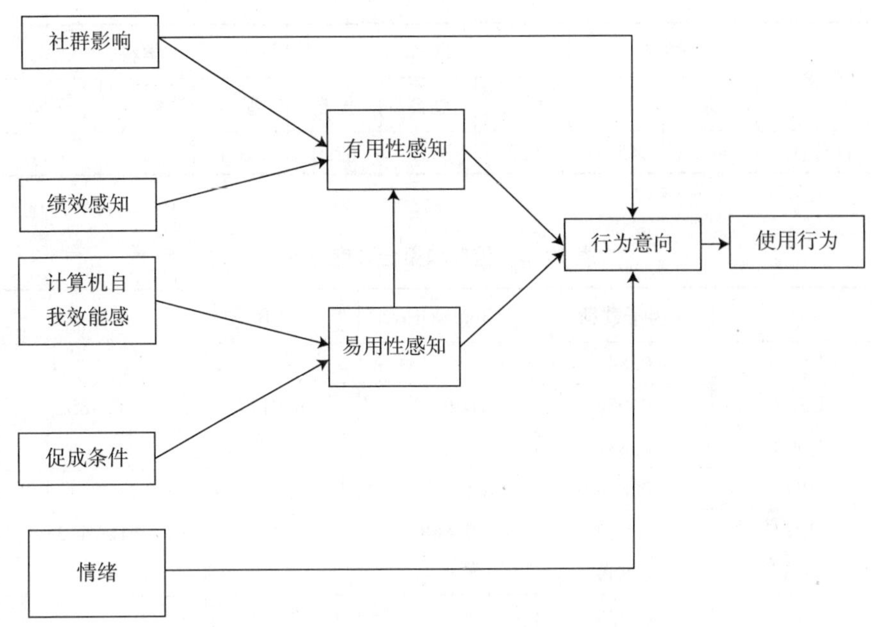

图 10-3　教师教学大数据技术采纳影响因素模型

疑问卷(例如高度一致等),最终保留 139 份,有效率为 89.1%。清华学堂在线慕课平台提供了良好的教学大数据功能,教师可以通过教学大数据技术的操作了解学生的学习过程、作业完成情况以及预测学生分数等。其中人口学分布如表 10-1 所示。目前,进行慕课教学的大部分教师仍然为正高级和副高级职称的教师,其中正高级职称教师较多,而为数不多的中级职称的教师则主要为共同授课的参与者。首先对问卷进行信度和效度的检验(见表 10-2 和表 10-3)。使用 Cronbach α 一致性系数进行信度测量。通过 SPSS 17.0 计算各变量的 Cronbach α 系数均大于 0.7,说明此次问卷的信度良好。效度包括聚合效度和交互效度。采用 Mplus 7.0 和相关工具软件进行计算,得出各变量的因子载荷均大于 0.5,组合信度(CR)大于 0.7,平均萃取方差(AVE)大于 0.5。

这说明此次问卷具有良好的聚合效度。通过计算,各变量平均萃取方差的平方根均大于变量与其他变量的相关系数,根据相关理论,说明此次问卷具有良好的交互效度。

表 10-1 人口学分布 (单位:%)

变量	性别		职称			学科		
	男	女	中级	副高	正高	理科	文科	工科
百分比	54.6	45.4	6.2	31.8	62.0	16.1	38.3	45.6

表 10-2 信度和聚合效度检验

	因子载荷	Cronbach α	CR	AVE
USE1	0.843	0.915	0.9177	0.7882
USE2	0.936			
USE3	0.882			
BI1	0.819	0.888	0.897	0.7442
BI2	0.917			
BI3	0.849			
PU1	0.736	0.919	0.824	0.6101
PU2	0.836			
PU3	0.768			
SI1	0.713	0.824	0.8318	0.6235
SI2	0.804			
SI3	0.846			
OUT1	0.885	0.889	0.8931	0.6768
OUT2	0.818			
OUT3	0.782			
OUT4	0.802			
PEOU1	0.869	0.919	0.9213	0.7455
PEOU2	0.870			
PEOU3	0.879			
PEOU4	0.835			
CSE1	0.669	0.709	0.7546	0.5077
CSE2	0.789			
CSE3	0.673			

续表

	因子载荷	Cronbach α	CR	AVE
FC1	0. 849	0. 819	0. 8923	0. 7342
FC2	0. 840			
FC3	0. 881			
ENJ1	0. 895	0. 909	0. 9099	0. 8348
ENJ2	0. 932			

表 10-3　交互效度检验

	USE	BI	PU	PEOU	SI	OUT	CSE	FC	ENJ
USE	. 889								
BI	. 202	. 863							
PU	. 199	. 758	. 781						
PEOU	. 225	. 258	. 383	. 863					
SI	. 274	. 491	. 573	. 481	. 790				
OUT	. 289	. 666	. 762	. 399	. 580	. 823			
CSE	. 320	. 447	. 463	. 558	. 518	. 506	. 713		
FC	. 319	. 244	. 370	. 689	. 491	. 427	. 597	. 857	
ENJ	. 238	. 592	. 612	. 431	. 495	. 688	. 619	. 444	. 914

根据荣泰生提出的标准，进行拟合度检验，各项指标达到了要求，通过了检验（见表 10-4）。

表 10-4　拟合度检验

变量	X^2/df	GFI	RMR	RMSEA	AGFI	NFI	CFI	IFI	AIC	ECVI
标准	<3. 0	>0. 9	<0. 5	<0. 1	>0. 9	>0. 9	>0. 9	>0. 9	>0. 9	>0. 9
实际值	1. 582	0. 846	0. 063	0. 053	0. 810	0. 889	0. 955	0. 956	674. 180	3. 305
是否通过	是	是	是	是	是	是	是	是	是	是

(二)数据处理结果

1. 回归分析结果

采用 Mplus 7.0 对数据进行分析。相比 AMOS 来说,Mplus 对样本量以及样本是否服从正态分布的要求较为宽松。由于本研究中变量数相对较多,同时考虑到样本数的限制,这里采用 Mplus 7.0 进行计算。通过 Mplus 7.0 计算可知,假设 H1、H2、H5、H6、H7、H10 六条路径通过检验,而假设 H3、H4、H8、H9 未通过检验,见图 10-4。

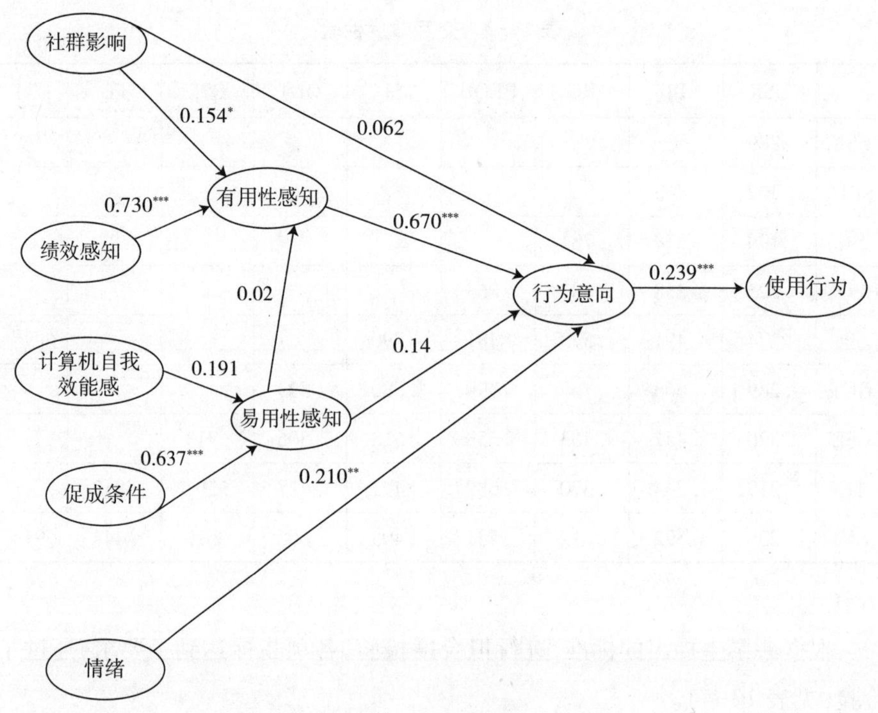

图 10-4 回归路径图

注:* p<0.05, **p<0.01, ***p<0.001,未标 * 的不显著。

(1)行为意向与使用行为正相关(标准化回归系数为 0.239)

这说明行为意向提升的时候,教师对教学大数据技术的使用行为也会随之改善。因此,可以通过提升教师行为意向的方式改善教师使用教学大数据技术的行为,包括使用的频率、效果等。

(2)有用性感知和情绪两个变量与行为意向正相关

从图10-4可以看出,与行为意向显著正相关的有有用性感知(标准化回归系数为0.670)和情绪(0.210),而社群影响和易用性感知两个变量与行为意向相关不显著。也就是说,如果教师认为教学大数据技术对其工作越有用的话或者教师在教学大数据技术的使用过程中有更好的情绪体验的话,其行为意向就会显著提升。社群影响与行为意向相关不显著可能与教师有着丰富的教学经验不会轻易受到外界的影响、教学大数据技术的复杂性以及教师都有着繁重的行为或教学任务有关。而易用性感知与教师的行为意向相关也不显著,可能与教师比较看重教学大数据技术对工作提升的程度,而并非其是否好用。当CR系数绝对值大于1.96的时候,即可认为两个回归系数大小具有显著差异(荣泰生,2009)。通过回归系数差异性分析可以发现,在与行为意向显著相关的两个变量中,有用性感知对行为意向的影响显著大于情绪对行为意向的影响(CR=2.934)。

(3)社群影响和绩效感知两个变量与有用性感知正相关

与有用性感知显著正相关的是社群影响(0.154)和绩效感知(0.730)。可以看出,社群影响并不直接影响行为意向,而是通过有用性感知间接对行为意向产生间接影响。经过回归系数差异性检验,发现在与有用性感知正相关的两个变量中,绩效感知对有用性感知的影响显著大于社群影响对有用性感知的影响(CR=-3.302)。

(4)促成条件与易用性感知正相关

与易用性感知显著正相关的仅有促成条件(0.637),计算机自我效能感与易用性感知相关不显著。这说明由于大数据技术的复杂性等原因,在教师使用大数据技术的过程中,给予教师相关的支持是非常有必要的,包括技术、设备等方面的支持,这会显著影响教师对教学大数据技术的采纳。而在访谈中发现,教师即使计算机自我效能感欠佳时,也会通过学习等手段实现教学大数据技术的应用,因此,计算机自我效能感并不会显著影响教师对教学大数据技术的易用性感知。

2. 模型解释力

通过复相关系数的计算,发现此次所建构模型具有良好的解释力,对行为意向的解释度为73.3%,对有用性感知和易用性感知的解释度分别为71.8%和63.3%,均超过了40%。一般认为,当解释度超过40%时,即解释度良好。

三、进一步探讨

(一)教师教学大数据采纳现状

从本次调研来看,教师教学大数据技术使用的均值仅为2.1分,这是非常低的(见表10-5)。这个与教师的访谈相一致。访谈中,很多教师缺乏对教学大数据的含义、应用方式和功能的深入了解。而行为意向的均值为4.0分,这说明教师对大数据有一定的采纳愿望。有用性感知和绩效感知的均值均为4.0分,说明教师认为教学大数据技术较为有用以及可以给教师的教学工作带来一定的改善,这其中包括教学大数据可以对学生学习状况进行评估、进行个性化教学以及作为改进教学的参考等。

表10-5 各变量均值

变量	USE	BI	PU	PEOU	SI	OUT	CSE	FC	ENJ
均值	2.1	4.0	4.0	3.0	3.5	4.0	3.3	3.0	3.7

此次调研中教学大数据技术使用的易用性感知的均值仅为3.0分,这说明教师认为教学大数据技术的使用还是比较困难的。这可能与大数据技术本身的复杂性、缺乏对教师的培训和支持,以及教师的信息素养水平和教育技术能力有待提升等有关。在促成条件方面的调研显示促成条件的均值仅为3.0分。首先,目前我国很多学校缺少教师使用大数据技术的软硬件环境。在"我是否有使用大数据技术进行辅助教学的软硬件条件"的问题上,本次调研对象的均值仅为2.8分,这说明很多学校并未给教师提供所需的使用教学大数据技术的软硬件环境。对教师的访谈也印证了这一点,教师普遍反映缺乏教学大数据技术使用的环境和条件,即使有的教师想进行教学大数据技术的使用,但苦于找不到平台的支持。其次,学校也缺乏对大数据技术的介绍和培训。很多教师对大数据技术认识模糊,缺乏对其深入的认识和了解,包括大数

据技术的含义、具体实施模式和方法、功效等都缺乏深入的认识,这严重影响了教师对大数据技术的使用。在"我在教学中使用大数据技术遇到问题时是否有人可以帮我"的问题上,本次调研对象的均值仅为2.9分,这是非常低的。教师在使用教学大数据技术的过程中碰到问题不能得到及时快速的解答,这会给教师使用大数据技术造成困难和障碍。

而在社群影响的均值也比较低。经过调研发现,目前关于教学大数据技术较为明确的政策还没有或者还不够,而教师整体对教学大数据技术的应用还不多,同时,也缺乏国家层面的或政府层面的相关明确具体的政策,这导致了教师对社群影响感知的偏低,直接影响了教师对教学大数据技术的有用性感知水平,尤其是信息技术使用初期,这种影响会更大。在教师对教学大数据技术的体验方面,均值为3.7分。一些教师表示大数据技术的使用是愉快的,不仅可以带来教学的变化,而且使用大数据技术的过程也是愉快的,也有教师表示对大数据技术并不是很了解,应用也很少,对大数据技术并没有过多的感受和体验。

表10-6 有用性感知和绩效预期

题项	均值
我认为在教学中使用大数据技术可以使我的教学变得更好	4.0
我认为在教学中使用大数据技术是有用的	4.1
我认为在教学中使用大数据技术可以提高学生的学习效果	3.9
我认为在教学中使用大数据技术可以对学生的学习状况进行评估	4.0
我认为在教学中应用大数据技术对我的教学改进具有一定的参考作用	4.1
我认为在教学中应用大数据技术有利于实现个性化教学	4.0
我认为从大数据技术的应用中可以获得一定的学习规律	3.9

表10-7 易用性感知

题项	均值
我认为在教学中使用大数据技术是容易的	3.0
大数据技术是容易理解和可操作的	3.1

续表

题项	均值
我相信使用大数据技术做我想做的是容易的	3.1
我认为学习使用大数据技术不需要花太多的时间和精力	2.8

表 10-8 促成条件各观察变量数值

题项	均值
我是否有使用大数据技术进行辅助教学的软硬件条件	2.8
我应用大数据技术时查阅相关知识比较方便	3.3
我在教学中使用大数据技术遇到问题时是否有人可以帮我	2.9

表 10-9 社群影响

题项	均值
学校认为我在教学中应该使用大数据技术	3.6
领导支持我在教学中使用大数据技术	3.6
同事希望在教学中采用大数据技术	3.5

(二)建议

教育信息化“十三五”规划中提出:“要建立健全教师信息技术应用能力标准,将信息化教学能力培养纳入师范生培养课程体系,列入高校和中小学办学水平评估、校长考评的指标体系,将教师信息技术应用能力纳入教师培训必修学时(学分),将能力提升与学科教学培训紧密结合,有针对性地开展以深度融合信息技术为特点的课例和教学法的培训,培养教师利用信息技术开展学情分析与个性化教学的能力,增强教师在信息化环境下创新教育教学的能力,使信息化教学真正成为教师教学活动的常态。”

根据所得出的路径图结论以及我国教师教学大数据技术使用现状,可从下述一些方面推动我国教师教学大数据技术的采纳和使用:进一步提升行为意向,进而改善行为;可以通过提升绩效预期和情绪感知,进而提升有用性感知,其中绩效感知对有用性感知的影响显著大于社群影响,因此,要重点提升教师对使用教学大数据技术的绩效感知水平;可以通过提升外部支持感知水平来提升教师对教学大数据技术使用的易用性感知。具体有如下建议。

1. 讲座或研讨会

根据访谈结果,很多教师对大数据技术并不是很了解,包括对教学大数据技术的含义、使用方式以及使用方法等都不是很了解。这是大数据使用过程中的重要障碍之一。相关管理部门可以以举办讲座、研讨会等形式对大数据技术的相关知识进行普及和推广。可以邀请在此领域有着一定研究和实践经验的相关专家或教师进行讲座。这都可以增强教师对教学大数据技术的有用性感知和易用性感知,从而提升教师教学大数据技术的使用意向和水平。

2. 鼓励教师尝试使用

要鼓励教师尝试开展信息化教学,包括对教学大数据技术的了解和使用,这可以有效增强教师对教学大数据技术使用的有用性感知和易用性感知。学校要鼓励教师多阅读教学大数据方面的文献和知识,并在个人的日常教学中尝试使用。要鼓励教师在自己所教授的学科中不断探索和使用大数据技术,积累大数据技术使用的经验。鼓励教师自发组成学习共同体,共同探讨教学大数据的深入应用。

3. 管理支持

管理支持对于提升教师对教学大数据技术使用的绩效感知水平、社群影响感知等都可以起到很大的作用。一是加强对教师信息化教学方面的考核,作为其年终考核的一部分以及评优评奖和职称晋级的依据之一。尤其是在教学相关的评优评奖中,要将信息化教学作为重要的参考依据。各学校要依据自身情况制定具体的信息化教学绩效考核评价指标体系。要以文件的形式正式发布信息化教学相关的考核要求,包括学校、学院以及个人三个层次。二是可以举行相关信息化教学大赛,给予获奖者一定的物质奖励并颁发荣誉证书。学校内部也可以评选本校信息化教学突出表现奖。三是建设信息化教学文化。一个学校的文化至关重要,校园文化可以感染人、影响人。要着力打造信息化教学文化,营造良好的信息化教学氛围,形成人人愿意进行信息化教学、人人探索信息化教学以及交流研讨的良好信息化教学文化氛围。一个学校有一个信息化领导力较强的校长非常重要。国家要加大对高校校长信息化领导力的培训和要求力度,切实提高高校校长信息化领导力水平。可以说,校长在学校信息化发展方面起着核心的作用。

4. 提供外部支持

现在非常有必要做的一件事就是给教师提供相关的支持。首先,我国很多学校缺少教师使用大数据技术的软硬件环境。现在很多学校都安装了网络教学平台,这些平台很多都具备一定的大数据功能。但学校对大数据功能宣传不足。学校应充分宣传和介绍这些平台,鼓励教师使用。学校应为教师建构良好的大数据使用的平台和条件,并进行技术指导。其次,学校也缺乏对大数据的介绍和培训。要对教师的数据处理能力进行培训。学校要随时随地给教师提供技术上的支持,为其答疑解惑。教师在使用教学大数据技术的过程中碰到问题若不能得到及时快速的解答,会给教师使用大数据技术造成困难和障碍。可以以网络研修的模式开设网络信息化教学论坛,并安排相关助教随时对教师提出的问题进行答疑解惑,教师可以在论坛中展开互相交流,也可以和助教进行异步或同步交流。除了网络研讨常态化外,还要定期举行信息化教学讨论交流会,这样可以不断促进教师信息化教学的发展。

第二节 MOOC学习支持服务满意度研究
——基于结构方程模型的视角

学习支持服务是指远程教学院校及其代表教师等为远程学生提供的以师生或学生之间的人际面授和基于技术媒体的双向通信交流为主的各种信息的、资源的、人员的和设施的支助服务的总和。学生学习支持服务是以学生为中心的远程学习得以顺利进行的重要条件和保证,也是远程教育院校保证远程教育质量、降低辍学率的基础和关键。瑞典远程教育学家霍姆伯格认为远程教育包括课程资源和学习支持服务两部分(丁兴富,2001)。方舟等(2010)通过调研得出学习支持服务与学习参与度之间显著正相关,其中网络平台服务和学习中心教学教务管理服务均与学习参与度各因子显著正相关。学习支持服务在远程教育质量保证中起着重要的作用并扮演着重要的角色。而在慕课(MOOCs)快速发展中存在着很多问题,例如慕课学习中断现象比较严重等

(方旭,2015)。郑勤华等(2015)指出学习支持服务的常态化和社会化是改进慕课教学的最重要因素,需要在慕课平台中更多地引入社交网络,促进社会化学习。有必要对慕课学习支持服务展开专门研究,不断提升慕课学习支持服务水平以不断提升慕课整体教学质量和效果。

目前专门针对慕课学习支持服务的研究还较少,从国内外相关数据库中检索到一些文献。这些文献对慕课学习支持服务的一些相关问题进行了研究。郑勤华等(2015)指出目前慕课学习支持服务的形式多样,支持力度相对薄弱,多数课程目前尚专注于课程内容本身,不强调必要的学习支持服务。郑勤华等(2015)发现,学习指南、信息提醒和集中答疑可以对教学交互起到促进作用。尹睿(2015)在 Coursera、edX 和 Udacity 平台上抽取相等比例的已上线课程作为分析样本(共 130 门课程),发现内容忽视知识在交互中的生成与创造、课程评价缺乏学习为本评估及反馈引导、课程开发无法支持个性化学习空间的构建等。霍洛泰斯库等(Holotescu,2013)探讨了社交媒体和微博平台在慕课中的作用,并且在一门慕课中对社交媒体的应用进行了设计。辛哈(Sinha,2014)对慕课人数众多的特点提出了一种慕课动态学习小组的生成方法。目前对学习满意度的研究主要集中在对慕课平台学习支持服务现状的调查研究上,而从学习者的角度对慕课学习支持服务满意度的调查研究还很少见。目前关于学习支持服务与慕课学习效果之间关系的定量研究还很少。本节从学习者的角度对慕课学习支持服务满意度问题进行了研究,包括慕课学习满意度模型构建、结构方程计算以及对策提出等,弥补了相关研究的不足。

一、学习服务支持模型满意度构建

朱祖林等(2007)构建了远程学习支持服务评价模型。该模型将学习支持服务分为导学、助学和促学 3 个一级指标以及 24 个二级指标。作者使用结构模型方程对所构建模型进行了验证,发现模型拟合度良好,并且具有良好的信度和效度。朱祖林等(2009)将学习支持服务分为导学、资源、设施、管理和咨询服务。郑勤华等(2015)提出常见的 10 项学习支持服务,包括导学、督学、助学 3 个方面,具体又分为课程介绍、学习指南、常见问题、信息提醒、线上讨论等10项内容。丁兴富(2002)将学习支持服务分为信息服务、资源服务、人员服务、协助组织和开展实践性教学、对远程学习者的评价以及设施服务。本节在上述慕课学习支持服务模型和分类的基础上,结合慕课的特点,构建了慕课学习支持服务评测模型。目前,除了学习视频之外,教师对学习者的线下指导也是慕课学习的核心组成部分之一。学习者可以和教师在慕课专设的论坛中进行交互,也可以和教师进行视频、即时的在线交互,有的慕课课程还提供一定的面授辅导,因此本节提出导学是慕课学习支持服务中的一种重要表现形式。慕课教学方一般提供专门的慕课学习平台,包括慕课学习网站、学习论坛等,因此本节提出学习设施这个变量。一般,慕课教学方针对每门课程专门建立学习虚拟社区,例如网络论坛、QQ群等供学习者交流使用,学习者间的交互是慕课学习的重要组成部分,本节提出学习方式这个变量。同伴互评指的是慕课学习者之间以小组的形式对作业的相互评价的一种学习方式,目前很多慕课在评价时采用了同伴互评的评价方式,因此本节将同伴互评纳入学习方式变量中。目前很多慕课课程在开课前都提供给学习者关于课程的很多信息,包括课程计划、考核方式以及证书获取等,这有助于学习者的顺利学习,本节提出了管理服务这个变量。咨询服务从某种程度上属于管理服务的一种,因此本节将咨询服务并入管理服务。评价是慕课课程的一个重要组成部分,现在慕课评价包括形成性评价和总结性评价等,因此,本节将评价纳入学习支持服务体系中。目前慕课的教学实践环节几乎处于空白状态以及慕课属于单独一门课程的形式开设,所以本节并未将教学实践环节纳入学习支持服务体系。最终构建慕课学习支持服务满意度测评模型,如表10-10所示。

表10-10　学习支持服务满意度测评模型

导学	通过面授辅导、音像辅导、网上辅导答疑、个别辅导等教学活动,引导和指导学生自主学习和掌握知识;配备合格的师资等	面授答疑	朱祖林(2007,2009);郑勤华等(2015);丁兴富(2002)
		视频答疑	
		与教师在网络论坛里的交互	
		教师对学生的个人辅导	
		教师和助教配备完备	

续表

学习设施	提供网络学习平台以及多媒体学习辅助资源等	慕课平台提供辅助课程资源,例如电子文献、课程 PPT 等	朱祖林(2007,2009);郑勤华等(2015)
		慕课平台提供网络教学平台、虚拟论坛等设施	
学习方式	与其他学习者协作学习,有利于相互激励、相互学习及知识掌握和能力提高,对完成学业具有重要的意义	与学生在论坛或其他虚拟社区中的交互	朱祖林(2007)
		小组协作学习	
		慕课作业互评活动	
管理服务	及时提供学习者需要的信息、相关咨询服务和文件、制度等	慕课提供的与学习有关或无关的咨询服务	朱祖林(2007,2009)
		慕课平台能够及时全面准确地为学习者提供有关开课、教学、辅导、考试等方面的信息	
		慕课平台能够及时提供有关文件、制度	
促学	通过平时作业和练习、期末考试等考核手段对学生自主学习过程进行监控和评价,促使学生完成自主学习任务	平时作业与练习(含网上自测)	朱祖林(2007);丁兴富(2002)
		慕课期末考试	

二、实证研究过程和结果

1. 整体框架

本节在上述所构建模型的基础上,构建了慕课学习支持服务与学习效果关系整体框架(见图 10-5),并提出如下研究假设。

教师对学生的指导可以帮助学生解答疑问,促进学生的学习。导学在保证学生顺利地学习以及保持和提升学生学习积极性等方面起着重要的作用,及时、全面、深入的指导对学生非常必要,提出假设 H1。

假设 H1:导学与慕课学习效果正相关。

学习设施对于保证学习者的顺利学习,保持或提升学习者的良好情绪和体验等方面有着重要的意义。良好的学习设施包括良好的平台界面设计、清晰的导航机制等,这些都会一定程度上影响慕课学习效果,提出假设 H2。

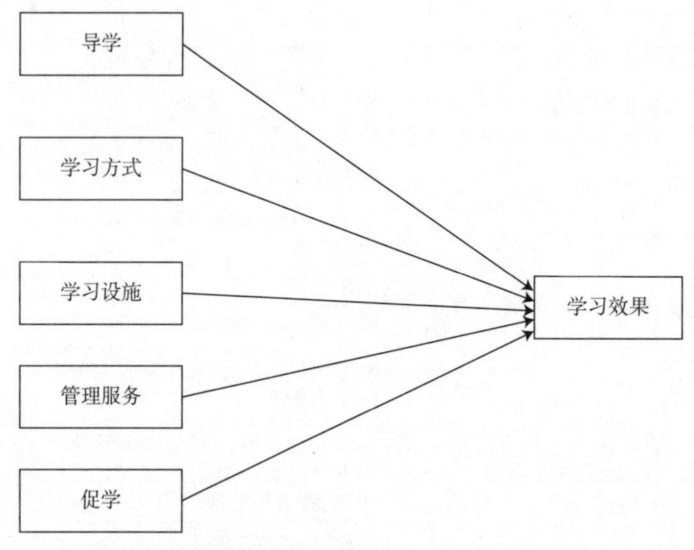

图 10-5 慕课学习支持服务与学习效果关系整体框架

假设 H2:学习设施与慕课学习效果正相关。

学习者之间的交互对于知识的建构有着重要的意义,尤其对慕课这种新形式的在线教育来说,学习者数量非常庞大,学习者之间的交互可能是解决交互问题的途径之一,而且慕课学习者来源和分布很广,提供了良好的交流机会,学习者应充分利用这个机会进行充分的交流讨论,扩大视野,达到知识建构的目的,提出假设 H3。

假设 H3:学习方式与慕课学习效果正相关。

良好的管理服务是学习者顺利学习的重要保证。很多慕课学习者由于各种原因可能会错过慕课的学习和测试,因此对于学习者及时的提醒显得很有必要。对于课程学习的计划、安排以及考评等及时公布,以便学习者进行相应的准备和安排。对学习者慕课学习相关的文件、制度等及时公布对于保证学习者的顺利学习也很重要,提出假设 H4。

假设 H4:管理服务与慕课学习效果正相关。

促学对于调动学生学习积极性,保证学习质量起着重要的作用。适合慕课学习形式的考核评价制度对于提升学习效果有着重要的意义,通过适当的考核方式,可以让学生发现自己的问题,提升自己的学习效果,提出假设 H5。

假设 H5:促学与慕课学习效果正相关。

男性学习者整体上更偏向于使用计算机网络,因此对于男性学习者来说,导学对学习效果的影响可能要比女性学习者小一些。同理,对于男性学习者来说,管理服务和促学对于学习效果的影响要比女性学习者小,提出假设 H6a、H6b、H6c。

假设 H6a:导学对学习效果的影响被性别所调节。

假设 H6b:管理服务对学习效果的影响被性别所调节。

假设 H6c:促学对学习效果的影响被性别所调节。

年级越高的学生往往自学能力越强,因此导学对高年级学生的影响可能比低年级要小,提出假设 H7a。

假设 H7a:导学对学习效果的影响被年级所调节。

低年级的学生对网络接触的时间总体上可能相对高年级的学生要少一些,信息化学习的经历也没有高年级的学生丰富,信息素养也相对低一些,因此学习界面的好坏、网络导航的清晰度等可能对低年级的学生影响要比高年级的要大,提出假设 H7b。

假设 H7b:学习设施对学习效果的影响被年级所调节。

低年级的学生由于信息化学习接触时间相对较短,信息化学习的经历也不如高年级的学生丰富,对于低年级的学生来说,管理服务对学习效果的影响可能比高年级的要大,例如及时的信息提醒可能对于低年级的学习更为重要,提出假设 H7c。

假设 H7c:管理服务对学习效果的影响被年级所调节。

高年级的学生往往比低年级的学生自主学习能力要强一些,促学可能对高年级的学生影响要比低年级的小,提出假设 H7d。

假设 H7d:促学对学习效果的影响被年级所调节。

2. 问卷设计和发放

首先进行问卷设计(见表 10-11)。问卷设计的第一部分为人口学相关变量,包括性别、职业、年级、专业,第二部分为学习支持服务几个方面的测量题项。问卷采用李克特五级量表,从高到低依次为非常同意、较同意、一般、不同意、非常不同意,分值分别赋予 5 分、4 分、3 分、2 分和 1 分。通过当面和网络相结合的方式进行问卷的发放。网络发放采用问卷星填写问卷的方式进行。发放对象采用分层抽样和随机抽样相结合。对全国多所高校的大学生(包括东部、中部和西部)进行了问卷发放。共发放问卷 750 份,将未学习过慕课的学生以及较为可疑的问卷等(例如选项较为一致、问卷填写不全等)剔除掉后,最终得到 324 份有效问卷,有效率为 43.2%。本特勒和周(Bentler & Chou,1987)指出在结构模型分析中,研究人员可能至少应当做到每一个待估参数能有 5 个样本,而对于每个潜变量来说,最好有 15 个以上样本。测量指标有 23 个,潜在变量有 7 个,因此应至少有 220 个样本,满足了这一要求。人口学变量见表 10-12。

表 10-11　问卷设计

<table>
<tr><td rowspan="7">导学</td><td>我认为慕课在面授答疑方面做得比较好</td><td rowspan="18">朱祖林等(2007)</td></tr>
<tr><td>我认为慕课在视频答疑方面做得比较好</td></tr>
<tr><td>我与教师在网络论坛里的交互较为有效</td></tr>
<tr><td>在论坛里与教师的交互解决了我的问题</td></tr>
<tr><td>在论坛里与教师的交互提升了我的学习兴趣</td></tr>
<tr><td>教师对我的个人辅导效果较好</td></tr>
<tr><td>教师和助教配备完备,且能满足我的学习需要</td></tr>
<tr><td rowspan="3">学习设施</td><td>慕课平台提供丰富的辅助课程资源,例如电子文献、课程 PPT 等</td></tr>
<tr><td>慕课平台提供的网络教学平台、虚拟论坛等设施的功能,能够满足我的学习需要</td></tr>
<tr><td>我对慕课学习系统平台设计(例如界面设计、导航设计等)感到满意</td></tr>
<tr><td rowspan="3">学习方式</td><td>与学生在论坛里或其他虚拟社区里的交互解决了我的问题</td></tr>
<tr><td>我认为小组协作学习具有较好的学习效果</td></tr>
<tr><td>我认为慕课作业互评活动是一种非常好的学习方式</td></tr>
<tr><td rowspan="3">管理服务</td><td>慕课提供的与学习有关或无关的咨询服务能够有助于我缓解工作、生活和心理压力,促进学习动力的保持</td></tr>
<tr><td>慕课平台能够及时全面准确地为学习者提供有关开课、教学、辅导、考试等方面的信息</td></tr>
<tr><td>慕课平台能够及时提供有关文件、制度</td></tr>
<tr><td rowspan="2">促学</td><td>平时作业与练习(含网上自测)对我知识的理解、掌握和应用具有一定的帮助</td></tr>
<tr><td>慕课期末考试有助于我系统地掌握知识和应用能力的提高</td></tr>
</table>

续表

学习效果	我的慕课学习效果较高	李玉斌等(2013)
	我的慕课学习成绩较好	
	慕课学习扩大了我的知识面	
	我的慕课学习效率较高	
	我的慕课作业完成质量较高	

表 10-12　人口学分布　（单位:%）

性别		职业		年级					专业		
男	女	学生	工作者	大一	大二	大三	大四	研究生	理科	工科	文科
52.2	47.8	98.8	1.2	31.2	17.6	11.4	16.7	23.1	43.5	17.3	39.2

首先进行问卷的信度和效度检验。使用 Cronbach α 系数进行信度检验。经计算,各个变量的 Cronbach α 系数均大于 0.7,说明问卷的信度良好。计算结果见表 10-13。对问卷进行效度检验。进行探索性因子分析,发现 KMO=0.875,Sig=0.000,说明适合做因子分析。再使用 AMOS 21.0 软件进行验证性因子分析(见表 10-13),发现各变量的因子载荷均大于 0.5,组合信度大于 0.7,除了管理服务这个变量的平均萃取方差略小于 0.5 之外,其他变量的平均萃取方差均大于 0.5,这说明问卷具有良好的聚合效度。

表 10-13　信度和效度检验

变量	Cronbach α		CR	AVE
导学	0.755	0.678	0.8754	0.5052
		0.645		
		0.776		
		0.714		
		0.589		
		0.644		
		0.887		

续表

变量	Cronbach α		CR	AVE
学习设施	0. 793	0. 490	0. 7813	0. 5475
		0. 548		
		0. 465		
学习方式	0. 779	0. 585	0. 7495	0. 5041
		0. 823		
		0. 702		
管理服务	0. 817	0. 645	0. 741	0. 4906
		0. 651		
		0. 795		
促学	0. 761	0. 722	0. 7179	0. 5602
		0. 774		
学习效果	0. 896	0. 696	0. 8384	0. 5129
		0. 601		
		0. 582		
		0. 792		
		0. 823		

对变量进行拟合度检验,使用《AMOS 与研究方法》一书中的标准(荣泰生,2009),此次问卷各项指标均达到了要求,拟合度良好(见表 10-14)。

表 10-14　拟合度检验

		评价标准	实际值	
绝对拟合度指标	X^2/df	小于 3. 0	2. 278	通过
	GFI	大于 0. 9,越接近 1 越好	0. 907	通过
	RMR	小于 0. 5,越接近 0 越好	0. 043	通过
	RMSEA	小于 0. 1,越接近 0 越好	0. 063	通过
增值拟合度指标	AGFI	大于 0. 9,越接近 1 越好	0. 878	通过
	NFI	越接近 1 越好	0. 772	通过
	CFI	越接近 1 越好	0. 855	通过
	IFI	越接近 1 越好	0. 858	通过
精简拟合度指标	AIC	越小越好	378. 137	通过
	ECVI	越小越好	1. 171	通过

3. 学习支持服务满意度模型分析

使用 SPSS 17. 0 和 AMOS 21. 0 对数据进行分析。首先建立结构方程模型。这是一个含有二级因子的模型(吴明隆,2013),一级因子为学习支持服务,二级因子为反映学习支持服务的 5 个二级因子,分别是导学、学习方式、学习设施、管理服务和促学(见图 10-6)。从本次调研来看,其中学习方式对学习支持服务的标准化因子载荷最大,为 0. 980,接下来依次是管理服务(为 0. 907)、学习设施(为 0. 865)、导学(为 0. 855)、促学(为 0. 854),标准化因子载荷均大于 0. 7,说明所构建的学习支持服务满意度模型具有良好的结构效度。

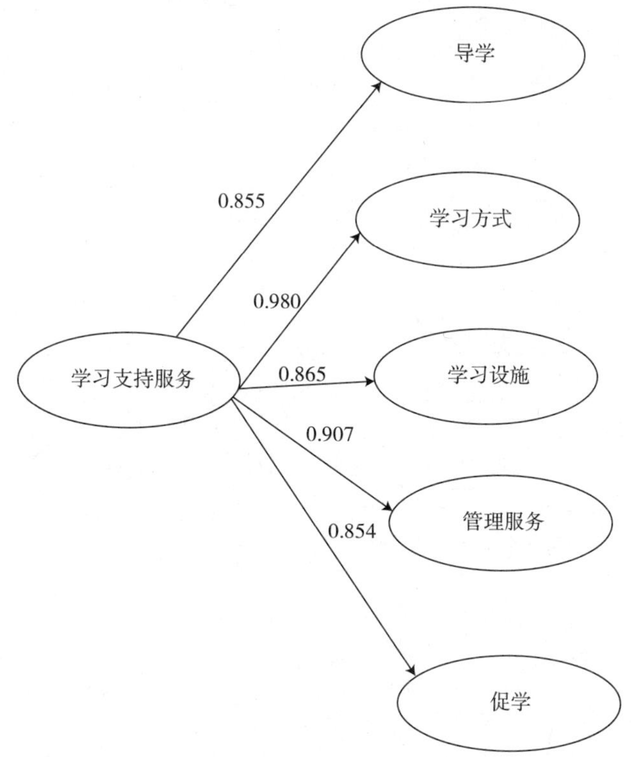

图 10-6　学习支持服务因子结构

4. 学习支持服务与学习效果支持的关系

经过 AMOS 21. 0 的分析,得出如管理服务、促学以及导学与慕课学习效果正相关($p<0.05$),而其中促学对慕课学习效果的影响最大,标准化回归系

数为0.48,接下来依次是导学和管理服务,标准化回归系数分别为0.43和0.22(见表10-1、图10-7)。

表10-15 标准化回归权重和显著性

			Estimate	p	研究假设	是否通过
学习效果	<——	导学	.442	***	H1	是
学习效果	<——	学习设施	.121	.100	H2	否
学习效果	<——	学习方式	.073	.402	H3	否
学习效果	<——	管理服务	.199	*	H4	是
学习效果	<——	促学	.478	**	H5	是

注:* p<0.05,**p<0.01,***p<0.001。

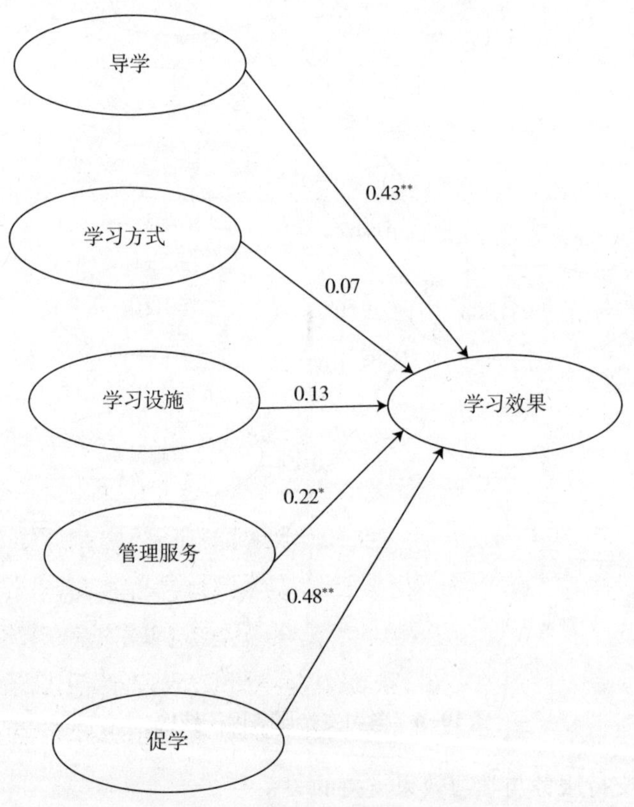

图10-7 标准化路径系数和显著性

注:* p<0.05,**p<0.01,***p<0.001。

(1)促学与慕课学习效果正相关

本书中的促学是指使用平时作业、期末考试等手段督促学习者进行学习。学生可以通过平时作业、期末考试等方式检验自己的学习效果,查找问题,不断提升自己的学习成效。本次实证研究表明,促学对慕课学习效果的影响最大,标准化回归系数为0.48,可见,促学是一种非常好的督促学习者学习和提升慕课学习效果的手段。

(2)导学与慕课学习效果正相关

当学习者觉得教师对学习者的指导效果越好的时候,学习者的慕课学习效果就会越好。由于慕课教师与学习者时空分离,教师对学习者的课外指导显得非常重要。教师的指导可以解决学习者在学习过程中遇到的问题,激发学习者的学习动机。而且教师与学习者的交流也在情感上给予学习者很大的支持,对于学习者保持学习的热情非常重要,尤其对于慕课来说,在目前学分转换机制还不完善的情况下,慕课教师(包括助教)的导学对学习者学习效果有着很大的影响。

(3)管理服务与慕课学习效果正相关

管理服务是指慕课平台方以及教师团队给予学习者的管理方面的服务,例如进行信息提醒、提供相应的课程计划等。对于慕课学习者来说,良好的管理服务是他们非常需要的。很多学习者是在没有足够课程提醒信息的情况下错过慕课学习的,使得慕课学习无法持续,最终影响慕课的学习效果。慕课学习者中大多数学习者都有很多其他事情要做,他们都是利用业余时间学习慕课,因而很容易忘记慕课的学习。因此,有效地提升慕课管理服务水平可以使得他们不错过慕课的学习,进而提升慕课学习效果。

(4)调节效应的检验

当显著性设为0.05时,如果统计量的绝对值大于1.96,则可解释为在0.05的显著水平下,两组的系数值具有显著差异(荣泰生,2009)。研究对性别、年级维度上回归系数的差异进行了检验,发现上述变量对模型中的一些路径具有一定的调节作用($|$CR系数$|$ = 2.858 > 1.96),例如性别变量在管理服务对学习效果的影响路径中具有一定的调节作用,对于男生和女生来说,管理服务对学习效果的影响是有差异的,这可能是由于男生在上网和使用计算

机方面比女生更积极,因此相关的管理服务感知对男生的影响更大,见表 10-16。这为我们制定相应的对策提供了基础。

表 10-16　调节效应检验

路径	性别(1/2)	研究假设	是否通过	年级(1/2)	研究假设	是否通过
学习效果<——导学	1. 846	H6a	否	-1. 251	H7a	否
学习效果<——管理服务	2. 858	H6b	是	-1. 163	H7c	否
学习效果<——促学	0. 123	H6c	否	-0. 489	H7d	否

注:男=1,女=2;大一或大二=1,大三或大四=2。

5. 模型的解释力

本次所构建的学习支持服务模型中学习支持服务对慕课学习效果的解释力度达到了 48. 4%,这说明慕课学习支持服务在慕课学习效果影响中占有很大的比重,这也启示我们很有必要加强慕课学习支持服务,对提升学习者的学习效果具有很大的推动作用。

三、慕课学习支持服务满意度现状

经计算,导学、学习设施、学习方式、管理服务、促学以及学习效果的均值分别为 3. 3307、3. 5339、3. 5703、3. 4777、3. 4838 和 3. 4148,标准差分别为 0. 8788、0. 8835、0. 9057、0. 8605、0. 8425 和 0. 8524。将均值转变成百分制分别为 66. 6 分、70. 7 分、71. 4 分、70. 0 分、69. 7 分和 68. 3 分。从上述分数可以看出,目前学习者对慕课学习支持服务满意度还是比较低的,学习者慕课学习的效果也有待提升,其中对学习方式的满意度最高,对导学的满意度最低。

使用 SPSS 17. 0 从性别维度对导学、学习方式等各项指标进行均值计算、独立样本 t 检验等,发现在性别维度,学习者对慕课导学、学习设施、管理服务以及促学满意度方面并没有显著差异($p<0.05$),而学习者在学习方式满意度方面具有显著差异($t=-2.027$, $Sig=0.044$),见表 10-17。使用 SPSS 17. 0 从

年级维度对导学、学习方式等各项指标进行均值计算、方差分析等，发现在年级维度，学习者对慕课导学、学习方式、学习设施、管理服务以及促学满意度方面并没有显著差异（$p<0.05$），而学习者在学习效果满意度方面具有显著差异。

表 10-17　性别维度对比

	Gender	N	均值	标准差
导学	1	169	3. 29388560157791E0	. 564393864180901
	2	155	3. 34740259740260E0	. 603773927251939
学习方式	1	169	3. 50690335305720E0	. 642507444829996
	2	155	3. 64935064935065E0	. 617809055248345
学习设施	1	169	3. 48	. 618
	2	155	3. 60	. 624
管理服务	1	169	3. 414	. 7480
	2	155	3. 532	. 7468
促学	1	169	3. 444	. 6602
	2	155	3. 552	. 6982
学习效果	1	169	3. 43	. 497
	2	155	3. 40	. 647

注：1 代表男，2 代表女。

使用 SPSS 17. 0 从专业维度（分为理科、工科和文科）对导学、学习方式等各项指标进行均值计算、方差检验等，发现在专业维度，除了评价之外学习者对慕课导学、管理服务以及学习效果满意度方面均存在着显著差异（$p<0.05$），见表 10-18。本次研究还对专业维度上慕课学习支持服务各维度的差异进行了 LSD 检验（最小显著性差异法，用于两两比较），以导学和学习效果为例（限于篇幅，本章未列出学习支持服务全部变量），经过 LSD 检验（见表 10-19），发现学习者导学服务满意度的排序是理科>文科>工科，学习效果也是理科>文科>工科。这可能是由不同学科的学科属性决定的。

表 10-18 方差检验

		平方和	df	均方	F	显著性
导学	组间	4. 321	2	2. 161	6. 592	. 002
	组内	105. 200	321	. 328		
	总数	109. 521	323			
学习方式	组间	4. 857	2	2. 429	6. 244	. 002
	组内	124. 858	321	. 389		
	总数	129. 716	323			
学习设施	组间	4. 552	2	2. 276	6. 051	. 003
	组内	120. 741	321	. 376		
	总数	125. 293	323			
管理服务	组间	4. 658	2	2. 329	4. 229	. 015
	组内	176. 752	321	. 551		
	总数	181. 410	323			
促学	组间	1. 692	2	. 846	1. 844	. 160
	组内	147. 296	321	. 459		
	总数	148. 988	323			
学习效果	组间	2. 287	2	1. 143	3. 544	. 030
	组内	103. 562	321	. 323		
	总数	105. 849	323			

表 10-19 LSD 检验(多重比较)

因变量	(I) Departmant	(J) Departmant	均值差(I-J)	标准误	显著性	95%置信区间	
						下限	上限
导学	1	2	. 3039936*	. 0904242	. 001	. 126095	. 481892
		3	. 1758065*	. 0700343	. 013	. 038022	. 313591
	2	1	-. 3039936*	. 0904242	. 001	-. 481892	-. 126095
		3	-. 1281871	. 0918300	. 164	-. 308852	. 052478
	3	1	-. 1758065*	. 0700343	. 013	-. 313591	-. 038022
		2	. 1281871	. 0918300	. 164	-. 052478	. 308852

续表

因变量	(I) Departmant	(J) Departmant	均值差(I-J)	标准误	显著性	95%置信区间	
						下限	上限
学习效果	1	2	.2235562*	.0897175	.013	.047048	.400065
		3	.1241749	.0694870	.075	-.012533	.260882
	2	1	-.2235562*	.0897175	.013	-.400065	-.047048
		3	-.0993813	.0911123	.276	-.278634	.079871
	3	1	-.1241749	.0694870	.075	-.260882	.012533
		2	.0993813	.0911123	.276	-.079871	.278634

注：均值差的显著性水平为0.05，1代表理科，2代表工科，3代表文科。

四、对策研究

1.加强慕课评价体系设计

目前慕课主要采用平时作业和期末考试相结合的方式进行考核。很多课程也将论坛发帖情况作为考核的内容之一。李胜波等(2016)对622门中国慕课课程评价方式进行了调查，发现将形成性考核与总结性考核相结合的课程占53%以上，并且单元测验、参与讨论和期末考试是绝大部分课程采用的评价方式等。他们还发现形成性评价方面的题型以选择题为主，作业以创作作品为主。要继续完善慕课考核评价体系。慕课课程考核评价体系应向更深入的方向发展，以便考核评价体系进一步起到促学的目的。要根据课程的特点灵活选用相应的考核模式。从考核的内容和形式方面不断进行创新，以不断提升慕课考核评价的质量。应积极探索考核的全面性和深度。现在很多慕课课程期末考试的题型只有选择题，这虽然有利于机器自动评阅试卷，但考试的质量难以保证。可以进一步丰富题型，对学习者学习效果进行更为深入全面的考核。要探索现场考试的方式。美国很多网络高校通过监督考试的形式对网络学习者的成绩进行最终评定。考试前，网络高校需要确认考生的身份，并由可信的监督人员实施监考，以确保考试的严肃性和成绩的真实性。这种考试一般由考生所在地经过学校认可的教学站点进行。由考试机构指定一名监考人，大学对该监考人的身份确认符合要求后，在指定的时间任课教师将考卷通过安全的途径发送给该监考人。由监考人对考生参加考试的过程全程监督,保证闭卷考试在规定的时间内完成。考试结束后,监考人立即将考卷密封并邮寄回大学,监考费用和邮寄费通常由考生承担。美国网络高校的做法值得我们思考借鉴。这样对保证考核的质量非常有帮助。今后要精心设计作业、平时测验题以及考试等环节,不断督促学生进行学习。目前很多课程将学习者在论坛中回复的内容被赞次数作为加分的依据。这是一种很好的方式,可以不断完善。要充分利用大数据技术对学习者慕课学习进行评价。对学习过程的评价包括对学习者观看视频情况的评价等,这对于慕课学习质量来说也很重要。大数据技术为学习过程的评价提供了良好的机遇。总之,要充分发挥促学的作用,以保证慕课学习效果的提升。

2. 增强导学服务

教师(包括助教)对学习者的指导是非常重要的。对学习者的指导包括解答学习者学习中遇到的问题、对学习者进行学习方法的指导等。本次调研的结果是目前学习者对慕课教师导学的评价的均值为 3.3307,换算成百分制为 66.6 分,这是非常低的。本次分析也得出教师的导学与学习者慕课学习效果正相关,有必要增强教师的导学服务,进而提升学习者学习效果。一是应建立多种形式的慕课虚拟社区和进行多种形式的答疑活动。现在慕课交互的途径主要是论坛,绝大多数慕课平台和课程都设置有网络论坛,学习者在论坛上可以提问讨论,教师也可以在论坛上答疑。教学方可以提供多种形式的虚拟社区形式,进行多种形式的互动。目前绝大多数慕课课程都提供论坛供学生学习使用,但建立其他形式虚拟社区(例如 QQ 群、微信群等)的课程还较少。从现有的实践来看,QQ 群的讨论较为热烈,是一个很好的讨论空间。因为 QQ 群有着用户广、更易登录以及实时互动性强等很多优点,是慕课学习者非常好的一种讨论方式。应建立多种形式的慕课讨论虚拟社区,以畅通学习者讨论的渠道,以让不同的学习者选择适合自己的方式参与讨论,例如应丰富教师与学习者交互的形式。现在大多数慕课教师和学习者的交互主要还是在论坛中进行。论坛的交互一般为异步交互。可以增加当面答疑、视频答疑、语音答疑等实时交互形式,这样可以进一步提升学习者导学服务感知,激发学习者的积极性和提升学习者的学习效果。应敞开渠道,提升服务质量。二是应提升教师在交互中的参与度。目前慕课论坛教师的参与度还很低，包括教师回复帖子少、不能充分调动学习者讨论的积极性等，很多主题帖没有回复或回复个数非常少（郑勤华，2015）。教师一方面要积极在论坛、QQ 群等虚拟社区中回复学习者发出的帖子，而且要尽量及时回复。教师也要积极发帖，活跃论坛气氛。要充分调动学习者在论坛等虚拟社区的参与度。教师要充分参与到学习者之间的讨论中去，引导学习者进行讨论，倡导学习者与学习者之间互相回答问题等。郑勤华等（2015）指出教师参与是慕课整体交互水平提升的关键，但教师参与程度远远不足。应对教师和学习者发帖进行激励。现在慕课论坛中主要是助教在和学习者进行交流讨论。可以对助教进行一定的激励，也可以根据助教发帖的情况以及组织学生讨论的情况给予助教一定的补贴，以激发助教参与讨论的积极性。三是要形成良好的网络讨论文化，大家能积极交互，互相共享资源，形成良好的学习共同体，达到共同提升的目的。四是辅导教师应加强学习方法的指导。对于学习者来说，学习慕课这种新型网络课程时掌握一定的学习方法是必要的。教师应经常和学习者进行沟通，鼓励学习者持续地学习。在慕课学习中，团队学习可能是一种非常好的学习方式，这也符合建构主义学习心理。建构主义学习理论中，合作学习是非常重要的一种学习方式。

3. 提升管理水平

本次调研发现，管理水平与慕课学习效果之间正相关，这需要我们不断提升慕课管理水平。一是要给予学习者及时准确的学习提醒。郑勤华（2015）通过对 622 门慕课的调查发现，仅 37. 6%的课程（111 门）提供学习指南，17. 7%的课程（50 门）开展了集中答疑，32. 8%有课程推荐，58. 2%有信息提醒。目前有少数课程在上课过程中给予一定的提醒，例如在每个单元视频上传前发电子邮件通知学习者。而大多数课程只在课程开始前发电子邮件提醒，在课程中及时发电子邮件提醒学习者是很有必要的，这有利于学习者即使有其他原因也不会错过课程的学习。二是要尽快建立学分转换机制。全国高校现代远程教育协作组常务副秘书长李德芳（2016）表示，中国慕课发展中一个突出问题是辍学率比较高。要破解这一难题，关键在认证制度。三是要提供良好的咨询服务。目前很多慕课平台与课程在给学习者提供咨询服务方面还有待改善。可以设立专门的慕课学习咨询中心。该中心可以及时全面地对学习者的疑问给予解答,这能很大程度上保证慕课的顺利进行。要为学习者提供全面的咨询服务,包括课程注册、课程的资源、课程的学习和考核等方面的咨询服务。要开通多种咨询服务方式,例如通过电话、电子邮件以及虚拟社区等方式进行咨询,这可以提升学习者的积极性。

4. 考虑调节效应

由于性别、年级等变量对上述模型的路径系数具有一定的调节作用,所以可以在此基础上针对不同的群体制定不同的对策。例如男生与女生在管理服务上对学习效果的影响路径上是有差别的,即女生在管理服务上对学习效果的影响比男生要大,应在管理服务方面给予女生更多的服务,例如给予女生更多的学习提醒、提供更好的咨询服务等。

5. 其他

要全面加强慕课学习支持服务水平,提升学习者慕课学习满意度。例如加强学习平台的设计和制作,学习者之间更多的协作等。良好的界面设计和清晰的导航系统给学习者顺利学习提供了一定的保障。本书中并未检出学习设施与学习效果之间存在着正相关的关系,可能是因为慕课学习者比较重视和关注慕课学习视频,而对慕课学习平台的质量则关注度不是很强,但这不意味着可以忽视慕课平台的设计和开发,一个好的慕课学习平台不仅可以提升学生的学习兴趣,而且能够提升学生的学习质量和效果。学习者之间良好的协作对于提升慕课学习效果也很重要。要充分引导学习者之间进行深度交流和知识构建。目前慕课发展还处于初期阶段,学习者与学习者之间交互还很不完善。一个重要的原因就是慕课的学习群体不稳定,随时可能有学生加入慕课的学习,也随时可能有退学的学生,这影响了慕课学习者之间交互的稳定性。郑勤华(2016)对 Coursra 上的一门课程进行分析发现,课程中每周社会网络关系的变化非常大。对于一个学习者而言,每周进行交互的人可能没有任何的交集,即几乎没有建立起稳定的社会网络关系,一定程度上也说明了前期交互对后期交互难以产生影响。但学习者之间的交流讨论对知识建构也可以起到重要的作用。应鼓励学习者之间积极地交互,充分发挥学习者协作学习的作用,不断提升慕课学习成效。

第三节　高校教师慕课教学行为意向影响因素研究

目前,慕课迅速发展,国内外已出现较多数量的慕课平台。国内影响较大的有清华大学的“学堂在线”慕课平台、教育部与网易联合开发的“中国大学MOOC”等,国外著名的慕课平台有美国三大慕课平台edX、Coursera和Udacity等。朱敬(2015)指出:“最近三四年以来,MOOCs在经历了热捧、质疑等阶段后逐步进入稳步发展阶段。”很多高校纷纷采取一定的措施鼓励教师进行慕课教学的尝试,例如清华大学、北京大学、上海交通大学等纷纷出台相关慕课支持政策,鼓励本校教师积极开展慕课教学。慕课教学的形式包括面向社会学习者的慕课教学以及面向特定学习对象基于SPOC的翻转课堂教学模式等。目前有越来越多的高校参与到慕课的建设和发展中来。虽然出台了一些相关政策,但仍需进一步完善相关政策以激发高校教师慕课教学的积极性。根据笔者的访谈,一些高校教师并不愿意参与到慕课的建设中来,原因有时间不足、对技术的迷惑、对能否开设学生如此之多的课程的疑问、工作相关性感知不足等。对于很多教师来说,科研任务非常繁重,而慕课教学又要花费大量的时间和精力,导致这些教师的慕课教学意向不是很强烈,甚至很排斥。尤其对于面临评职称的教师来说,当前很多高校较为重视教师的科研能力,例如发表论文的水平或者支持项目的级别,而对教学的关注相对薄弱一些,如果慕课教学与职称评定关联不大,那么这部分教师往往慕课教学的意向不是很强烈。对于正高职教师来说,他们的科研任务非常繁重,再加上工作相关性感知等其他原因,也会导致他们中很多人的慕课教学意向不是很强烈,甚至排斥慕课教学。目前慕课的开设过程中也出现了一些慕课课程质量不佳、学习支持服务不完善等问题,这又对学习者的慕课学习效果以及慕课产生的社会效应等有着较大的负面影响。课程质量不佳表现在课程设计不佳、画面较差等方面,大大影响了学习者的学习效果。学习支持服务方面的问题表现在教师在师生交互不理想、交互中设置的问题不深入、讨论区回答问题不及时等。而这些问题有待进一步解决。我们希望能有更多的高校教师积极参与到慕课的教学中来,提供更高质量的慕课课程和更为完善的学习支持服务等,以提升慕课的学习效果。已有大量研究表明,教师的行为对学生网络学习的效果有着很大的影响。谭光兴(2012)研究表明,在对学生网络学习意向的影响因素中,教师行为的影响最大,总效应为0.434。谭光兴认为同样的网络教学系统,投入精力更多的教师显然会让学生感受到系统有更大的用处,并且有更强的使用意向。张文兰(2013)的实证研究表明,辅导教师与学生对网络学习的有用性感知、学习活动设计以及学习资源显著正相关,并提出了加强辅导教师对学生在线学习的指导和反馈、设计和组织多种在线学习活动等对策。邬锦锦(2014)通过实证分析得出教师支持服务因素包括教师激励、情感激励和人际帮助,并与网络课程中学习共同体的有效交互(包括信息交互、操作交互、概念交互)均呈正相关关系。即使在网络条件下,教师也仍然是学习信息的第一来源,而且是最可靠的信息来源。吴军其(2000)指出相对于传统教学,网络教学中教师的指导作用得到了强化,教师的角色由传统教学中的“传道、授业、解惑”者转变为具有监控职责的指导者,主要负责学习者学习进度的控制、学习者学习资源的筛选与供给、学习者学习状况的评价和学生下一步学习内容的指导。慕课教学是一种新型的网络教学形式,属于网络教学的范畴,同时具备一些与以往在线学习不同的特点。从上述的研究结果我们可以推断,教师的慕课教学行为对学习者的慕课学习效果有着一定的影响,提升学习者慕课学习效果和推动慕课发展的一个重要途径就是改善教师的慕课教学行为。本书对高校教师慕课教学行为的影响因素进行了研究,并在此基础上提出了若干建议和对策。

一、模型建立和研究假设

戴维斯(Davis,1986)提出了TAM模型(见图10-8),后来文斯卡特和戴维斯(Venkatesh & Davis,2000)在此模型的基础上加入了有用性感知的影响因素,提出了TAM2模型,再后来文斯卡特(Venkatesh,2008)在TAM2模型中加入了易用性感知的影响因素,即提出了TAM3模型(见图10-9)。TAM3模型提出了15个影响有用性感知和易用性感知的变量。实践证明,TAM3模型具有良好的解释力。Venkatesh、Morris等(2003)提出技术接受和使用整合理论(UTAUT模型,见图10-10),该模型对行为意向的预测力达到70%。该模型提出了4个原始变量以及若干个调节变量。在上述两个模型的基础上,提出了高校教师慕课教学行为意向影响因素模型。

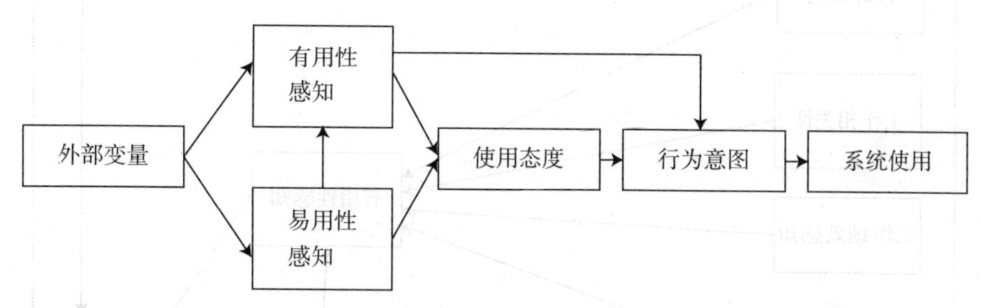

图10-8 TAM模型

TMA模型认为,信息技术行为意向和信息技术使用行为直接存在着正相关关系。因此可以推断,具体应用到慕课教学这个领域,就是高校教师慕课教学行为意向与高校教师慕课教学行为之间存在着正向关联。高校教师慕课教学行为意向指的是高校教师接受慕课教学和愿意进行慕课教学的程度。当教师越接受和愿意进行慕课教学的时候,高校教师就会越积极地进行慕课教学。可以通过提升高校教师对慕课教学的行为意向,进而改善高校教师慕课教学行为。首先在承认这一理论的基础上展开实证研究。在构建模型前,选取了20位高校教师进行访谈,访谈的对象包括教授、副教授和讲师,访谈的内容包括他们的慕课教学行为意向、影响因素以及他们对慕课教学的期望等。然后将访谈结果作为构建本次研究模型的基础之一。TAM3模型中仅提到了两个调节变量,而UTAUT模型中提到了4个调节变量,本书根据高校教师慕课教学的特点提出了4个调节变量。本书在TAM3模型和UTAUT模型的基础上,结合高校教师访谈结果和慕课教学实际提出了如下研究模型和研究假设(见图10-9)。

1. 高校教师慕课教学行为意向

有用性感知指的是用户对信息技术提升其工作绩效程度的感知。以往的很多研究已经证明,有用性感知和用户对信息技术的接受存在着正向关联,用户越觉得信息技术有用,就对这项信息技术的接受程度越高。因此,本书提出研究假设H1,即当高校教师觉得慕课教学越有用的时候,即提升其工作绩效

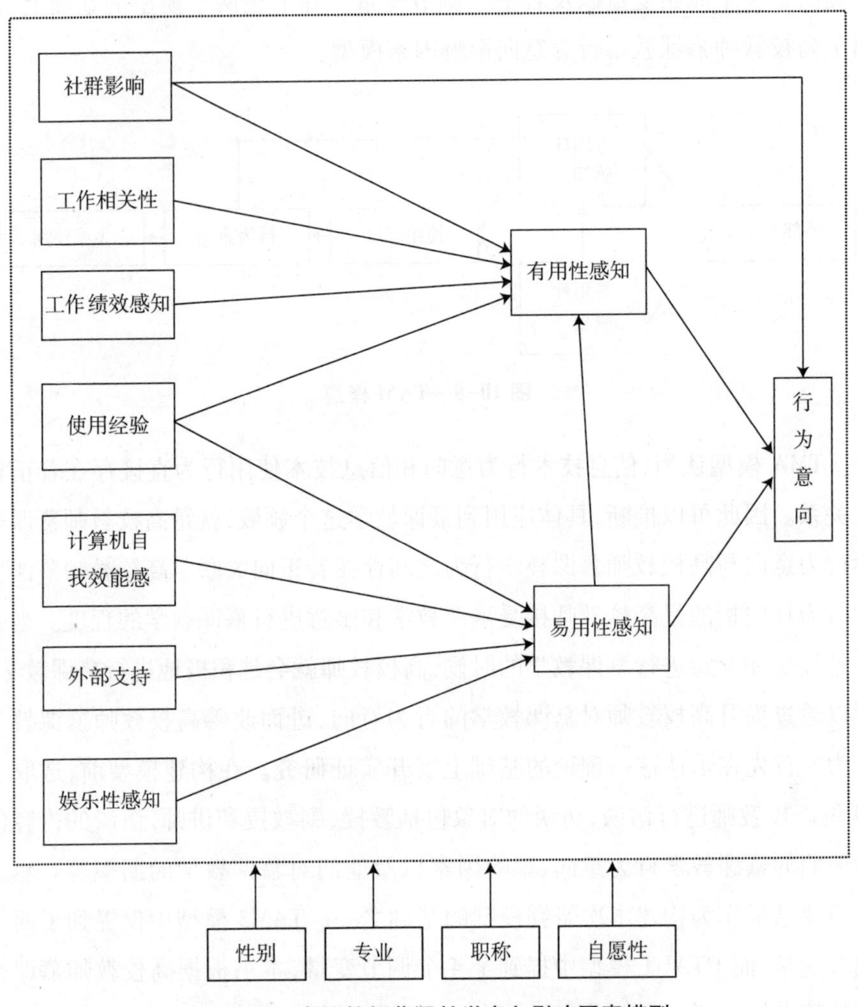

图 10-9 高校教师慕课教学意向影响因素模型

的程度越大时,高校教师对慕课教学的行为意向就会越大。

假设 H1:高校教师对慕课教学的有用性感知与慕课教学行为意向正相关。

易用性感知指的是用户对信息技术使用的难易程度的感知,即努力程度的预期。如果高校教师感到慕课教学很难进行,则会对其产生抵触或畏惧情绪。如果慕课教学既能满足需要,又容易进行,高校教师自然就会有更强、更多的接受意向。已有很多研究也表明易用性感知与用户信息技术使用的接受度呈正相关关系。因此，本书提出假设 H2，即高校教师感到慕课教学越容易进行的时候，高校教师对慕课教学的行为意向也就越强。

假设 H2：高校教师对慕课教学易用性感知与慕课教学行为意向正相关。

社群影响指的是教师认为上级领导、同事、学生等对自己进行慕课教学的影响程度。领导在高校教师未来的发展中起着重要的作用，高校教师如果意识到了领导重视慕课教学，不管慕课教学是否有用，高校教师也会考虑进行慕课教学。在生活中，“从众心理”也很普遍。从众心理指个人受到外界人群行为的影响，在自己的知觉、判断、认识上表现出符合公众舆论或多数人的行为方式，实验表明只有少数人保持了独立性，所以从众心理是大部分个体普遍所有的心理现象。教师在校期间，主要生活在学校这一群体中，周围大多数同伴的价值观念、行为方式会潜移默化地被个体内化。一旦群体中的大多数人接受并且进行慕课教学，个人则“不敢”也不愿“反潮流”，怕受到其他人的非议和排斥，于是不得不改变对慕课教学的认知。即使高校教师对慕课教学还不是很了解，但当高校教师认为对其重要的人物认为其应该进行慕课教学的话，高校教师对慕课教学的有用性感知会随即上升。基于以上的分析，本书提出假设 H3a 和 H3b。

假设 H3a：社群影响与高校教师慕课教学行为意向正相关。

假设 H3b：社群影响与高校教师慕课教学有用性感知正相关。

2. 有用性感知

心理学家和信息系统研究者都发现，对信息技术的易用性感知不仅直接影响着接受意向，还会影响到人们的有用性感知。如果达到相同的慕课教学目标或者取得相同的教学效果，而花费的时间精力更少的话，显然高校教师就会觉得慕课教学更有用。相反，如果高校教师经过了大量努力后，慕课教学效果不理想或收效甚微，则将大大影响教师对慕课教学的有用性感知。以往很多研究也表明，用户对信息技术的易用性感知与对信息技术的有用性感知有着正相关关系，本书在此基础上提出假设 H4，即当高校教师越感到慕课教学容易进行的时候，其就会越感到慕课教学有用。

假设 H4：高校教师对慕课教学易用性感知与对慕课教学有用性感知正相关。

工作相关性指的是一个人感觉到慕课教学与他的工作需求相匹配的程度。慕课教学工作相关性感知指的是慕课教学与教师工作需求的匹配程度。系统功能如果与教师的工作关联较小或无法满足教师工作需求,显然会降低教师的有用性感知,但慕课教学过于复杂也会造成慕课教学的困难,增加教师进行慕课教学的负担,因此,只有那些系统功能与教师工作需求适配度高的网络教学系统才会使教师的有用性感知强烈,因此提出假设 H5。

假设 H5:高校教师慕课教学工作相关性感知与慕课教学有用性感知正相关。

工作绩效感知是指高校教师认为慕课教学使他的工作变得更好的程度。如果高校教师认为慕课教学可以使他的工作变得更好,例如高校教师认为慕课教学可以提升社会学习者的知识水平和思维能力以及可以产生较大的社会效益时,那么显然高校教师就越会觉得慕课教学有用,即他对慕课教学的有用性感知得到提升,因此提出假设 H6。

假设 H6:高校教师慕课教学工作绩效感知与慕课教学有用性感知正相关。

教师每一次进行在线教学都是一个了解在线教学特点、熟悉在线教学功能和交互方式、积累在线教学技能、锻炼在线教学能力的过程。有较多使用经验的教师将对在线教学的特点和功能有更多、更深入的了解,也将更熟悉在线教学的教学技巧,因而会对在线教学有更强的有用性感知和易用性感知。而那些没有使用经验的教师,会因为不知道系统的某些功能而对在线教学的有用性感知不足,也会因为不知如何使用系统的某些使用技巧而对在线教学的易用性感知不足。慕课教学属于在线教学,但具有自己的特点,是一种比较新型的在线教学模式,教师以往的在线教学经验可能会对慕课教学的有用性感知和易用性感知产生一定的影响,因此提出假设 H7 和 H8。

假设 H7:高校教师在线教学经验与慕课教学有用性感知正相关。

假设 H8:高校教师在线教学经验与慕课教学易用性感知正相关。

3. 易用性感知

计算机自我效能感是指个体对自己使用计算机能力的一种判断,是学习和使用信息技术的关键性因素。TAM3 模型认为计算机自我效能感会影响易用性感知。许桃香等在对学生计算机学习与其个性特征之间的关系研究中,实证了学生计算机的自我效能感对学习计算机技能的欲望在统计学上有明显的预测效果。进行慕课教学需要一定的信息技术能力以及信息技术学习能力,例如课件制作能力、网络交互能力等,计算机能力强的教师,更容易从心理上接受慕课教学,同时也对慕课教学更感兴趣,因此提出假设 H9。

假设 H9:高校教师计算机自我效能感与对慕课教学易用性感知正相关。

外部支持感知是指高校感觉到组织和技术资源支持慕课教学的程度。上机教学场所、网络带宽服务、系统运行服务、工具使用服务、技能培训服务等环境因素是教师进行慕课教学的重要条件。这些条件越成熟、越方便,高校教师进行慕课教学所需付出的努力预期越小,因此提出假设 H10。

假设 H10:高校教师对慕课教学外部支持感知与对慕课教学易用性感知正相关。

个人计算机娱乐性感知(Microcomputer Playfulness, MCP)是指个体以自发的、创造性的和想象的方式与计算机发生交互过程的心理倾向。Martocchio 和 Webster 认为娱乐性是计算机交互过程中一种重要的心理现象,它表现为个体在与计算机发生关系时存在的自然且不断创新的交互影响倾向。个人在这种不间断的交互作用过程中获得各种心理满足,诸如不断增强的学习意愿,不断提升的满意感和价值感等在对用户接受信息系统动机的研究中发现,信息系统的使用受到用户外在动机和内在动机双重影响,外在动机即对提升业绩的追求,而内在动机则主要是由娱乐性感知构成。在不考虑外在动机的情况下,娱乐性感知对行为意向具有显著的影响。Moon 等研究 TAM 在 WWW 领域的适用性时,也发现除有用性感知、易用性感知外,娱乐性感知是影响用户网站行为意向的重要因素。因此,本书提出假设 H11,即当高校教师进行慕课教学时娱乐性感知越强的时候,其对慕课教学易用性感知也越强。

假设 H11:高校教师对慕课教学娱乐性感知与对慕课教学易用性感知正相关。

4. 调节作用

由过去的研究可知,绩效期望对行为意向的影响在不同年龄和性别上会有显著的差异,通常年轻男性较为显著。而努力期望对行为意向的影响会因性别、年龄和经验的不同有所差异,通常缺乏经验的年长女性较为显著。在社会影响对行为意向的影响方面,性别、年龄、经验和自愿性都会调节这种影响,通常女性较易受上级、同事的影响,特别是非自愿使用且缺乏经验的女性较为显著,但这种影响会随着经验的积累而逐渐消失。根据 TAM3 模型和 UTAUT 模型提出的调节理论,结合高校教师慕课教学的特点,本书提出高校教师的性别(分为男和女)、专业(分为理科、文科和工科)、职称(分为教授、副教授和讲师)以及自愿性(包括是和不是两个选项)可能会对模型中的相关路径具有一定的调节作用,这有待后续实证数据的验证。

二、实证研究过程和结果

1. 问卷发放和信效度检验

本节采用发放问卷的形式展开实证研究。在正式发放问卷之前,本节对所设计的问卷进行了预发放。通过对预发放问卷的分析,删除或更改了部分模糊或有歧义的题项,形成了最终的正式调研问卷。正式发放过程采用当面发放和网络发放两种相结合的方式发放问卷。本节问卷的发放对象主要为国内“985”院校的教师,其中包括兰州大学、吉林大学、华东师范大学等。“985”院校可以说是我国慕课发展的引领者,例如清华大学建设了慕课平台“学堂在线”、上海交通大学等其他高校有的建设了独立的慕课平台,有的加入了其他组织建设的慕课平台。慕课的制作和开设往往需要大量的资金,“985”院校在资金方面可能更加充裕一些。本节采用分层抽样和随机抽样两种方式选取样本。分层抽样主要是按照专业(分为理科、文科和工科)、职称(分为讲师、副教授和教授)以及地域(分为东部、中部和西部)进行。三个网络发放主要采用电子邮件的方式,回收率相对当面发放要低一些。本节共发放问卷约 1000 份,将回收问卷中一勾到底等较为可疑的问卷剔除,最终得到有效问卷 441 份,有效率约为 44.1%。本特勒和周(Bentler & Chou,1987)指出在结构模型分析中,研究人员可能至少应当做到每一个待估参数能有 5 个样本,而对于每个潜变量来说,最好有 15 个以上的样本。本节中测量指标有 33 个,潜在变量有 10 个,因此应至少有 315

个样本。本节的样本数量达到了这一要求。样本分布情况如表 10-20 所示。本节中问卷的测量题项有的是使用原有经典量表中的题项,有的是参考已有问卷的题目设置并结合慕课教学的特点改编而来,见表 10-21。问卷采用李克特五级量表,从高到低依次为非常同意、较同意、一般、不太同意和非常不同意。使用 SPSS 17.0 和 AMOS 21.0 对数据进行处理(见图 10-10)。首先,进行数据信度和效度分析。使用克朗巴哈系数(Cronbach α 系数)来度量此次调查数据的信度。一般认为 Cronbach α 系数大于 0.7 时,量表具有较好的信度。从表 10-22 可以看出,系数除了外部支持略低于 0.7 之外,其余变量均高于 0.7,这表明此次调查数据的信度良好。本节从建构效度和交互效度两方面来考察变量的效度。一般认为,当 0.8≤KMO<0.9 时,适合做因子分析。对数据进行探索性因子分析,得到 KMO=0.897,Sig=0.000,适合做因子分析。一般认为,一个具有较好建构效度的量表应该每个观测变量的因子载荷大于 0.5,组合信度大于 0.7 以及平均萃取方差大于 0.5。使用 AMOS 21.0 对本次研究量表进行验证性因子分析,得出各个观测变量的因子载荷均大于 0.5,组合信度(CR)均大于 0.7,平均萃取方差(AVE)也都大于 0.5,说明此次观测变量具有良好的建构效度(见表 10-22)。从表 10-23 可以看出,各变量的平均萃取方差的平均根均大于各变量与其他变量的相关系数,这表明模型变量具有良好的交互效度。

表 10-20　合格问卷填答教师的样本分布

性别		职称			专业		
男	女	讲师	副教授	教授	理科	文科	工科
62.4%	37.6%	44.1%	36.8%	19.1%	43.6%	48.5%	7.8%

表 10-21　测量题项

变量	测量题项	来源
行为意向(BI)	3	Venkatesh(2008)[7]
有用性感知(PU)	4	Venkatesh(2008)[7]

续表

变量	测量题项	来源
社群影响(SI)	3	Venkatesh(2008)[7]
工作相关性(REL)	4	Venkatesh(2008)[7]
工作绩效(OUT)	4	Venkatesh(2008)[7]
使用经验(EXP)	2	Hackbarth(2003)[17]
易用性感知(PEOU)	4	Venkatesh(2008)[7]
计算机自我效能感(CME)	3	Venkatesh(2008)[7]
外部支持(PEC)	3	Venkatesh(2008)[7]
娱乐性感知(ENJ)	2	Moon(2001)[18]
自愿性(VOL)	1	Venkatesh(2008)[7]

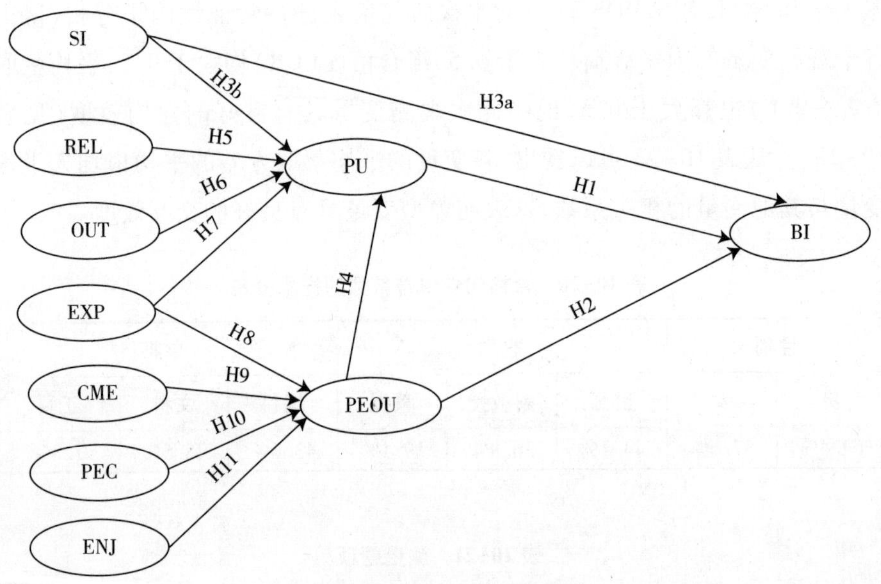

图 10-10 AMOS 处理模型

表 10-22　信度和效度检验

	均值	标准差	因子载荷	Cronbach α	CR	AVE
BI1	3. 7406	. 89953	0. 73	0. 864	0. 8218	0. 6076
BI2	3. 6840	. 93339	0. 87			
BI3	3. 7075	. 90252	0. 83			
PU1	3. 5047	. 95638	0. 79	0. 826	0. 8709	0. 63
PU2	3. 6462	. 89883	0. 82			
PU3	3. 4104	. 95217	0. 67			
PU4	3. 8396	. 85583	0. 88			
SI1	3. 3632	. 86269	0. 73	0. 798	0. 801	0. 5732
SI2	3. 4764	. 80544	0. 79			
SI3	3. 3585	. 91007	0. 75			
REL1	3. 1132	. 82979	0. 78	0. 728	0. 8193	0. 5362
REL2	3. 2547	. 95452	0. 76			
REL3	3. 3443	. 95357	0. 81			
REL4	2. 9009	1. 09484	0. 55			
OUT1	3. 4245	1. 09240	0. 81	0. 791	0. 8009	0. 5057
OUT2	3. 0094	1. 00232	0. 67			
OUT3	3. 5943	. 87382	0. 57			
OUT4	3. 2028	. 95956	0. 77			
PEOU1	2. 5660	1. 01196	0. 74	0. 847	0. 8455	0. 5778
PEOU2	2. 5613	1. 03997	0. 76			
PEOU3	2. 1792	1. 06470	0. 78			
PEOU4	2. 1651	. 95694	0. 76			
CSE1	3. 4245	. 80811	0. 77	0. 780	0. 7892	0. 5572
CSE2	3. 3915	. 92492	0. 65			
CSE3	3. 2406	. 90478	0. 81			
PEC1	3. 0613	. 98376	0. 78	0. 770	0. 7645	0. 5208
PEC2	3. 3585	. 91526	0. 66			
PEC3	3. 5802	1. 06570	0. 72			
ENJ1	3. 3443	. 81996	0. 71	0. 823	0. 8421	0. 7323
ENJ2	3. 4670	. 83402	0. 98			

续表

	均值	标准差	因子载荷	Cronbach α	CR	AVE
EXP1	2.7642	1.11050	0.59	0.856	0.7112	0.5613
EXP2	2.7075	1.08385	0.88			

表 10-23　交互效度检验

	BI	PU	SI	REL	OUT	EXP	PEOU	CME	PEC	ENJ
BI	0.779									
PU	0.705	0.794								
SI	0.289	0.114	0.757							
REL	0.252	0.569	0.716	0.732						
OUT	0.328	0.313	0.544	0.294	0.711					
EXP	0.092	0.136	0.355	0.407	0.339	0.760				
PEOU	0.055	0.166	0.200	0.007	0.003	0.392	0.746			
CME	0.125	0.031	0.102	0.151	0.189	0.471	0.520	0.722		
PEC	0.245	0.075	0.702	0.283	0.315	0.565	0.733	0.787	0.856	
ENJ	0.583	0.663	0134	0.597	0.390	0.504	0.330	0.694	0.546	0.749

注:对角线代表各变量平均萃取方差的平方根值。

本节使用荣泰生2009年出版的《AMOS与研究方法》中讲到的模型拟合度检验方法对此次所构建模型的拟合度进行检验,发现各项指标均达到了要求,模型的拟合度良好(见表10-24)。

表 10-24　拟合度检验

		评价标准	实际值	
绝对拟合度指标	X^2/df	小于3.0	2.613	通过
	GFI	大于0.9,越接近1越好	0.967	通过
	RMR	小于0.5,越接近0越好	0.259	通过
	RMSEA	小于0.1,越接近0越好	0.094	通过

续表

		评价标准	实际值	
增值拟合度指标	AGFI	大于 0.9,越接近 1 越好	0.920	通过
	NFI	越接近 1 越好	0.902	通过
	CFI	越接近 1 越好	0.982	通过
	IFI	越接近 1 越好	0.985	通过
精简拟合度指标	AIC	越小越好	27.983	通过
	ECVI	越小越好	6.024	通过

2. 回归分析结果

回归分析结果如图 10-11 和表 10-25 所示,从中可以看出,在对高校教师慕课教学行为意向的影响因素中,有用性感知和社群影响对高校教师慕课教学意向有显著影响。而在对有用性感知的影响因素中,除了易用性感知之外的 4 个变量对有用性感知的影响均达到显著效果,其中工作相关性对有用性感知的影响最大,其次依次是工作绩效、社群影响和使用经验。而其中工作相关性感知和工作绩效感知对有用性感知的影响明显大于其他变量。因此在制定相关的对策时,应将提升教师慕课教学工作相关性感知水平放在第一位。对易用性感知的影响因素中,计算机自我效能感和外部支持对易用性感知的影响显著,外部支持对易用性感知的影响最大,标准化回归系数达到 0.639。因此,可以将提升教师对慕课教学的外部支持感知,尤其是经费和相关技术的支持作为重要的相关举措。从数据结果看,易用性感知对行为意向的影响未通过检验。这说明教师可能比较看重慕课究竟能给他们带来什么以及慕课的社会影响,而对慕课教学的难易程度则不是很关注,或许大多数高校教师对慕课教学的难易程度已经有了一定的认识。慕课教学的易用性感知对有用性感知的影响也未通过检验,这说明高校教师对慕课教学的有用性感知主要的影响因素可能是社群影响、工作相关性或工作绩效等其他因素,而对慕课教学的易用性与否则不是很重视。在线教学经验对慕课教学的易用性感知的影响也未通过检验,这说明教师即使有了较多的在线教学经验,但进行在线教学仍需较多的努力,对慕课教学的易用性感知并没有明显下降。这可能与教师进行在线教学花费大量的时间和精力有关(例如花较多的精力进行教学设计、花一定的时间进行视频拍摄等)。娱乐性感知对慕课教学的易用性感知也不显著相关,这说明教师可能比较注重慕课教学的有用性感知,而慕课教学需要花费大量的时间和精力,对慕课教学的易用性感知并不随着娱乐性感知的增强而显著下降。

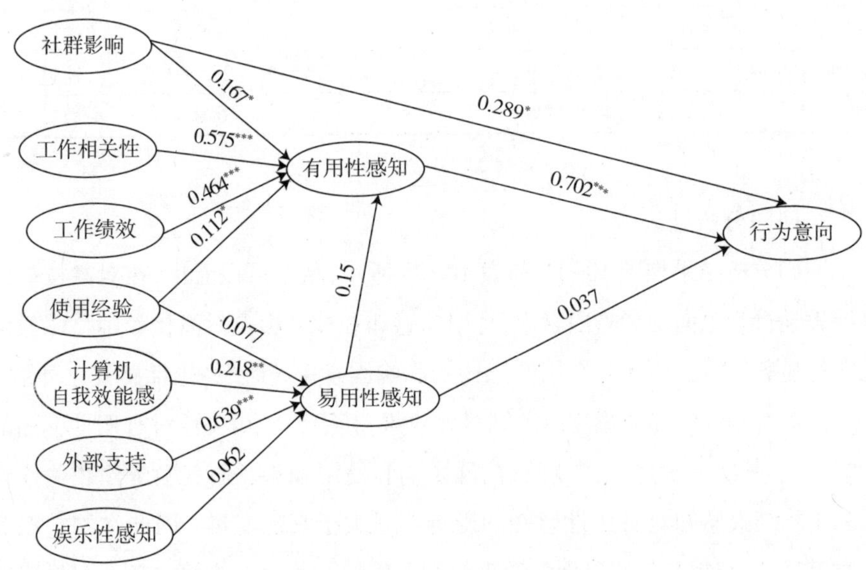

图 10-11 回归分析路径图

注:* 代表 0.05 水平上显著,** 代表 0.01 水平上显著,*** 代表 0.001 水平上显著,无标识为不显著。

表 10-25 回归结果和假设检验

路径			标准化回归系数	显著性	假设	是否通过
BI	<——	PU	.702	***	H1	通过
BI	<——	PEOU	.037	.540	H2	未通过
BI	<——	SI	.289	***	H3a	通过
PU	<——	SI	.167	.034	H3b	通过
PU	<——	PEOU	.154	.058	H4	未通过
PU	<——	REL	.575	***	H5	通过
PU	<——	OUT	.464	***	H6	通过
PU	<——	EXP	.112	.034	H7	通过
PEOU	<——	EXP	.077	.132	H8	未通过

续表

路径			标准化回归系数	显著性	假设	是否通过
PEOU	<——	CME	.218	.008	H9	通过
PEOU	<——	PEC	.639	***	H10	通过
PEOU	<——	ENJ	.062	.419	H11	未通过

注：***代表0.001水平上显著。

本节对回归系数的差异也进行了检验（见表10-26），有用性感知的影响最大，回归系数达到了0.702，显著高于其他变量对行为意向的影响。工作相关性对有用性感知的影响显著大于其他变量对有用性感知的影响。在访谈过程中，很多教师把工作相关性感知水平较低作为其不愿进行慕课教学的首要原因，由于一些教师面临着评职称的巨大压力，对慕课教学的工作感知性较低导致他们将精力时间都尽量投入到他们为评职称而做的准备中去，例如争取高水平项目、发表高水平论文等，对费时费力而又与评职称关系不大的慕课教学就望而却步。外部支持感知对易用性感知的影响显著大于其他变量对易用性感知的影响。在访谈中，一些教师将外部支持感知不足作为其不进行慕课教学的重要影响因素之一，首要的是缺乏资金的支持，其次是对技术方面的疑惑。慕课教学需要很多资金，同时也要求教师具有一定的技术素养，例如在线视频制作能力、在线交互能力等。慕课相对于以往的在线教学要复杂。

表10-26　模型变量间回归系数差异性检验（差异临界比率值）

	H1	H2	H3a	H3b	H4	H5	H6	H7	H8	H9	H10	H11
H1												
H2	-4.612											
H3a	-3.777	-1.442										
H3b												
H4												
H5				-4.412	3.366							
H6				-1.829	2.924	-2.732						

续表

	H1	H2	H3a	H3b	H4	H5	H6	H7	H8	H9	H10	H11
H7				-.760	.230	4.465	2.175					
H8												
H9									2.022			
H10									4.812	3.248		
H11									-.463	1.982	-5.250	

注:根据荣泰生 2009 年出版的《AMOS 与研究方法》中讲到的回归系数差异性检验方法,即在 p=0.05 的水平下,当差异临界比率绝对值大于 1.96 的时候,即认为具有显著差异。

3. 调节效应

基于篇幅所限,本书只列出了性别和职称这两个变量对模型的调节效应,如表 10-27 所示。调节效应中调节变量为性别时,1 代表男性教师,2 代表女性教师。调节变量为职称时,1 代表教授,2 代表副教授,3 代表讲师,本书限于篇幅,仅列出了职称对模型的调节作用的数据,根据荣泰生 2009 年出版的《AMOS 与研究方法》中讲到的研究方法,即在 p=0.05 的水平下,当差异临界比率绝对值大于 1.96 的时候,即认为不同群组回归系数之间具有显著差异。从表 10-27 中看出,性别对工作绩效对有用性感知的影响、在线教学经验对有用性感知的影响以及计算机自我效能感对易用性感知的影响有调节效应,也就是说在这三条路径上,男教师组和女教师组的回归系数存在着显著差异。以性别对工作绩效对有用性感知的影响为例,当男教师和女教师对慕课教学具有相同的工作绩效感知时,对于男教师来说,工作绩效对有用性感知的影响比女教师要大。当男教师和女教师感知到同样的工作绩效时,男教师更偏向于进行慕课教学的尝试和探索,而女教师相对男教师来说慕课教学的行为意向要偏弱一些。职称这个变量对于社群影响对有用性感知的影响、工作相关性对有用性感知的影响、工作绩效对有用性感知的影响、在线教学经验对易用性感知的影响等具有一定的调节效应。仍以工作绩效对有用性感知影响为例,当不同职称的教师感到慕课教学相同的工作绩效时,副教授组的回归系数最大为 0.686,其次是讲师为 0.309,教授的最小为 0.02。副教授正处于他们拓展事业的关键时期,干劲最强,当具有相同的工作绩效感知时,他们进行慕课教学的行为意向最为强烈。副教授比起讲师来说也更易得到学校的支持，在线教学经验更强，这都是他们具有更强慕课教学意向的原因。副教授和讲师相对教授来说，他们事业发展更具有探索精神，因此工作绩效对行为意向的影响对他们也更大。

表 10-27　调节效应

	性别(1/2)	是否通过	职称			是否通过
			1/2	1/3	2/3	
BI <—— PU	.063	否	0.652	−1.497	−0.086	否
BI <—— PEOU	.690	否	1.017	0.979	−0.298	否
BI <—— SI	−1.502	否	−0.374	0.105	0.460	否
PU <—— SI	.284	否	−2.992	0.814	−0.360	是
PU <—— PEOU	−.920	否	1.668	1.128	−0.785	否
PU <—— REL	−.408	否	−3.897	−0.089	3.638	是
PU <—— OUT	3.282	是	2.280	1.101	−1.843	是
PU <—— EXP	−2.243	是	−0.290	−1.352	−1.486	否
PEOU <—— EXP	.417	否	−1.295	1.197	1.998	是
PEOU <—— CME	3.757	是	1.427	1.895	−1.562	否
PEOU <—— PEC	−1.397	否	1.385	2.271	1.172	是
PEOU <—— ENJ	−0.369	否	2.259	0.208	−2.045	是

4. 模型解释力

一般认为，当模型的复相关系数大于 40%，即模型能解释因变量方差的 40%以上时，就可以说此模型的解释度良好。从表 10-28 可以看出，对于行为意愿、有用性感知以及易用性感知的解释比例均大于 40%，这说明此次所构建的模型解释力良好。

表 10-28　复相关系数 R^2(解释方差比例)

变量	PU	BI	PEOU
R^2	.410	.585	.466

三、相关对策讨论

从本次调研结果看,教师对慕课教学有用性感知与教师对慕课教学意向正相关,且在有用性感知显著高于其他变量对行为意向的影响时,可以通过提升教师对慕课教学的有用性感知水平来改善教师慕课教学的行为意向。与教师有用性感知正相关的是社群影响、工作相关性、工作绩效以及工作经验,其中可以通过改变上述4个变量的水平来提升教师对慕课教学的有用性感知水平。根据访谈结果,对于教学型教师或者侧重教学的教师(高校中有侧重教学的教师,也有侧重科研的教师以及教学科研都侧重的教师),他们的慕课教学意向更为强烈,对于这些教师,更应采取一定的措施激发他们慕课教学的积极性,为慕课的发展做出贡献。

1. 提升管理水平

制定相关的政策不仅可以提升高校教师对慕课教学的工作相关性感知水平,还可以增加教师的社群影响感知。教师对慕课教学的工作相关性感知是指教师对慕课教学与他的工作的关联性的感知。当教师认为慕课教学可以从慕课教学中得到较大的好处时,也就是让教师的工作变得更好的时候,教师进行慕课教学的意向才会提升。制定相关的政策使慕课教学与教师的工作产生关联,这样可以提升教师的工作相关性感知。制定相应的政策也可以让教师感受到管理层对教师进行慕课教学的期望,也就是增加了教师的社群影响感知。工作相关性感知和社群影响感知均与教师慕课教学行为意向正相关。本次的调研数据显示,高校教师慕课教学工作相关性感知均值仅为3.15,换算成百分制仅63分,这是非常低的。高校应进一步完善慕课教学的相关政策体系。

目前慕课还在迅速发展,我国高校慕课教学的相关政策体系还在不断完善过程中,应不断完善我国高校教师慕课教学的相关激励机制。相关激励机制主要是物质方面的激励,例如兰州大学为鼓励教师进行慕课教学,在相关政策中提到"建设完成的慕课首次使用时,学校按照课程原课堂教学工作量的3倍计算教师工作量;推荐优质慕课课程进入中国东西部课程联盟MOOC平台,负责人享受按照一定比例的效益分成"等。还有上海交通大学慕课教学平台“好大学在线”等均采取了此类激励措施。上海交通大学慕课教学平台“好大学在线”为了激励教师开设更好的慕课课程,实施了按照参加慕课考试的人数和慕课考试成绩进行奖励的相关政策。根据对进行慕课教学的教师的访谈可知,目前一些高校将慕课教学计算为平时上课的3倍工作量可能并不一定合适,有的教师可能认为慕课教学中的付出远远多于这个工作量,所以需要进行调整。应在物质奖励和精神奖励两方面对教师进行慕课教学激励;认真研究慕课的教师分成机制;将教师慕课教学情况纳入教师评优评奖的参考依据之中;根据教师的慕课教学效果制定相应的奖励措施;要对教师的慕课教学效果进行充分调查。对于慕课教学效果,给予教师必要的物质奖励和精神奖励。可以从慕课的学习人数、学习成绩、课程建设等方面对教师的慕课教学成效进行评价。尤其要把慕课教学纳入教师教学工作的评价体系中去,应将其作为教师评选教学类奖项的重要依据之一。应将慕课教学与教师的职称评定等进行挂钩,这样更能激励教师进行慕课教学。可以对不同的职称的教师制定相应的政策。例如对于讲师和副教授来说,职称晋升和头衔的获得是他们较关心的,因此,应将慕课教学与其职称评定和头衔获得相关联。对于教授来说,他们最关注的可能不同,因而要制定相对应的政策,例如可以探索慕课教学与科研之间的转换机制,也就是说慕课教学的工作量可以抵一部分科研工作量,这样可在某种程度上提升教授的工作相关性感知。笔者认为陈惠雄等提出的教学、科研积分通行换算计量的办法可以应用于慕课教学。这种通行换算的方法是将教学和科研换算成相应的分数然后综合成一个分数,用这个综合分数来评定教师的工作绩效和排名,这样有利于解决盲目追求科研、忽视教学的问题,这种基于职称—职能配置定位的分类管理模式与教学、科研打通计分的统一绩效薪酬定价策略,能够使教学型、研究型、教学研究型等不同类型教师安心于自身的偏好选择,有利于慕课教学的发展。

2. 鼓励教师进行慕课教学的尝试以及建立团队教学

教师只有进行慕课教学的尝试,才可以对慕课的教学过程和效果有亲身体会,从而增加教师对慕课教学的工作绩效感知水平,进而增加有用性感知水平。教师进行慕课教学的尝试是增加教师工作绩效感知水平的最重要手段之一。教师一开始即使不作为慕课课程的负责人,但也可以作为参与人进行慕课课程的开发。应倡导团队建设慕课的理念。对慕课的尝试使用能提升教师对慕课的教学绩效的感知水平。要积极鼓励教师将慕课与自己的教学课程相结合,进行教学模式的创新,例如可以将互联网上已有慕课以混合式教学的模式应用于自己的教学中,不断探索慕课教学应用的新模式、新途径,并且要不断进行提升慕课教学效果的探索。进行慕课教学是一项相对繁重的工作,涉及很多事项,例如微视频的制作、讨论区答疑等,如果能使用团队教学的方式进行慕课教学,那么不仅可以减轻慕课教学的制作难度,而且可以充分发挥每个教师的优势,提升慕课的制作质量和授课水平,因此应提倡团队教学。也可以跨院校组织团队,建立强大的慕课教学团队,制作优质慕课,学校和学院要提供大力支持,积极帮助教师组建慕课团队。

3. 提供更多的支持

对教师提供更多的支持不仅可以提升教师的外部支持感知水平,而且可以提升教师的社群影响感知水平。此次调研结果显示,外部支持感知与易用性感知正相关,且影响最大。本次调研的结果显示,教师对慕课教学的易用性感知的均值仅为2.37,换算成百分制仅为47.4分,这个数值非常低,可见目前高校教师认为进行慕课教学需要付出非常多的努力。在访谈中,一些教师对自己能否胜任慕课充满了疑问,例如自己能否从技术层次胜任慕课的开发,能否解答好众多学生的问题等。这都需要学校等层面提供更多的支持,帮助教师解答疑惑,使其充满信心。当然,上述提到的积极鼓励教师进行慕课尝试性教学,也是一种方法。要从技术、资金等层面对高校教师进行慕课教学提供全面的支持。现在很多高校教师对慕课并不是很了解。高校可以多开设一些针对高校教师慕课方面的讲座、培训等,以使教师对慕课有更多、更深入的认识。培训的内容包括慕课的制作流程、慕课的现状和意义等,通过这些方面的培训提升教师对慕课教学的有用性感知和易用性感知。要对慕课的意义、相关开发路径等问题给教师进行全面深入的培训和讲解。多介绍一些国内外慕课开设的案例,使得教师对慕课制作有一个较为全面的认识,这一点是非常重要的。提供慕课教学需要教师具备一定的教育技术水平。必要时需要学校对教师进行一定的教育技术培训。

此外,还需要大量的资金支持。一门慕课的制作成本往往高达几十万元,这其中包括支付给制作公司的费用、学习支持服务的费用等,这也需要相应的资金支持。如果没有足够的外部支持,仅靠教师个人努力是很难完成一门慕课的建设的。根据笔者的访谈结果,教师目前最需要的可能就是资金的支持。高校对教师慕课教学资金的支持还很有限,例如清华大学对慕课进行遴选,仅对少数慕课立项建设。兰州大学在 2015 年最终支持建设 3 门慕课课程。除了学校对慕课建设支持以外,学院也可以对教师进行慕课建设给予支持,包括筹集资金、课程具体建设支持等。目前慕课主要对高级专业技术职称的教师给予支持,尤其是对正高级职称教师的支持,例如申报课程负责人原则上应具有高级专业技术职称。可以进一步扩大支持力度,对副高级和中级职称的人员进行支持。对于他们来说,可能他们的职业发展愿望更强,更需要学校和学院的支持。很多副高级和中级职称人员都是学院或学校的教学骨干,应让他们充分参与到慕课的建设中。除了学校对教师进行慕课教学给予支持外,学院也应积极鼓励教师开设慕课,并从资金、团队建设等方面给予大力的支持。学习者可以根据自己的发展需要进行教师慕课建设方面的规划和培育。高校也要积极与相关慕课平台进行合作,积极向相关慕课平台推荐相关课程。

4. 由于存在调节效应,在制定相关对策时应该进行考虑

例如,根据本次数据分析结果,教师的职称对工作相关性与有用性感知的关系具有调节效应。而对职称相对较低的教师来说,工作相关性对有用性感知的影响会更大,因为他们面临着人生的上升期,发展的愿望更为强烈,更愿意通过慕课教学来获得更大的发展空间。因此,在制定相关对策时,可以针对职称较低的教师制定一些专门的对策,从而最大限度地激发他们的教学热情。例如,可以将慕课教学的情况列为其评选优秀教师或晋升职称的参考指标,这都可以在很大程度上激发他们慕课教学的动机和提升教学效果。从性别来说,工作绩效对行为意向的影响对男教师来说更大,这就可以采取有针对性的策略。对女教师来说,应给予更多的奖励以及政策倾斜,以鼓励女教师更积极地参与到慕课建设中。

结　语

本书对慕课学分转换问题进行了研究，具有较强的理论意义和实践价值。本书综合国内国外两个视角，综合应用文献研究法、问卷调查法、访谈法、结构方程模型法、比较研究法等定性和定量相结合的方法，对国内外慕课学分转换现状、慕课学分转换的影响因素等问题进行了深入研究，进一步丰富了相关理论体系，为我国慕课学分转换的实施提供了一定的参考和帮助。

本书对国内外慕课学分认定现状进行了研究。目前，我国慕课学分认定有一定的发展，很多高校正在进行慕课学分认定。慕课学分认定带来很多好处，包括优质资源共享、课堂教学模式变革、随时随地学习等。同时，我国慕课学分认定还处于初步试验和探索阶段，存在很多问题。通过调研，发现慕课学分转换过程中还存在着缺乏面授、学习者学习过程缺乏监管、考核评价方式过于简单、学分转换标准不明等突出问题，这影响了慕课学分认定质量。

国外慕课学分认定也有较大的发展。马来西亚和印度均从国家层面制定了慕课学分转换规则，包括《马来西亚慕课学分转换指南》和印度的《在线学习学分框架》《印度慕课发展和执行指南》两个政府文件。上述文件对可转换学分的慕课质量、教学的过程、转换的过程、质量的评估、课程评价以及转换学分的数量等慕课学分转换中涉及的各方面问题进行了规定，从而从国家层面为慕课学分转换的实施提供了依据。美国、欧盟等多个国家或组织也都制定了相关的政策，为慕课学分认定提供了参考。

本书从慕课课程质量的保证、加强本地学习组织、制定慕课学分转换政策和学分转换标准等多方面对我国慕课学分转换的深入实施和发展提出了一定的建议和意见，具有一定的理论意义和现实意义。

今后，随着国内外教育信息化和慕课学分转换的深入发展，以下问题有待进一步分析和研究：一是对我国慕课学分转换的实施进展不断进行跟踪调研，分析遇到的问题，对相关解决方案进行探讨。例如，扩大转换课程范围问题。目前我国慕课学分转换的课程主要在通识课、公共基础课等，而在专业课、专业基础课等方面的尝试则较少。今后可对这方面进行持续关注，对相关学分转换效果进行分析，提出相关对策和建议。二是对国外慕课学分转换的持续跟踪和分析，包括国外慕课学分转换的新举措、实施的成效和经验、存在的问题等方面，为我国慕课学分转换提供有益借鉴和参考。三是进一步构建慕课学分转换效果评估评价指标体系，通过定性和定量相结合的方式对慕课学分转换的效果进行评估，对存在的问题进行分析。四是对慕课学分转换中基础理论问题和实践问题进行深入研究，例如慕课学分转换的影响因素、学分转换标准等。

方　旭

2019 年 5 月于信阳师范学院

参考文献

荣泰生:《AMOS 与研究方法》,重庆大学出版社 2009 年版。

谭顶良:《学习风格论》,江苏教育出版社 1995 年版。

时蓉华:《现代社会心理学》,华东师范大学出版社 2007 年版。

丁兴富:《远程教育的微观理论》,《中国远程教育》2001 年第 2 期。

何晓群:《应用多元统计分析》,中国统计出版社 2010 年版。

贝磊、鲍勃、梅森主编,李梅主译:《比较教育研究:路径与方法》,北京大学出版社 2010 年版。

宋超英:《组织行为学》,甘肃人民出版社 2002 年版。

博瑞·霍姆伯格著,丁兴富译:《远程教育在世纪之交遇到的认同危机》,上海教育出版社 2000 年版。

荣泰生:《AMOS 与研究方法》(第 2 版),重庆大学出版社 2010 年版。

吴明隆:《结构方程模型——AMOS 实务进阶》,重庆大学出版社 2013 年版。

蔡世刚、魏曦:《管理学》,东南大学出版社 2016 年版。

王乐夫:《领导学:理论、实践与方法》,中山大学出版社 1998 年版。

李正良:《传播学原理》,中国传媒大学出版社 2007 年版。

贾积有、缪静敏、汪琼:《MOOC 学习行为及效果的大数据分析——以北大 6 门 MOOC 为例》,《工业和信息化教育》2014 年第 9 期。

秦鸿:《MOOCs 的兴起及图书馆的角色》,《中国图书馆学报》2014 年第 2 期。

覃兵、胡蓉:《韩国高等教育学分银行制探析》,《比较教育研究》2009 年第 12 期。

陈娟:《加拿大学分转移制度及其启示》,《职教论坛》2009 年第 18 期。

邱萍、刘丹:《美国大学学分转换模式新探——以三所美国公立大学为例》,《比较教育研究》2012 年第 11 期。

王红玲:《澳大利亚先前学习认定制度探析》,《河北师范大学学报(教育科学版)》2012 年第 11 期。

王冬梅:《英国高等教育学分积累与转换制度实践探析》,《高等农业教育》2006 年第 4 期。

张德明:《上海建设学分银行的基本构想和战略思考》,《开放教育研究》2012 年第 1 期。

郝克明:《终身学习与"学分银行"的教育管理模式》,《开放教育研究》2012 年第 1 期。

熊惠平:《论高职院校"学分银行"运行机制的联动效应》,《宁波职业技术学院学报》2006 年第 1 期。

孔磊:《学分银行制度:国际经验与本土探索—"中国远程教育学术论坛"综述》,《中国远程教育》2012 年第 5 期。

张秀梅:《论我国成人高等教育系统互通机制的构建——兼谈学分制改革和综合性高等教育学历资格框架体系的建立》,《现代远距离教育》2011 年第 2 期。

楼一峰:《建立"学分银行"沟通衔接终身学习成果》,《中国教育报》2011 年 7 月 14 日。

黄健:《学分银行:实现终身学习理想的重要途径》,《成才与就业》2009 年第 17 期。

李萍萍:《略论学分银行在开放大学建设中的价值体现:建设中国开放大学不可或缺的要素》,《现代远距离教育》2011 年第 4 期。

张莹:《论学分银行的体系建设及其功能定位》,《云南电大学报》2011 年第 2 期。

赵宇红:《我国学分银行制度建设的研究与构想:区域性继续教育领域中的思考》,《中国远程教育》2013 年第 2 期。

杨黎明:《关于构建我国"学分银行"框架的设想》,《中国职业技术教育》2005 年第 31 期。

郭庆春、寇立群、孔令军、张小永、史永博、崔文娟:《学分银行制度建设研究》,《中国远程教育》2011 年第 8 期。

张润芝、王迎、黄荣怀:《我国学分银行建设模型及其路径探析》,《中国电化教育》2012 年第 6 期。

熊惠平:《"学分银行"的信贷运行机理解读》,《职业技术教育》2005 年第 25 期。

王迎、殷双绪:《先前学习评价:一种非正式学习评价方式的实证研究》,《开放教育研究》2012 年第 1 期。

刘耘疆:《基于内在机理的研究:"学分银行"的一种分析范式》,《河北软件职业技术学院学报》2006 年第 2 期。

吴钧:《"学分银行"实施的困惑与思考》,《教育发展研究》2011 年第 Z1 期。

刘仁坤:《建设中国开放大学的理性思考》,《远程教育杂志》2011 年第 4 期。

李惠康:《上海市终身教育学分银行的构建》,《开放教育研究》2012 年第 1 期。

欧斯玛尼·张:《学分银行体系中学分转换制度建设的思考》,《继续教育研究》2012 年第 5 期。

黄欣、吴遵民、蒋侯玲:《论现代"学分银行"制度的建设》,《开放教育研究》2011 年第 3 期。

王贺元、乐传永:《论成人教育学分银行制度建设中学分转换体系的构建》,《教育学术月刊》2010年第6期。

王海东、刘素娟:《依托自学考试制度构建国家继续教育学分银行》,《开放教育研究》2011年第3期。

张峦峤、姜玉田:《开放大学在终身学习立交桥建设中的生态学视角》,《现代远距离教育》2011年第4期。

孙冬喆、吴遵民、赵华:《论学分银行建设与自学考试制度转型》,《开放教育研究》2012年第6期。

胡泽民、杨雄、杨挚诚:《广西终身教育"学分银行"建设的研究》,《广西广播电视大学学报》2012年第1期。

刘永权:《开放大学建设与"立交桥"的搭建——美国高等教育认证制度的启示》,《现代远距离教育》2011年第5期。

王晓华:《学分银行建设的相关问题研究》,《继续教育研究》2014年第9期。

周晶晶、陶孟祝、应一也:《"学分银行"概念功能探析——基于国内理论研究的回顾和实践探索的梳理》,《现代远距离教育》2017年第1期。

张德明:《上海建设学分银行的基本构想和战略思考》,《开放教育研究》2012年第1期。

刘素娟:《机制设计理论视野下的"学分银行"机制建设》,《教育发展研究》2014年第7期。

吴遵民:《论建设国家学分银行的路径与机制》,《开放教育研究》2016年第1期。

张达志、冷士良、李培培:《学分银行:自学考试制度转型的方向与机遇》,《学理论》2015年第36期。

吴南中:《学分银行建设的动力机制及其构建研究》,《中国远程教育》2017年第4期。

教务处:武昌工学院"中国大学MOOC(慕课)"学分认定实施办法,jwc.wuit.cn/info/news/content/2007.htm,2015年6月。

教务处:2015年秋季学期"学堂选修课"选课通知,http://jwc.hit.edu.cn/c4/2f/c4349a115759/page.htm,2015年9月。

华侨大学新闻中心:我校试水"慕课"课程选修也可拿学分,http://www.hqu.edu.cn/s/2/t/1804/77/08/info96008.htm,2015年3月。

天津医科大学信息中心:关于本科生公共选修课中慕课课程学分认定的说明,http://www.tijmu.edu.cn/s/2/t/250/42/b0/info17072.htm,2014年7月。

教育部:教育部关于推进高等教育学分认定和转换工作的意见,[EB/OL].http://jwc.fafu.edu.cn/64/9b/c6515a156827/page.htm,2016年。

教育部:国家教育事业发展"十三五"规划,http://www.moe.edu.cn/jyb_sy/sy_gwywj/201701/t20170119_295319.html,2017年1月。

张家华、张剑平:《网络学习的影响因素及其LICE模型》,《电化教育研究》2009年第6期。

樊雅琴、吴磊、孙东梅、王伟:《微课应用效果的影响因素分析》,《现代教育技术》2016年第2期。

张新贤:《大学生网络学习效果的影响因素及对策探究》,《高教研究与评估》2009年第2期。

叶甲生、朱祖林、郭允建:《现代远程教育质量测评:学习性投入的视角》,《中国电化教育》2015年第7期。

孔企平:《“学生投入”的概念内涵与结构》,《全球教育展望》2000年第2期。

张娜:《国内外学习投入及其学校影响因素研究综述》,《心理研究》2012年第2期。

赵俊峰、杨易、师保国:《大学生学习策略的发展特点》,《心理发展与教育》2005年第4期。

刘斌、张文兰、刘君玲:《教师支持对在线学习者学习投入的影响研究》,《电化教育研究》2017年第11期。

李爽、喻忱:《远程学生学习投入评价量表编制与应用》,《开放教育研究》2015年第6期。

尹睿、徐欢云:《在线学习投入结构模型构建——基于结构方程模型的实证分析》,《开放教育研究》2017年第4期。

高洁:《在线学业情绪对学习投入的影响——社会认知理论的视角》,《开放教育研究》2016年第2期。

鄂丽君、张雪红、张丽舸:《高校学生慕课认知及学习现状调查与分析》,《图书馆建设》2016年第11期。

杨根福:《MOOC用户持续使用行为影响因素研究》,《开放教育研究》2016年第1期。

陈海建、戴永辉、韩冬梅、冯彦杰、黄河笑:《开放式教学下的学习者画像及个性化教学探讨》,《开放教育研究》2017年第3期。

姜强、赵蔚、杜欣:《基于Felder-Silverman量表用户学习风格模型的修正研究》,《现代远距离教育》2010年第1期。

吴峰:《美国高校远程研究生教育及启示》,《开放教育研究》2016年第2期。

钟海荣、谢红卫、杨自文:《美国的远程研究生教育——背景、模式、启示》,《学位与研究生教育》2000年第2期。

阿亚·姚士达:《日本远程研究生教育发展的新趋势》,《中国远程教育》1999年第Z1期。

姜华、李家宝:《中国研究生远程教育发展前景预测与分析》,《哈尔滨工业大学学报(社会科学版)》2004年第2期。

肖胜利、程洁:《建立现代远程教育促进学位与研究生教育改革》,《西安交通大学学报(社会科学版)》2000年第2期。

刘清华:《美国大学先修课程60年:卓越与公平的互动》,《高等教育研究》2014年第11期。

刘清华:《美国大学先修课程 60 年:问题、改革及评价》,《外国教育研究》2015 年第 10 期。

马君:《印度高等教育面临的挑战及应对策略——基于印度“高等教育第十二个五年规划”(2012—2017)的分析》,《高教探索》2014 年第 3 期。

刘红良:《大规模网络开放课程(MOOC)与学分银行制度对接探索》,《现代教育技术》2014 年第 10 期。

宋振韶:《课堂提问基本模式以及学生提问的研究现状(上)》,《学科教育》2003 年第 1 期。

丛昌平:《高中数学教学中学生提问的现状及策略分析》,《牡丹江教育学院学报》2006 年第 5 期。

王坤:《鼓励学生自己提问题》,《学科教育》1998 年第 7 期。

郑勤华、李秋劼、陈丽:《MOOCs 中学习者论坛交互中心度与交互质量的关系实证研究》,《中国电化教育》2016 年第 2 期。

郑勤华、李秋菊、陈丽:《中国 MOOCs 教学模式调查研究》,《开放教育研究》2015 年第 6 期。

冯雪松、于青青、李晓明:《在实践中探索 MOOC 评价体系》,《中国大学教学》2015 年第 10 期。

尤众喜、钱小龙、王周秀:《当前国外 MOOC 热点话题的聚类研究》,《电化教育研究》2015 年第 12 期。

高峰:《高校教师网络教学方式的采纳和使用——基于技术接受与使用整合理论的研究》,《开放教育研究》2012 年第 1 期。

方旭:《MOOC 学习行为影响因素研究》,《开放教育研究》2015 年第 3 期。

李玉斌、严雪松、姚巧红、褚芸芸、南丽岚:《网络学习行为模型的建构与实证——基于在校大学生的调查》,《电化教育研究》2012 年第 2 期。

柏宏权:《中小学教师使用虚拟学习社区的影响因素研究》,《电化教育研究》2013 年第 11 期。

谭光兴、徐峰、屈文建:《高校学生网络教学行为意向影响因素与模型》,《电化教育研究》2012 年第 1 期。

赵呈领、刘丽丽、梁云真、赵刚:《网络学习空间学生知识共享影响因素探析》,《开放教育研究》2016 年第 3 期。

钟志荣:《基于 QQ 群的网络学习共同体构建及其应用》,《中国电化教育》2011 年第 8 期。

彭华茂、王迎、黄荣怀、陈庚:《远程学习效能感的结构和影响因素研究》,《开放教育研究》2006 年第 2 期。

陆璟:《大数据及其在教育中的应用》,《上海教育科研》2013 年第 9 期。

杨现民、王榴卉、唐斯斯:《教育大数据的应用模式与政策建议》,《电化教育研究》2015

年第 9 期。

胡弼成、王祖霖:《“大数据”对教育的作用、挑战及教育变革趋势——大数据时代教育变革的最新研究进展综述》,《现代大学教育》2015 年第 4 期。

杨现民、唐斯斯、李冀红:《发展教育大数据:内涵、价值和挑战》,《现代远程教育研究》2016 年第 1 期。

施佺、钱源、孙玲:《基于教育数据挖掘的网络学习过程监管研究》,《现代教育技术》2016 年第 6 期。

李葆萍、周颖:《基于大数据的教学评价研究》,《现代教育技术》2016 年第 6 期。

王林丽、叶洋、杨现民:《基于大数据的在线学习预警模型设计——“教育大数据研究与实践专栏”之学习预警篇》,《现代教育技术》2016 年第 7 期。

李馨:《高等教育大数据分析:机遇与挑战》,《开放教育研究》2016 年第 4 期。

王娟、陈世超、王林丽、杨现民:《基于 CiteSpace 的教育大数据研究热点与趋势分析》,《现代教育技术》2016 年第 2 期。

谭光兴、徐峰、屈文建:《高校学生网络教学行为意向影响因素与模型》,《电化教育研究》2012 年第 1 期。

彭华茂、王迎、黄荣怀、陈庚:《远程学习效能感的结构和影响因素研究》,《开放教育研究》2006 年第 2 期。

白滨、高益民、陈丽:《美国网络高等教育的学习支持服务研究》,《比较教育研究》2008 年第 11 期。

丁兴富:《远程教育研究》,首都师范大学出版社 2002 年版。

李胜波、陈丽、郑勤华:《中国 MOOCs 课程设计调查研究》,《开放教育研究》2016 年第 2 期。

方旭:《MOOC 学习行为影响因素研究》,《开放教育研究》2005 年第 3 期。

方舟、奚群英、吕有伟:《学习支持服务与学生参与度关系的调查研究——以浙江奥鹏远程教育为例》,《开放教育研究》2010 年第 1 期。

李玉斌、武书宁、姚巧红、褚芸芸:《大学生网络学习行为调查研究》,《电化教育研究》2013 年第 11 期。

孙洪涛、郑勤华、陈丽:《中国 MOOCs 教学交互状况调查研究》,《开放教育研究》2016 年第 1 期。

杨根福:《MOOC 用户持续使用行为影响因素研究》,《开放教育研究》2016 年第 1 期。

尹睿、刘路莎、张梦、石娟:《国外百门大规模开放在线课程设计与开发特征的内容分析:课程视角》,《电化教育研究》2015 年第 12 期。

郑勤华、李秋菊、陈丽:《中国 MOOCs 教学模式调查研究》,《开放教育研究》2015 年第 6 期。

郑勤华、李秋劼、陈丽:《MOOCs 中学习者论坛交互中心度与交互质量的关系实证研究》,《中国电化教育》2016 年第 2 期。

朱祖林:《远程学习支持服务质量的测评模型研究》,《远程教育杂志》2009 年第 4 期。

朱祖林、陈丽:《远程学习支持服务评价模型及指标体系的研究》,《中国电化教育》2007 年第 2 期。

朱敬:《MOOCs 跨文化学习初探》,《电化教育研究》2015 年第 11 期。

张文兰、牟智佳:《高师院校大学生网络学习动机影响因素的实证研究》,《电化教育研究》2013 年第 12 期。

吴军其、赵呈领、许雄:《网络教学与课堂教学的比较分析》,《中国电化教育》2000 年第 6 期。

陈惠雄、胡孝德:《基于职称—职能配置定位的高校教师分类管理模式研究》,《高教探索》2007 年第 5 期。

李艺:《论网络教学中师生交流关系的建构》,《教育科学》2000 年第 3 期。

邓澳利:《"学分银行"制度研究》,湖南大学硕士学位论文 2007 年。

顾玲玲:《高校学分互换规范问题探究——以上海市的几所高校为例》,华东师范大学硕士学位论文 2007 年。

王昭君:《影响网络学习成效关键因素探究——以〈经济学原理〉网络课程为例》,华东师范大学硕士学位论文 2007 年。

马莎莎:《MOOC 中学习者学习动机现状及其改善策略》,湖南师范大学硕士学位论文 2016 年。

唐孙茹:《MOOC 学习者学习现状研究——以国内一般本科院校学生为例》,广西师范大学硕士学位论文 2014 年。

袁秀英:《初中英语学习风格的性别差异及与成绩的相关研究——以昆山市石牌中学为例》,苏州大学硕士学位论文 2016 年。

引用 http://wiki.elaixin.cn/pages/viewpage.action? pageId=1212440。

刘文:《美国高校 AP 课程政策研究》,广西大学硕士学位论文 2016 年。

潘丽佳:《MOOC 设计、学习者参与度和学习绩效的关系研究》,浙江大学硕士学位论文 2015 年。

邬锦锦:《网络课程中学习共同体有效交互影响因素研究》,山东师范大学硕士学位论文 2014 年。

李玉萍:《网络购物顾客重购意愿影响因素的实证研究》,西南交通大学博士学位论文 2011 年。

Webster, J., & Hackley, P.. "Teaching Effectiveness in Technology-Mediated Distance Learning" [J]. *Academy of Management Journal*, 1997, 40(6): 1282-1309.

Yuan, L., & Powell, S. (2013). "MOOCs and disruptive innovation: Implications for higher education" [J/OL]. *Learning Papers* (33). http://www.elearningpapers.Eu.

Adams, A.A., & Williams, S.A. (2013). "MOOCs: A system atic study of the published literature 2008-2012" [J]. *The International Review of Research in Open and Distance Learning*, 14

(3):202–227.

Xiaojing Liu. "Sociocultural Factors Affecting the Success of an Online MBA Course: A Case Study Viewed from Activity Theory Per-spective" [D]. *Bloomington: Indiana University*, 2006.

Ellaway RH, Pusic MC, Galbraith RM, Cameron. "Developing the role of big data and analytics in health professional education". *Medical Teacher*, 2014, 36(3): 216–222.

MHRD. "Guidelines for Development and Implementation of Massive Open Online Courses (MOOCs)" [EB/OL]. https://www.class-central.com /report/edX.micromasters [EB/OL]. https://www.edx.org/micromasters, 2016.

College of computing. Online Master of Science in Computer Science [EB/OL]. http://www.omscs.gatech.edu/home, 2016–10–1.

ACE. ACE alternative credit project [EB/OL]. http://www.alternativecreditproject.com/, 2016–5–1.

iversity. iversity Plots a New Path for European MOOCs, https://www.class-central.com/report/iversity-european-moocs/, 2016.

Lahaderne, H.M. (1968). "Attitudinal and intellectual correlates of attention: a study of four sixth-grade classrooms" [J]. *Journal of educational psychology*, 59(5): 320–324.

Fredricks, J.A., Blumenfeld, P.C., & Paris, A.H. (2004). "School engagement: Potential of the concept, state of the evidence" [J]. *Review of Educational Research*, 74(1): 59–109.

Johnson M.L., Sinatra G.M., "Use of task-value instructional inductions for facilitating engagement and conceptual change" [J]. *Contemporary Educational Psychology*, 2013, 38(1): 51–63.

Skinner, E.A., & Belmont, M.J. (1993). "Motivation in the classroom: Reciprocal effects of teacher behavior and student engagement across the school year" [J]. *Journal of educational psychology*, 85(4): 571–581.

Lee, V.E., & Smith, J.B. (1995). "Effects of high school restructuring and size on early gains in achievement and engagement" [J]. *Sociology of Education*. 68(4): 241–270.

Stipek, D., & Seal, K. (2002). "Motivating minds: Nurturing your child's desire to learn" [J]. *Our Children*, 27(5): 7–8.

Finn, J.D. (1989). "Withdrawing from school" [J]. *Review of educational research*, 59(2): 117–142.

Voelkl, K.E. (1997). "Identification with School" [J]. *American Journal of Education*, 105(3): 294–318.

Fredricks, J.A., & Paris, A.H. (2004). "School engagement: Potential of the concept, state of the evidence" [J]. *Review of Educational Research*, 74(1): 59–109.

Meece, J.L., Blumenfeld, P.C., & Hoyle, R.H. (1988). "Students'goal orientations and cognitive engagement in classroom activities" [J]. *Journal of educational psychology*, 80(4): 514–523.

Reeve,J.,& Tseng,C.M.(2011)."Agency as a fourth aspect of students'engagement during learning activities"[J]. *Contemporary Educational Psychology*,36(4):257- 267.

Sinha,S., Rogat, T.K., Adams-wiggins, K.R., & Hmelo-silver, C.E. (2015). "Collaborative group engagement in a computer-supported inquiry learning environment"[J]. *International Journal of Computer-Supported Collaborative Learning*,10(3):273-307.

Dixson,M.D.(2010)."Creating effective student engagement in online courses: What do students find engaging?"[J].*Journal of the Scholarship of Teaching and Learning*,10(2):1- 13.

Robinson,C.C.,& Hullinger,H.(2008)."New benchmarks in higher education:Student engagement in online learning"[J]. *Journal of Education for Business*,84(2):101-108.

Amador,J.A.,& Mederer,H.(2013)."Migrating successful student engagement strategies online: Opportunities and challenges using Jigsaw Groups and Problem-Based Learning"[J]. *Journal of Online Learning and Teaching*,9(1):89- 105.

Shea,P.,& Bidjerano,T.(2009)."Community of inquiry as a theoretical framework to foster "epistemic engagement" and "cognitive presence" in online education"[J].*Computers and Education*,52(3):543-553.

Peck,J.J.(2012)."Keeping it Social: Engaging students online and in class"[J].*Asian Social Science*,8(14):81- 90.

Keefe,J.W.(1979)."Learning style:An overview".*Student learning styles*:1-17.

Dunn, R., Dunn, K., and Price, G. E. (1996). "Diagnosing and prescribing programs. Learning Style Inventory".*Price Systems*,*Lawrence*,*KS*.

Education solutions. Online Learning Takes AP Anywhere[EB/OL]. https://thejournal.com/articles/2013/01/13/online-learning-takes-ap-anywhere.aspx,2013-1-15.

College data.Take AP Online[EB/OL].http://www.collegedata.com/cs/content/content_getinarticle_tmpl.jhtml? articleId=10029,2017-4-20.

Complementary Models of MOOC Instruction for Advanced Placement High School Courses. http://blog. edx. org/complementary-models-mooc-instruction-advanced-placement-high-school-courses College of computing. Online Master of Science in Computer Science[EB/OL]. http://www.omscs.gatech.edu/home,2016-10-1.

Academic Partnerships ACE alternativecreditproject http://www.alternativecreditproject.com/.

MOOC2degreehttp://www.mooc2degree.com/about.php#about Wikipedia. Advanced Placement[EB/OL].https://en.wikipedia.org/wiki/Advanced_Placement,2017-4-20.

Christopher G.Brinton,Mung Chiang,Shaili Jain,Henry Lam,Zhenming Liu,and Felix Ming Fai Wong."Learning about social learning in MOOCs:From statistical analysis to generative model"[J].IEEE Transactions on Learning Technologies,2013,7(4):346-359.

Kuo,Y. C., Walker, A. E., Schroder, K. E., &Belland, B. R., "interaction, internet self-efficacy,and self-regulated learning as predictors of student satisfaction in online education courses". *The internet and higher education*, 2014(20): 35-50.

Nabeel Gillani a, Rebecca Eynon. "Communication patterns in massively open online courses". *Internet and Higher Education*, 2014(23): 18-26.

Jian-Syuan Wong, Bart Pursel. "An Analysis of MOOC Discussion Forum Interactions from the Most Active Users" [J]. *Springer International Publishing Switzerland*, 2015, 452-457.

Huang, J., Dasgupta, A., Ghosh, A., Manning, J., Sanders, M., "Superposter behavior in mooc forums". *Proceedings of the First ACM Conference on Learning@ Scale Conference*, pp. 117-126. ACM(2014).

Wen, M., Yang, D., Rosè, C.P., "Sentiment analysis in MOOC discussion forums: What does it tell us?", *Proaceedings of Educational Data Mining*(2014).

Stephens-Martinez K, Hearst M. A., "monitoring MOOCs: which information sources do indtructors value?", *proceedings of the first ACM conference on learning at scale. ACM*, 2014, 771-783.

Venkatesh. "user acceptance of ingormation technology: toward a unified view". *MIS Quarterly*, 2003, 27(3): 426-478.

Venkatesh, V., & Davis, F.D., "A theoretical extension of the technology acceptance model: Four longitudinal field studies" [J]. *Management Science*, 2000, 46, 186-204.

Venkatesh. "Technology Acceptance Model 3 and a Research Agenda on Interventions". *Decision Sciences*, 2008, 39(2): 273-315.

Compeau, D.R., & Higgins, C.A.(1995a). "Application of social cognitive theory to training for computer skills". *Information Systems Research*, 6, 118-143.

Compeau, D. R., & Higgins, C. A. (1995b). "Computer self-efficacy: Development of a measure and initial test" [J]. *MIS Quarterly*, 19, 189-211.

Venkatesh, V.(2000). "Determinants of perceived ease of use: Integrating perceived behavioral control, computer anxiety and enjoyment into the technology acceptance model". *Information Systems Research*, 11, 342-365.

Webster, J., & Martocchio, J.J., "Microcomputer Playfulness: Development of a Measure with Workplace Implications" [J]. *MIS Quarterly, Group Rearch*, 2004, 35(2): 195-229.

Moon, Y.K., "Extending the TAM for a World-Wide-Web context". *Information & Management*, 2001(38): 217-230.

Thompson S.H.Teo(2001) "Demographic and motivation variables associated with Internet usage activities" *Internet Research: Electronic Networking Applications and Policy* Volume 11. Number 2, 2001, 125-137.

Mueller, R.O., "Structural equation modeling: back to basics" [J]. *Structural equation modeling*, 1997(4): 353-369.

Thompson, B. (2000). "Ten commandments of structural equation modeling". *L. G.*

Grimm&P. R. Yarnold (eds.) , *reading and understanding more multivariate statistics* 261 – 283 Washington, DC: American psychological association.

Bentler P. M., &Chou C. P., " Practical Issues in Structural Modeling" [J]. *Sociological Methods&Research*, 1987(16):78–117.

Caikszentmihalyi. " Beyond Boredom and Anxiety " [M]. *San Francisco, CA: Jossey-Bass*, 1975.

Palloff, M.P., & Pratt, K., "Online learnign communities in perspective [A].In R.Luppicini (Ed.). Online Learning Communities [C]". *Charlotte, North Carolina: Information Age Publishing, Inc.*, 2007, 3–5.

Gunawardena, C., C.Lowe, and T.Anderson. "Analysis of a global online debate and the development of an interaction analysis model for examining the social construction of knowledge in computer conferencing". *Journal of Educational Computing Research*, 1997, 17(4):397– 431.

R.B.Kline, "principles and practices of structural equation modeling" (New York: Guilford)

Ben Daniel. " Big Data and analytics in higher education: Opportunities and challenges British" [J]. *Journal of Educational Technology*, 2015, 46(5):904–920.

Davis, F.D. (1986). "A technology acceptance model of empirically testing new end-user information systems: Theory and results" [D]. *Sloan School of Management, Massachusetts Institute of Technology*.

Howell Ronald L.Thompson, Christopher A.Higgins and Jane M., " Personal Computing: Toward a Conceptual Model of Utilization" [J]. *MIS Quarterly*, 1991, 15(1):125–143.

Triandis, H.C., " Values, Attitudes, and Interpersonal Behavior, Nebraska Symposium on Motivation, 1979: Beliefs, Attitudes, and Values", *University of Nebraska Press, Lincoln*, NE, 1980.

Moon, Y.K., "Extending the TAM for a World-Wide-Web context". *Information & Management*, 2001(38):217–230.

Bandura. "Self-efficacy: Toward a unifying theory of behavioral change" [J]. *Psychological Review*, 1977, 84(2):191–215.

Venkatesh etc., "Technology Acceptance Model 3 and a Research Agenda on Interventions" [J]. *Decision Sciences*, 2008, 39(2):274–315.

Beaven, T., Hauck, M., Comas-Quinn, A., Lewis, T., &de los Arcos, B. (2014). " MOOCs: Striking the right balance between facilitation and self-determination" [J]. *MERLOT Journal of Online Learning and Teaching*, 10(1):31–43.

Holotescu, Carmen; Grosseck, Gabriela; Cretu, Vladimir. (2013). *MOOC's anatomy: microblogging as the MOOC's control center* [J]. eLearning and Software for Education: 321–319.

Nabeel Gillani a, Rebecca Eynon. (2014). " Communication patterns in massively open online courses". *Internet and Higher Education*, 23:18–26.

Sinaha, Taiunay. (2014). " Together we stand, Together we fall, Together we win: Dynamic

Team Formation in Massive Open Online Courses"[C]. 2014 *fifth international conferece on the applicational of digital information and web technologies*:107-112.

Marcos, J., Martínez, A., Dimitriadis, Y., & Anguita, R. "Interaction Analysis for the Detection and Support of Participatory Roles in CSCL",2006,155-162.

Kester, L., Sloep, P. B., Rosmalen, P. v., Brouns, F., Koné, M., & Koper, R. "Facilitating Community Building in Learning Networks Through Peer Tutoring in ad hoc Transient Communities"[J].*International Journal of Web Based Communities*,2006,3(2):198-205.

Aviv, R., Erlich, Z., & Ravid, G. "Network Analysis of Knowledge Construction in Asynchronous Learning Networks"[J].*Journal of Asynchronous Learning Networks*,2003,7(3):1-23.

Martocchio, J. J., &Webster, J. "Effects of Feedback and Cognitive Playfulness on Performance in Microcomputer Software Training"[J].*Personnel Psychology*,1992,45(3).

Webster, J., & Martocchio, J.J. "Microcomputer Playfulness: Development of a Measure with Workplace Implications"[J].*MIS Quarterly*, *Group Rearch*,2004,35(2):195-229.

F.D.Davis Jr., R.P.Bagozzi, P.R.Warshaw. "Extrinsic and Intrinsic Motivation to Use Computers in the Workplace"[J].*Journal of Applied Social Psychology* 22,1992,1111-1132.

Tsai PP, Stelzer HD, Hedrich HJ, Hackbarth H(2003) "Are the effects of different enrichment designs on the physiology and behaviour of DBA/2 mice consistent?" *Lab Anim* 37: 314-327.

Ji-Won Moon, Y.K. "Extending the TAM for a World-Wide-Web context". *Information & Management*,2001(38):217-230.

Strijbos, A.W., & Weinberger, A. "Emerging and Scripted Roles inc Omputer-supported Collaborative Learning"[J]. *Computers in Human Behavior*,2009.

Christenson, S.L., Reschly, A.L., & Wylie, C.(2012)."The handbook of research on student engagement"[M].*New York*: *Springer Science*:36-42.